조선을 진실로 사랑한 단독자 김교신, 제도 교회의 때가 묻지 않은 '조선혼을 가진 조선 사람'을 만나고 싶어 했던 그, 백 년 후를 기약하며 진리의 빵을 물 위에 띄워 보낸 그의 삶이 '문학적 전기'로 다시 살아났다.

박상익_우석대 명예교수, 김교신선생기념사업회 회장

《김교신, 백 년의 외침》은 단순한 전기가 아니다. 무엇이 김교신의 정신을 그토록 불타게 했는지, 내적 결단의 비밀을 입체적으로 탐사한 추리문학이다. 종교도 아니고, 신비도 아니고, 예수 생명이 비약하는 '조선산 기독교'의 활로를 열어 보인다.

이광하_일산은혜교회 담임목사

구독자 200명 내외의 작은 잡지 <성서조선>을 12년 가까이 아슬아슬하게 이어 간 식민지 지식인의 분투가 전해지는 책. 공의가 극단적으로 위축된 오늘, 김교신의 생애는 강한 섬광이 아닌 흔들리는 불씨로 남아 전멸 직전의 우리를 비춘다.

이범진_〈복음과상황〉 편집장

아마 운명이었던 것 같다. 섭리라 해도 좋다. 류동규 교수가 어느 겨울 먼 이국 땅의 한 도서관에서, 100년 전 고통받던 식민지 청년 김교신의 <성서조선>을 만난 것이 그러하다. 보이지 않는 손에 이끌리듯 김교신과 <성서조선>의 세계로 빠져들어 간 저자를 통해, 한 세기 전 한국 기독교를 향한 김교신의 예언자적 지성이 오늘 다시 오롯이 되살아난다. 일생을 '의에 대한 감응력, 진리를 향한 집착력'을 붙잡으며, 오직 걱정할 것은 고갈된 사상과 표류하는 신앙이라고 일갈했던 김교신의 외침이 지금, 여기 한국 기독교의 상황에 크게 공명한다.

이 책은 무교회주의와 단선적으로 연결하여 덧씌워진 김교신에 대한 선입견을 벗겨 내고, 조국과 교회를 위해 끊임없이 성찰하고 고뇌하던 식민지 한 신앙인의 모습을 되살린다. 그리하여 무교회주의자로 교조화되어 저 멀리 있던 인간 김교신의 삶이 성큼 우리 삶의 한가운데로 들어오는 느낌을 준다. 국문학자답게 저자는 맛깔나는 글쓰기로 솜씨 있게 김교신을 되살려 냈다. 독자들은 한국 기독교를 향한 애통함과 동시에, 그 속에서 희망을 찾아가려는 나지막한 외침에 가슴이 벅차오름을 경험하게 될 것이다.

최종원_밴쿠버기독교세계관대학원(VIEW) 서양사 및 교회사 교수

김교신, 백 년의 외침

일러두기

1 김교신의 원문 텍스트는 <성서조선> 영인본(홍성사, 2019)과 《김교신 전집》(부키, 2001-2002), 《김교신 일보》(홍성사, 2016)에서 인용하였다. 원문 텍스트의 일부 한자어 표현은 가독성을 고려하여 저자가 현대 한국어 문장으로 해역(解譯)하였다.
2 단행본은 《 》, 정기간행물 및 논문은 < >, 작품명은 「 」로 표기하였다.

류동규

김교신, 백 년의 외침

성서를 조선에, 조선을 성서 위에

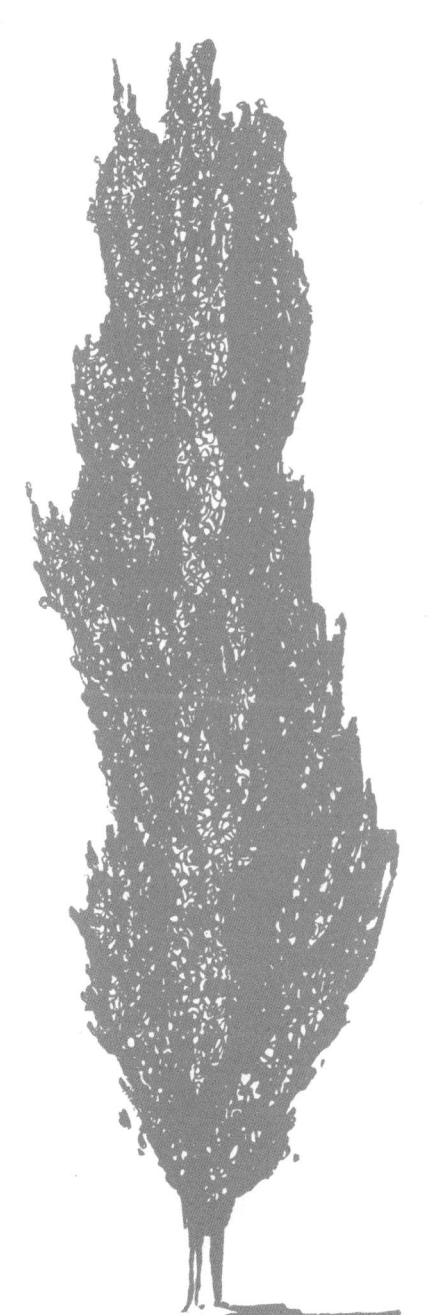

비아토르

서문 8

1장 · 식민지 무교회자의 탄생

<성서조선> 창간 무렵 17 / 김교신, 《구안록》을 삼키다 18 / 애국이라는 열정 24 / 연락선 갑판 위에서 27 / 조선과 자아의 관계 34 / '조선혼'에게로 가라 37

2장 · 단독으로 서다

동인제 폐지, 성서연구회의 시작 43 / <성서조선>은 무엇인가 48 / 칼라일 선생께 배우다 51 / 진실한 것이 대사업 55 / 성공이 아닌 인의(仁義) 59 / 단독의 정신 63

3장 · 우치무라 간조 논쟁

우치무라 간조라는 이름 69 / 논쟁의 전개 73 / 나는 우치무라의 제자다 77 / 크리스텐덤의 안과 밖 80 / 조선의 프로테스탄트여, 저항하라! 85 / 김교신의 '교회 밖' 88

4장 · 복스럽도다, 가난한 사람들!

김교신의 산상수훈 강의 93 / 예수의 자서전 96 / 가난한 자의 복 100 / 힘의 정의를 넘어서 106 / 초사(肖似), 닮음의 윤리학 112 / 실행을 위한 산상수훈 115

5장 · 조선반도의 사명

연단의 시간 119 / 1934년 동계성서강습회 122 / 우치무라 간조의 지인론(地人論) 124 / 식민주의 담론과 대항 담론 127 / 「조선지리소고」 읽기 130 / 학문과 신앙의 합금 139

6장 · 포플러의 사상

비사교적 교사 143 / 포플러를 삽목하다 146 / 김교신과 다석의 일일일생 151 / 조선산 기독교 156 / 병상의 친구에게 160 / 지평선을 깨트리는 나무 163

7장 · 소록도에서 온 편지

한센병이라는 은유 171 / 소록도에서 온 편지 174 / 그리스도 복음 심장에서 178 / 나환자의 편지를 받고 184 / 한센인의 신체 표상 189 / 목적론 서사를 넘어서 195

8장 · 북한 산록의 자전거꾼

북한 산록의 집 201 / 김교신, 자전거꾼이 되다 204 / 창조와 자립의 생활 209 / 북한 산록의 결혼식 213 / 가정에 천국을 비추라 216 / 나의 천막직 219

9장 · 무교회, 전적 기독교

신사참배 강요 225 / <성서조선>의 신사참배 인식 228 / 신앙은 강철 같은 것 231 / 무교회, 전적 기독교 234 / 신사참배에 관한 물음 242 / 신사참배를 어떻게 기억할 것인가? 245

10장 · 심히 강대한 괴물 앞에서

중일전쟁 251 / <성서조선> 1937년 10월호 253 / 가타야마 데츠에게 보낸 편지 256 / <성서조선> 1939년 1월호 260 / '히니쿠(ひにく)'의 글쓰기 265 / 윤리학이 멈춘 시대 269

11장 · 정진 또 정진

양정 12년 277 / 《최용신 소전》 간행 280 / 《최용신 소전》을 쓴 이유 287 / 야나이하라 다다오의 성서 집회 291 / 하나님께 제소하다 295 / 정진 또 정진 299

12장 · 부활의 봄을 노래하다

<성서조선> 사건 305 / 흥남 일본질소비료공장 310 / 일본질소비료공장의 김교신 317 / 김교신의 마지막 외침 323

나가는 글

성도의 릴레이 329 / 열매 맺는 삶을 위하여 331 / 물 위에 빵을 던지다 334

주 338

서문

<성서조선>을 처음 읽은 것은 2021년 겨울 캐나다 밴쿠버에서였습니다. 그해 나는 연구년을 맞아 밴쿠버기독교세계관대학원VIEW에 방문교수로 가 있었습니다. 겨울방학이 시작된 데다 아직 팬데믹 여파가 채 가시지 않은 탓에 캠퍼스가 한적했습니다. 아무도 없는 도서실에 들어가 <성서조선> 영인본 일곱 권을 꺼내 책상 위에 올려놓았습니다.

　　그날 <성서조선>「창간사」에서 본 것은 관부연락선 갑판 위에 선 식민지 청년의 고통이었습니다. 현해탄을 건너는 연락선 위에서 김교신은 '조선인'이라는 실존을 마주하고 있었습니다. 이 고통스러운 실존 앞에서 그는 자신의 구원과 조선의 운명을 일치시킬 수 있는 길을 찾았는데, 그것은 바로 가장 사랑하는 '조선'에 가장 귀한 '성서'를 주겠다는 것이었습니다. 이 고통의 자리에서 <성서조선>이 창간되었습니다. 거기에는 얕은 종교성도 좁은 교파성도 없었습니다. 비록 식민지인이지만 성서의 바른 도리를 붙잡고 넓은 세계와 부딪쳐 가겠다는 활달함이 있었습니다. 그는 이 팽팽한 모순의 자리에서 백 년 후의 조선인들을 향해 외치고 있었습니다.

김교신은 1901년 함흥에서 태어나 철들 무렵부터 식민지인으로 살았습니다. 1919년 함흥농업학교 재학 중 만세운동에 가담했고, 이듬해 도쿄로 건너가 도쿄고등사범학교에서 수학했으며, 1921년부터 일본의 무교회주의자 우치무라 간조에게서 성서를 배웠습니다. 조선으로 돌아온 김교신은 1927년 7월 <성서조선>을 창간하여 1942년 3월까지 15년간 간행하는 한편, 1927년부터 1940년까지 함흥 영생여학교와 양정학교 등에서 교편을 잡았습니다. 1942년 3월 '<성서조선> 사건'으로 검거되어 1년간 옥고를 치렀고, 1944년 10월 흥남 일본질소비료공장에 들어가 조선인 노동자들을 위해 헌신하다 1945년 4월 해방을 보지 못하고 세상을 떠났습니다.

김교신은 그의 공적 생애 대부분을 교사로, <성서조선> 주필로 살았습니다. 이 기간은 만주사변에서부터 중일전쟁, 태평양전쟁으로 이어지는 긴 전쟁의 시기였습니다. 김교신은 우리 근대사에서 가장 어두운 시대를 살면서 어떻게 사는 것이 예수를 따르는 길인지, 어떻게 하면 신앙을 실생활에서 드러낼 수 있는지 깊이 고민했고, 그 답을 찾기 위해 성서를 진지하게 연구했습니다. 예수를 따라 사는 것이 참된 삶이라는 믿음으로 성서라는 등불 하나 들고 그 시대의 어둠을 비추었던 사람, 그래서 그 빛 주위로 신앙의 동지들 몇 사람 불러모아 서로 기대어 그 절망의 시대를 건너갔던 사람. 이 책은 김교신에 관한 이야기입니다.

이야기가 펼쳐지는 주된 공간은 식민지 경성입니다. 양정학교는 서울역 서쪽 봉래정 언덕 위에 있었습니다. 옛 양정학교 건물에 지금은 손기정기념관이 들어와 있습니다. 김교신이 처음 거처를 정했던 활인동 자택은 서대문 밖, 지금의 공덕역 근처에 자리 잡고 있었습니다. 김교신은 이곳에 성서조선사 사무실과 집회실을 겸했는데, 집회실로 꾸민 방에 앉으면 저 멀리 서대문형무소 굴뚝이 보였고 앞에는 효창원이 내다보였습니다. 1936년 봄, 김교신이 정릉으로 이사하면서부터 이야기의 공간은 경성 시외 동쪽으로 옮겨 갑니다. 현재 정릉역에서 오르막길을 따라 올라가면 김교신의 집 앞을 흘렀던 시내가 지금도 흐릅니다. 길 건너편에는 당시 '약사사'가 '봉국사'로 이름이 바뀌어 남아 있습니다. 아침마다 자전거를 끌고 나선 김교신은 북한 산록 내리막길을 달려 내려와 다시 고개를 넘어 돈암정으로, 동소문을 지나 종로로, 그리고 봉래정 언덕을 올랐습니다. 총독부와 인쇄소를 다닐 때도 언제나 자전거로 내달렸습니다. 일본인들의 거리였던 본정, 조선신궁이 있던 남산으로 갈 때도 자전거로 통행했는데, 그럴 때마다 식민지인으로서의 처지를 되새겨야 했습니다.

김교신에 관한 이야기가 누군가에게는 불편할 수 있습니다. 김교신을 말하려면 '무교회'를 말해야 하기 때문입니다. '교회'라는 단어 앞에 붙은 '무無'라는 접두사가 주는 부정적인 느낌이 크다 보니, '무교회'가 무엇인지 알려고 하기도 전에 처음부터 배척하는 경우가 많습니다. 하지만 '무교회'는 20세기 초 일본과 조선에서 일어난 기독교 운동의 역사적 실체이고, 김교신은 그의 공적 생애 전체를 무교회자로 살았기에, 그의 삶을 무교회와 결부하지 않고 말할 수 없습니다. 김교신의 무교회는 '교회 밖'을 모색함으로써 '교회 안'을 비판적으로 성찰한 자리였습니다. 이 자리에 서면 지금 우리가 몸담고 살아가는 제도적 기독교를 더 잘 이해할 수 있습니다. 그의 이야기를 읽어 가다 보면 어느새 '무교회자 김교신'이 친숙하게 다가오고 지금 한국 기독교에 '무교회자 김교신'이 필요하다는 데 공감하게 됩니다.

이 책은 '문학적 전기'를 의도한 것입니다. 김교신의 삶과 사상에 관해 말하되 겉으로 드러난 일뿐만 아니라 그 내면의 사정을 끄집어 내어 이야기하고, 김교신의 텍스트를 읽되 텍스트를 둘러싼 맥락들, 텍스트와 텍스트 사이의 연관을 세밀하게 읽어, 김교신의 삶을 입체적으로 복원하려고 했습니다. 김교신은 평생을 식민지인으로 살았기에 단 하루도 검열 없는 세상을 살아보지 못했습니다. 그래서 그의 글 행간에는 차마 말하지 못한 고통, 짐짓 눈길로만 전해야 했던 희망의 이야기가 들어 있습니다. 이 책은 그가 말하지 못한 고통과 희망의 이야기를 복원하고, 우리를 더 큰 이야기, 즉 민족 공동체의 이야기, 성서의 이야기 속으로 이끌어 줄 것입니다.

이런 이야기를 구성할 수 있었던 것은 김교신이 남겨

놓은 텍스트 덕분입니다. 김교신은 <성서조선>을 158호까지 간행하면서 많은 글을 발표했습니다. 그가 남긴 텍스트는 삶과 신앙에 관한 통찰을 담은 짧은 산문, 성서연구, 일기 등 다양하고 풍부합니다. 특히 <성서조선> 매호 마지막 몇 장에 실린 「성서통신城西通信」(또는 「성조통신聖朝通信」)은 김교신의 공적 일기로, 그의 신앙의 내면을 드러낼 뿐만 아니라 <성서조선>에 수록된 다른 글에 맥락을 부여하고, 더 나아가 그 시대를 생생하게 증언합니다. 이런 텍스트를 남겨 놓았다는 것, 그래서 이런 이야기를 할 수 있다는 것 자체가 한국 기독교 역사에 드문 일입니다.

이 책을 '문학적 전기'로 구성하는 데 김교신선생기념사업회 '무레사네' 모임의 현장 답사가 큰 도움이 되었습니다. '무레사네' 모임은 김교신이 학생들과 함께 했던 답사 모임으로, 지금도 기념사업회에서 비정기적으로 이어 가고 있습니다. 2024년 봄 소록도를 둘러보면서, 그리고 그해 여름 공덕동과 정릉, 한양도성길 흥인지문 구간을 걸으면서 김교신이 다녔던 길, 김교신의 마음이 머물렀던 곳을 그려 볼 수 있었습니다. 무교회 선배들과 함께 그 길을 걸으면서 김교신의 참됨과 올곧음을 배울 수 있습니다. 이 책을 쓰는 동안 박상익 교수님의 『김교신 평전: 지사적 그리스도인』(푸른역사, 근간) 초고를 읽은 것이 많은 도움이 되었습니다. 필요한 정보를 확인해야 할 때마다, 글이 막힐 때마다 박 교수님의 원고를 들춰 보았습니다. 이 책이 『김교신 평전: 지사적 그리스도인』과 나란히 독자의 서가에 꽂히게 되길 바랍니다.

2024년 봄 수줍음 많은 세 남자의 경주 여행에서 이 책은 시작되었습니다. 밴쿠버기독교세계관대학원VIEW의 최종원 교수님, 비아토르 출판사 김도완 대표님과 함께 한 여행이었습니다. 여행 중 설익은 생각을 나눌 기회가 있었고, 김 대표님께서 출간을 제안해 주셨습니다. 이후 2025년 1월 VIEW의 집중식 강의를 준비하면서 원고의 틀을 갖추게 되었고, 2025년 봄과 여름 사이 '김교신 아카데미'와 '뷰티풀 인문학'의 온라인 강의를 통해 생각을 가다듬을 수 있었습니다. 강의 기회를 주신 VIEW의 전성민 원장님과 최종원 교수님, 그리고 '김교신 아카데미'의 반영운 교수님과 운영위원들께 감사드립니다. 여러 강의에 함께한 수강생 모두에게도 감사드립니다. 김교신을 이야기하면서 마음을 열었던 그 순간들을 잊지 못할 것입니다.

원고를 꼼꼼히 읽고 까칠한 비평을 해 준 손지원 선생, 여승욱 선생께 고마움을 전합니다. 두 외우畏友의 조언과 격려 덕분에 마지막 힘을 낼 수 있었습니다. 편집을 맡아 적절한 조언을 해 준 이현주 편집자님, 원고에 아름다운 옷을 입혀 준 채승 디자이너, 귀한 사진을 제공해 준 김교신선생기념사업회 박찬규 선생님께도 감사의 인사를 전합니다.

책 쓰는 남편을 인정해 주고 때로는 직언을 아끼지 않은 아내 강다정과, 두 아들 서진이, 어진이에게 사랑과 감사를 전합니다. 가족으로 묶여 지내는 동안 우리는 낮은 곳에서 세상을 바라보고 함께 살아가는 법을 조금씩 배우고 있습니다. 이 자리가 예수와 더 가까워지고 이웃을 더 사랑하게 되는 자리임을 믿습니다. 나는 오십 년을 교인으로 살았고 지금도 교인이지만 작은아이를 돌보는 동안 무교회자가 되었습니다. 무교회자에게도 자리를 내어 주고 아이에게 기꺼이 가족이 되어 준 아름다운상원교회 교우들께 감사드립니다.

책을 준비하는 몇 년 동안 '교회 너머'를 모색하고 실험하는 움직임들과 때로는 가깝게, 때로는 느슨하게 연결되어 있었습니다. 김교신의 무교회는 교회주의의 미망迷妄에 빠진 이들을 향한 성성惺惺한 외침이요, 교회 너머 더 나은 기독교를 찾는 고단한 길벗들을 향한 따뜻한 격려입니다. 바라건대, 이 이야기를 통해 100년 전 김교신이 관부연락선 갑판 위에서 외쳤던 그 외침이 한국 기독교와 한국 사회에 다시 울려 퍼지기를, 그 외침에 응답함으로써 지금 우리 삶이 더 아름다워지고 다시 뜨거워지게 되기를!

2025년 12월 대구에서
류동규

1장

식민지 무교회자의 탄생

◆ 〈성서조선〉 창간 무렵

1926년의 어느 날, 우치무라 간조(內村鑑三)의 성서강연회에 참석하던 조선인 청년 여섯 명이 도쿄 서쪽 스기나미촌에 모였습니다. 매주 우치무라의 강연회에 가기 전 따로 모여 조선을 걱정하면서 성서를 공부했습니다. 시작한 지 반년이 지나 누군가가 지금까지 공부한 것을 세상에 드러내 보자고 제안했고, 그렇게 세상에 나온 것이 〈성서조선〉입니다. 1927년 7월의 일이었습니다.

김교신, 함석헌, 정상훈, 송두용, 류석동, 양인성. 이들이 〈성서조선〉 초기 동인이었습니다. 처음에는 정상훈이 편집을 맡았습니다. 정상훈은 1900년생으로 가장 나이가 많았고 동인 중 유일한 신학 전공자였습니다. 김교신과 함석헌, 양인성은 스물여섯, 류석동은 스물넷, 가장 어렸던 송두용은 스물셋이었습니다. 1927년 김교신은 동인들 중 가장 먼저 조선으로 돌아와 함흥 영생여학교에서 교편을 잡았습니다. 1928년 김교신은 양정학교로 옮겼고, 함석헌도 조선으로 돌아와 평북 정주의 오산학교에 자리를 잡았습니다.

김교신은 1929년 봄 서대문 밖 공덕리 활인동에 거처를 정하고 성서조선사 사무실을 겸했습니다.

<성서조선> 창간에 주도적인 역할을 한 이는 김교신이었습니다. 함석헌의 회고에 따르면 동인 중 "앞장은 김[교신]"이었습니다. 잡지를 내는 일도, 실현 단계에서 모든 것을 추진한 이도 김교신이었고, <성서조선>이라는 이름을 제안한 것도, 「창간사」를 쓴 것도 김교신이었습니다.[1] 처음에는 계간으로 내다가 1929년 8월부터 월간으로 바꾸었습니다. 1930년 5월부터는 동인제를 폐지하고 김교신이 단독으로 <성서조선> 편집을 맡아 1942년 3월 158호로 폐간되기까지 12년을 지속했습니다.

◆ 김교신, 《구안록》을 삼키다

김교신이 일본 유학을 위해 현해탄을 건넌 것은 1920년 3월 무렵이었습니다. 3·1운동이 일어난 이듬해였습니다. 세이소쿠영어학교에서 2년, 도쿄고등사범학교에서 5년 동안 수학하고 다시 조선으로 돌아온 것은 1927년 3월의 일입니다.

그 사이 그의 공생애를 결정하게 될 중요한 일들이 일어났습니다. 하나는 기독교로 입문한 것입니다. 1920년 4월 16일 도쿄 우시고메구 야라이정에서 청년 전도자의 설

• 도쿄 유학 시절의 김교신. 1920년대 초 모습으로 추정.

• 〈성서조선〉 동인. 1927년 2월, 김교신이 유학을 마치고 귀국하기 전 도쿄에서 촬영한 것으로 보인다. 아랫줄 왼쪽부터 류석동, 정상훈, 김교신, 송두용, 윗줄 왼쪽부터 양인성, 함석헌.

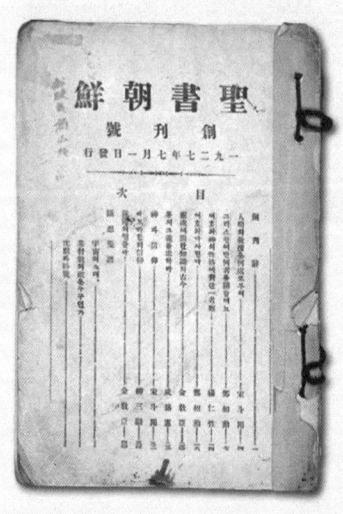

• 〈성서조선〉 창간호. 김교신의 「창간사」와 「영혼에 관한 지식의 고금」, 「한양의 딸들아!」, 함석헌의 「먼저 그 의를 구하라」 등이 수록되어 있다.

교를 듣고, 이틀 후 우시고메구 야라이정 성결교회에 출석하게 됩니다. 그해 6월 27일 세례를 받았고, 그 후 몇 달 동안 교회에서 신앙생활을 이어 가게 되지만 이 생활은 얼마 가지 않아 위기를 맞습니다. 그해 말 교회에 분란이 일어나 목사가 쫓겨나게 되었는데, 기독교 신앙에 막 입문한 김교신은 이 일로 큰 환멸을 느낍니다.

이 무렵 김교신은 그의 공생애를 결정 짓는 중요한 만남을 갖게 됩니다. 우치무라 간조와의 만남입니다. 1920년 11월 김교신은 우치무라 간조의 자택을 방문하여 그를 처음 만났습니다. 김교신은 열아홉의 청년이었고, 우치무라는 예순을 바라보는 나이였습니다. 첫 만남에서 김교신은 큰 실망과 불만을 안고 돌아왔다고 합니다. 그가 실망했던 이유는 우치무라의 가르침이 그의 첫 기독교 이해와 달랐기 때문이었습니다. 김교신은 산상수훈이 유교의 교훈보다 고원高遠하다는 점에 끌리고 있었는데, 우치무라는 이러한 김교신의 기독교 이해가 잘못되었음을 지적했던 것입니다. 하지만 그 후로 두 차례 우치무라의 욥기 강연을 청강했고, 1921년 초부터 시작된 우치무라의 로마서 강연에 2년간 참석하게 됩니다. 이후 그는 1927년 3월 도쿄고등사범학교를 졸업하고 조선으로 돌아오기까지 우치무라의 강연에 참석했고, 희랍어반에서 공부하면서 무교회자로서의 소양을 쌓았습니다.

김교신은 우치무라를 만나기 전인 1920년 10월 15일 우치무라 간조의 《구안록》(1893)을 독파했습니다. 그 후 《기독 신도의 위로》(1893), 《지인론》(1894, 1897), 《종교와 문학》(1897) 등 우치무라의 다른 저서들도 읽었습니다. 「우치무라 간조론에 답하여」(<성서조선> 1930. 8-9.)라는 글에 보면, 이 무렵 그의 독서는 "독서라기보다 기갈에 들린 이가 체면 차리지 않고 음식을 삼키듯 한 것"이었다고 쓰고 있습니다. 이 기갈은 대체 어디에서 연원하는 것이었을까요? 그는 이 기갈을 어떻게 해소할 수 있었을까요? 이 물음은 청년 김교신이 무교회자가 된 내면의 사정을 묻는 것과 같습니다.

스무 살 김교신이 가졌던 이 기갈을 뭉뚱그리자면 '아버지 상실'이라고 할 수 있습니다. 김교신은 함흥의 유력한 집안에서 태어났지만 두 살 때 아버지를 여의었습니다. 김교신의 글 곳곳에 이 상실의 흔적이 편린으로 남아 있습니다. 김교신에게 '아버지 상실'은 중의적인 의미를 지니고 있었습니다. 당시 조선 사회는 봉건 질서가 해체되어 가는 과정에 있었습니다. 김교신은 조선에 밀어닥친 근대 세계 앞에서 유교 교양을 통해 삶을 정립하고 세계를 해석하는 것이 한계에 부딪혀 있음을 직감했습니다. 「입신의 동기」(1928. 11., 1929. 9.)는 이 무렵의 사정을 잘 보여 줍니다. 그는 《논어》의 "칠십이종심소욕불유구七十而從心所欲不踰矩(칠십 세에 마음 내키는 대로 해도 법도에 어긋남이 없었다)"라는 구절을 '일생의 과정표'로 삼아 자신은 공자보다 십 년을 단축하여 육십 세에 이 경지에 도달해 보리라 결심하고 밤낮 마음을 썼으나 그것이 불가능함을 깨달았습니다. 유교적 구도에서 실패하여 낙망하고 있을 바로 그때, 동양선교회 성서학원에 재학 중이던 한 청년 전도자를 만나 기독교 복음을 듣게 됩니다. 김교신에게 그것이 '복음'이었던 이유는 기독교를 믿게 되면 칠십 세 아니라 이십 세 청년이라도 완성에 도달할 수 있다는 청년 전도자의 말 때문이었습니다. 스무 살 청년의 구도가 얼마나 진지한 것이었는지, 그리고 그것이 불가능함을 깨달았을 때의 낙망이 얼마나 큰 것이었는지 말하려면 그의 '아버지 상실'과 그로 인한 기갈을 떠올려야 합니다.

스무 살 김교신이 허겁지겁 먹어 치운 책,《구안록》이란 무엇이었을까요? "인간은 죄를 지어서는 안 되지만 죄를 짓는다"라는 인상적인 문장으로 시작하는 이 책에서 우치무라 간조는 죄의 문제와 속죄의 원리를 다루고 있습니다. 이 책 전반부에서 우치무라는 죄를 짓지 않고 살기로 결심하고 진지하게 노력했으나 실패하게 되는 과정, 그리고 그 죄를 다루기 위해 망죄술忘罪術과 탈죄술脫罪術을 시험해 보지만 그것이 실패에 이르는 과정을 자세히 쓰고 있습니다. 한편, 속죄의 문제를 다루는 후반부에서 우치무라는 속죄가 인간사의 일반적인 원리라는 점을 증명하는 데 공력을 기울입니다. 그는 속죄의 원리가 무엇인지, 사람이 타인의 고통으로 말미암아 자기가 지은 죄에서 벗어날 수 있는지 물으면서, "모든 선한 사람에게는 속죄하는 특성이 있다", "인류

는 연대책임으로 서로 연결돼 있다"고 답합니다.[2]

김교신이 어느 시점에 속죄 신앙을 받아들였는지는 분명하지 않습니다. 「입신의 동기」, 「우치무라 간조론에 답하여」 등을 통해 미뤄 보면 이 과정은 기독교에 입문한 후 점진적으로 이루어진 것 같습니다. 김교신은 「입신의 동기」에서, 산상수훈의 가르침에 따라 자아를 수련함으로써 완성에 도달하려 했으나 자신 안에 선한 것이 없음을 보고 "지극히 천하고 약한 죄인 중의 죄인 하나가 지극히 거룩하고 전능하신 왕 중의 왕 앞에 항복"하게 되었음을 밝히고 있습니다.[3]

◆ **애국이라는 열정**

김교신에게 또 하나의 '아버지 상실'은 망국의 경험이었습니다. 철들 무렵부터 식민지 백성으로 자라나 제국의 도시에서 유학하게 되었다는 것은 무슨 의미였을까요? 3·1운동 이후 청년들은 민족주의의 흐름에 자신을 맡겨 굳은 결심으로 유학길에 올랐습니다. 하지만 이 마음은 오래가지 못했습니다. 3·1운동 실패 이후 민족주의는 곧 개량주의로 떨어졌고, 식민지 체제는 더욱 강고해졌으며, 일본 유학을 통해 근대인이 된 청년들은 근대의 보편 지향과 식민지 현실 사이에서 자기 분열을 피하기 어려웠습니다.

김교신은 이 분열을 어떻게 극복해 나갔을까요? 이를 속죄 신앙만으로 설명하기는 어렵습니다. 우치무라 간조와 그의 무교회주의는 김교신의 삶의 토대를 제공해 주었지만, 조선인으로서 자기를 정립하는 과제는 오롯이 김교신 자신에게 맡겨져 있었습니다. 여기에서 김교신을 비롯한 초기 <성서조선> 동인들이 우치무라 간조의 '애국'에 이끌렸다는 사실에 주목하게 됩니다.

우치무라의 애국은 '두 개의 J' 사상에 잘 드러납니다. 삿포로농학교 재학 당시 "예수를 믿는 자들의 맹약"에 서명함으로써 기독교로 입문한 우치무라는 '7인의 작은 교회'를 실험했고, 졸업식을 마치고 니토베 이나조新渡戶稻造, 미야베 긴고宮部金吾 등 친구들과 '두 개의 J'에 자신의 삶을 바칠 것을 서약합니다. 우치무라는 'Jesus'와 'Japan'을 두 개의 중심을 가진 타원에 빗대어 말하면서 '예수는 우리의 미래의 생명이 있는 곳이고 일본국은 우리의 현재의 생명이 있는 곳'이기에, 이 둘 중 어느 쪽을 더 많이 사랑하는지 결코 답할 수 없다고 했습니다. 국가가 잘못된 길을 갈 때 그것을 적극적으로 바로잡아 정의와 진리의 길로 이끄는 것이 '진정한 애국'이라고 말하는 데서는 예언자적 목소리가 울려 퍼집니다.

이 '두 개의 J' 사상이 위기를 맞게 된 것이 '우치무라 불경 사건'입니다. 당시 일본은 천황제와 입헌제를 결합해 근대 입헌군주국으로 자리 잡는 과정에 있었고, 이 과정에서 제국헌법과 교육칙어를 차례로 발포發布하게 됩니다. 1890년 10월 30일 교육칙어가 발포되었고, 이듬해 1월 9일 도쿄제일고등중학교에서 교육칙어 봉배식이 거행되었습니다. 교육칙어를 낭독한 후 교수와 학생을 한 사람씩 단상에 올려 보내 칙어에 머리를 조아리게 한 것입니다. 당시 제일고등중학교 촉탁 교원이었던 우치무라는 교육칙어 봉배식에서 머리를 숙이지 않았는데, 이 일이 일파만파로 커져 결국 우치무라는 학교에서 사직했고, 국적國賊으로 낙인찍히게 됩니다. 이 일은 한 개인이 보편적인 가치를 근거로 삼아 천황의 신성 불가침성에 맞선 것으로, 권력의 우상화에 대한 예언자적 부정을 표명한 사건이었습니다. 이 일로 우치무라는 큰 곤경을 겪어야 했지만, 이후로도 예언자적 지성을 포기하지 않았습니다. 그는 러일전쟁이 발발하자 비전론非戰論을 주창하며 전쟁의 불의함을 지적하였고, 전쟁에 적극적으로 협력했던 일본 주류 기독교를 향해서는 "맛을 잃은 소금"이라고 신랄하게 비판했습니다.[4]

우치무라의 '애국'이 매력적이었다고 해도 조선인 청년들이 그 길을 그대로 따라갈 수는 없었습니다. 우치무라가 그토록 사랑한 일본이라는 국가체제의 권력 안에서 자신이 배제된 자리에 있음을 발견했기 때문입니다. 우치무라의 강연회에 참석한 조선인 청년들로서는 우치무라의 '애국'을 자신의 것으로 전유함으로써 식민지인으로서 자신의 정체성을 구성해야 하는 과제 앞에 서 있었습니다.

◆ 연락선 갑판 위에서

<성서조선> 「창간사」는 이런 사정을 염두에 두고 읽어야 합니다. 「창간사」는 많은 이야기를 함축하고 있습니다. 첫 두 문장은 다음과 같습니다.

> :: 하루아침에 명성이 세상에 자자함을 깨어 본 바이런은 행복한 자였다. 하지만 하루 저녁에 '아무리 해 봐야 조선인이로구나!' 하고 연락선 갑판을 발 구른 자는 둔한 자였다. (「창간사」, <성서조선> 1927. 7.)

김교신은 영국의 낭만주의 시인 바이런과 연락선 갑판 위에서 발을 구르고 있는 자신을 대비하고 있습니다. 바이런은 영국이 패권을 잡고 있던 시기에 태어나 그 시대의 자유인으로 살았던 시인입니다. 이런 바이런의 운명은 조선인 대다수의 운명과 달랐습니다. 바이런의 문장이 인생의 희극적 아이러니를 표현하고 있는 것과 반대로 김교신의 문장에는 천형天刑과도 같은 식민지인으로서의 고통이 각인되어 있었습니다.

다음 문장을 읽으려면 우치무라 성서강연회의 김교신을 떠올려야 합니다. 김교신은 1921년 1월부터 시작된 로마서 강의에 한 번도 빠지지 않고 맨 앞자리에서 강연을 들었습니다. 오테마치의 대일본사립위생회 강당에서 2년간 진행되었던 이 강연은 우치무라의 활동 중에서도 가장 뜨거웠던 장면으로 꼽힙니다. 오테마치는 도쿄역에서 황거에 이르는 거리로 도쿄에서도 중심지였고, 대일본사립위생회 강당은 700-800명을 수용할 수 있는 근대식 강당이었습니다. 우치무라는 이 강당에서 1919년부터 1923년까지 강의했는데, 특히 욥기 강의와 로마서 강의는 청중의 뜨거운 호응을 불러일으켰습니다. 김교신은 이 일을 「창간사」에 다음과 같이 쓰고 있습니다.

> :: 나는 학창 시절 학문에만 깊이 빠져 있을 때 '학문에는 국경이 없다'고 스스로 자랑했다. 장엄한 회당 안에서 열화 같은 설교를 경청할 때 나는 수없이 감사하고 또 감사했다. '온 세계가 형제 동포'라고 단순히 믿었다. 도쿄 내외의 양심 있는 애국자 몇 사람이 우리 조선인을 가르치려고 망식몰두忘食沒頭함을 볼 때 나의 계획은 원대에 이르려 했다. '옳은 일을 하는 데 누가 시비하랴?' 과연 학문적 야심에는 국경이 보이지 않았다. 사랑으로 온 세계를 마음에 품을 수 있었다. 이상을 실현하려는 나의 앞길은 양양하기만 했다. 때에 들리는 소리, '아무리 그래 봐야 너는 조선인이다!' (「창간사」, <성서조선> 1927. 7.)

장엄한 회당에서 열화 같은 설교를 하던 이, 그는 우치무라 간조였습니다. 그 설교를 듣고 있는 조선인 청년이 있습니다. 김교신입니다. 강단에서는 육십이 된 우치무라가 놀라운 열정으로, 엄청난 카리스마를 뿜어내면서 로마서를 강론하고 있고, 맨 앞자리에는 김교신이 눈을 빛내며 듣고 있습니다.

이 경험을 어떻게 말하면 좋을까요? 성서의 메타포를 사용하자면, 누구든지 목마르거든 내게로 와서 마시라고 했던, 그 생명수를 마신 경험이라고 해도 좋을 것입니다. 나는 생명의 빵이라고 하시면서 나에게로 오는 사람은 더 이상 주리지 않을 것이라고 했던, 그 생명의 빵을 받아먹은 경험이라고 해도 좋을 것입니다. 《구안록》을 허겁지겁 삼켜야 했던 청년 김교신의 기갈이 지금 근원에서부터 채워지고 있습니다. 거대한 세계로의 열림, 궁극적인 존재와 일치하게 되는 경험, 그리하여 세계에 대한 혼돈이 걷히고 삶의 좌표가 정해지는 경험이었습니다. 이 경험을 김교신은 "수없이 감사하고 또 감사했다", "나의 계획은 원대에 이르려 했다"라는 말로 표현하고 있습니다.

다시, 우치무라 강연에 앉아 있던 김교신과 연락선 갑판 위의 김교신을 대비해 봅시다. 김교신이 도쿄고등사범학교에서 근대 학문, 즉 지리학과 박물학을 공부할 때 그는 근대인으로서 학문적 야심을 가졌습니다. 학문에 국경이 없다고 여겼습니다. 우치무라 성서연구회에서 성서를 배울 때, 그의 가슴은 사랑으로 가득 찼습니다. 온 세계 사람들을 모두 형제로 여길 수 있었습니다. 그는 드넓은 세계를 향해 자신을 한껏 열 수 있었습니다. 하지만 그 길로만 내달릴 수는 없었는데, 그 이유는 '아무리 그래 봤자 조선인'일 수밖에 없었기 때문입니다. '조선인'이라는 이 세 글자가 낙인처럼 그 몸에 새겨져 있었던 것입니다.

김교신이 마주했던 이 조선인이라는 자기 확인이 얼마나 고통스러운 것인지 가늠하기는 어렵습니다. 당시 뜻있는 조선 청년이라면 누구나 일본으로 유학을 했습니다. 열강의 각축장에 뒤늦게 불려 나온 조선으로서는 근대문명을 빨리 배워서 문명국을 따라잡아야 했습니다. 이 '근대 따라잡기'야말로 지난 130년 동안 한국인이 경험한 근대의 요체라고 할 수 있습니다. 1890년대부터 시작된 일본 유학은 1920년대에 이르면 이제 하나의 문화 현상이 되어 있었습니다. 유학길에 오른 학생들은 부산까지 육로로 가서, 다시 부산에서 연락선에 올라 현해탄을 건너 시모노세키로 가야 했습니다. 관부연락선은 식민지의 상징이 되었습니다. 부산에서 시모노세키로 가는 길에서 청년들은 꿈에 부풀었습니다. '부지런히 공부하고 문명을 배워서 조선을 구하리라.' 너도나도 도쿄로 가서 근대문명을 배웠습니다.

당시 조선인 유학생들의 눈에 도쿄는 찬란한 근대도시였습니다. 거기서 유학생들은 근대의 보편주의와 개인주의의 세례를 받고 근대인으로 거듭나게 됩니다. 그렇게 보편적 근대인으로 살 수 있다면 그것도 좋은 일이었겠지만, 조선인 유학생들의 사정은 그렇지 않았습니다. 당시 남자 나이 스무 살이면 대개 자녀 하나둘 딸린 가장이었습니다. 어려운 형편에 고학하는 이들도 있었고, 형편이 좀 낫다고 해도 공부를 마치면 조선으로 돌아가 집안을 일으켜 세워야 했습니다. 방학이 되거나 공부를 마치고 도쿄에서부터 되짚어 조선으로 올 때면 반드시 시모노세키에서 부산으로 오는 관부연락선을 타야 했습니다. 이 귀로에서 느끼는 감정은 처음 유학길에 올라 부산에서 시모노세키로 갈 때의 희망, 포부와는 전혀 다른 것이었습니다. 자신이 조선인이라는 사실, 가난한 집안의 장남이자 처자식을 거느린 가장이라는 사실을 고통스럽게 깨달아야 했습니다.

　이런 사정을 잘 보여 주는 작품이 염상섭의 《만세전》(1924)입니다. 이 소설은 조선인 유학생 이인화가 도쿄에서 기말시험을 치던 중 조선의 집으로부터 전보를 받는 데서 시작합니다. 아내가 위독하니 얼른 돌아오라는 것이었습니다. 여비로 꽤 큰돈을 부쳐 오기까지 합니다. 다 접어 두고 대충 짐 싸서 집으로 가야 될 텐데 이인화는 그렇게 하지 않고 일부러 시간을 지체합니다. 집에서 보내온 돈을 찾아서 상점에 가서 쇼핑도 하고 연애 비슷하게 하던 일본인 카페 종업원도 만나고, 기차를 타고 귀로에 올랐다가도 고베에 내려서 또 누굴 만납니다. 그렇게 지체하다가 시모노세키까지 가서 드디어 관부연락선에 오릅니다. 제일 먼저 배에 오른 이인화는 자리를 잡아 놓고 얼른 목욕탕으로 향합니다.

물에 몸을 잠그고 쉬려는 참인데 옆에 앉은 일본인들의 말을 듣고 충격을 받습니다. 한 사람이 이번에 조선에 가면 한밑천 잡을 일이 있다고 하니까 다른 사람이 그게 뭐냐고 묻습니다. 대답인즉 조선인 노동자를 모집해서 팔아넘겨 떼돈을 번다는 겁니다.

1922년 8월 <동아일보>에 보도된 '니가타현 사건'에 따르면 조선인 노동자들은 일본의 댐공사에 동원되어 하루 17시간의 살인적인 노동에 시달렸다고 합니다. 제대로 자지도 먹지도 못하는 비인간적인 조건이었습니다. 참다못한 이들이 도망가는 일이 자주 일어났는데, 이를 막기 위해 일본인 관리자들이 폭력을 동원했고, 이 일로 많은 조선인 노동자들이 죽고 다치게 됩니다.[5] 《만세전》은 이 사건을 소설의 소재로 가져온 것입니다.

이인화는 이 말을 들으면서 조선의 현실을 새롭게 알고 놀라지만 당황스러운 일이 벌어집니다. 이때 목욕탕 밖에서 자신을 부르는 소리를 듣습니다. '이인화'라는 조선 이름이 불리자 목욕탕에 있던 사람들이 놀란 눈으로 그를 쳐다봅니다. 이인화로서는 아주 모욕적인 상황을 당하게 된 것입니다. 자신이 조선인이라는 사실이 드러난 데다 목욕탕에서 불려 나가 짐을 수색당하게 되었으니 봉변도 이런 봉변이 없습니다. 짐을 수색당하는 동안의 초조와 긴장은 말할 수 없습니다. 배가 출발하기 직전에야 가까스로 다시 갑판 위에 오르게 되는데, 이때 이인화는 연락선 갑판 위에서 검은 바다를 바라보며 자신이 조선인이라는 사실을 곱씹으면서 뜨거운 눈물을 흘립니다.

> :: 나는 선실로 들어갈 생각도 없이 으스름한 갑판 위에, 찬바람을 쐬어 가며 웅숭그리고 섰었다. 격심한 노역과 추위에 피곤하여 깊은 잠에 들어가는 항구는, 소리 없이 암흑 속에 누웠을 뿐이요, 전시全市의 안식을 지키는 야광주는, 벌써부터 졸린 듯이 점점 불빛이 적어 가고 수효가 줄어들면서 깜박깜박 졸고 있다. 나는 인간계를 떠나서 방랑의 몸이 된 자와 같이, 그 불빛의 낱낱이 어떠한 평화로운 가정의 대문을 지키고 있으려니 하는 생각을 할 제, 선뜩선뜩하게 별보다도 점점 멀리 흐려 가는 불빛이 따뜻이 보였다. 나의 머릿속은 단지 혼돈하였을 뿐이요, 눈은 화끈화끈할 뿐이다.
> 외투 포켓에다가 두 손을 찌르고 어느 때까지 우두커니 섰는 내 눈에는, 어느덧 뜨끈뜨끈한 눈물이 비어져 나와서, 상기가 된 좌우 뺨으로 흘러내렸다. 찬바람에 산뜩산뜩 스며 들어가는 것을, 나는 씻으려고도 안 하고 여전히 섰었다. (염상섭,《만세전》, 문학과지성사, 2005, 64쪽)

이런 일은 당시 유학생들이 시모노세키에서 부산으로 향하는 연락선에서 흔히 겪어야 했던 일입니다. 관부연락선은 자신이 조선인이라는 걸 뼈아프게 확인해야 하는 차별과 배제의 공간이었습니다.

　　김교신의 사정도《만세전》의 이인화의 사정과 다르지 않았습니다. <성서조선>「창간사」의 첫 두 단락에 '아무리 해 봐야 조선인이로구나!'라는 이 구절이 반복되고 있는 데는 그럴만한 이유가 있었던 것입니다. 이 탄식에는 식민지인으로서의 고통스러운 자기 확인이 압축적으로 표현되어 있습니다. 이 자기 발견의 자리가 중요합니다. 이 배제되고 차별당하는 자리에서 <성서조선>이 탄생했기 때문에, 그 자리에 다가가서 <성서조선>을 읽어야 합니다.

◈　**조선과 자아의 관계**

　　이런 차별받는 자리, 배제된 자리에서 자기를 확인한 이라면 어떻게 해야 할까요? 김교신으로서는 조선인이라는 이 고통스러운 존재의 자리를 받아들이지 않고서는 한 발짝도 나아갈 수 없었습니다. 이 고통의 자리에서 다시 시작해야 했습니다. 김교신은 이 고통스러운 자기 확인의 자리에서 아주 놀랍고 의미심장한 말을 하고 있습니다.

::　아! 어찌 이보다 더 많은 의미를 우리에게 전하는
　　구절이 달리 있으랴. 이 의미를 풀고서야 모든 일을 쉴

수 있고, 이 의미를 풀고서야 모든 일을 이룰 수 있도다. 이에 시선은 초점이 모였고 대상은 하나임이 명확하여지도다. 우리는 감히 조선을 사랑한다고 큰소리치지 못하나 조선과 자아와의 관계에 대하여 겨우 '무엇'을 알게 된 것이 있는 줄 믿노라. (「창간사」, <성서조선> 1927. 7.)

당시 많은 조선의 지식인들이, 조선의 기독교인들이 '조선인'이라는 자기 정립에 철저하지 못했습니다. 자신의 운명과 민족의 운명을 일치시키지 못하고 자아 분열을 극복하지 못한 이들이 많았습니다. 김교신은 이 문제를 정면으로 마주하면서 가장 진지하게 씨름하고 신앙의 삶을 살아낸 이였습니다. 이 점에서 김교신은 한국 기독교의 모델이 됩니다.

김교신이 조선과 자아의 관계에 대해 '무엇'을 깨달아 알게 되었다고 했을 때 그것은 대체 무엇이었을까요? 이 물음에 대한 답은 그의 삶 전체를 두고 말해야 하지만, 우선 간단히 말하자면 성서를 통해 자신의 운명과 민족의 운명을 일치시킬 수 있는 길을 발견한 것이라고 할 수 있습니다. 김교신은 다음 구절에서 <성서조선>을 창간하게 된 배경을 이렇게 말하고 있습니다.

:: 그러므로 걱정을 같이 하고 소망을 같이 품은 어리

석은 자 5-6인이 도쿄 시외 스기나미촌에 처음으로 모여 '조선성서연구회'를 시작하고 매주 때를 정하여 조선을 생각하고 성서를 공부하면서 지내 온 지 반년, 우리 중 누군가가 지금까지 연구해 온 것 일부를 세상에 공개하자고 제안하니 그 이름을 <성서조선>이라 하게 되도다. 그 이름이 좋은지, 그 시기가 적절한지 우리는 따지지 않는다. 다만 우리 생각 전체를 차지하는 것은 '조선' 두 자이고, 이 사랑하는 이에게 보낼 가장 귀한 선물은 '성서' 한 권뿐이니 둘 중 하나를 버리지 못하여 된 것이 그 이름이었다. (「창간사」, <성서조선> 1927. 7.)

김교신은 '조선'을 사랑하는 연인에 비유하고 있습니다. 가장 사랑하는 '조선'에 가장 귀한 선물 '성서'를 주고자 <성서조선>을 창간한다고 했습니다. 김교신에게 '조선'과 '성서'는 어느 것 하나를 빼놓고 말할 수 없는 것이었습니다. 이 둘 중 어느 하나를 작게 여기고서는 그의 삶을 말할 수 없습니다.

이 말은 책상물림의 낭만적 열정에 그치지 않았습니다. 이후 김교신은 '성서'와 '조선'에 삶 전부를 쏟아부었습니다. 김교신은 단독으로 편집을 맡은 1930년 5월 이후 12년간 <성서조선>을 간행하기 위해 매달 집필과 편집, 교정, 서점 배달과 우편 발송을 혼자서 해냈습니다. 한 달에도 몇 번씩 집필을 위해 밤을 새워야 했고, 매달 총독부와 인쇄소와 서점을 오가며 엄청난 굴욕을 감내해야 했습니다. 매달 발생하는 결손을 자신의 교사 월급으로 메꾸어야 했습니다. <성서조선> 독자는 200명 내외였고, 한 권에 15전, 반년 구독료가 90전이었습니다. 구독료로는 우편 발송 비용을 겨우 댈 수 있는 정도였습니다. 구독료를 받아 잡지를 내는 것은 예수 재림 때나 가능할 거라고 말하기도 했습니다. 사랑하는 '조선'에 가장 귀한 '성서'를 주겠노라고 했던 「창간사」는 김교신의 사명 선언이었던 셈입니다. 하나님으로부터 어떤 일을 하도록 부름을 받는다는 것은 이처럼 하나님 앞에서, 그리고 역사 앞에서 자신이 몸담은 공동체의 모순된 자리를 발견하고, 거기에서부터 자신의 길을 찾아가는 일일 것입니다.

◆ '조선혼'에게로 가라

김교신은 조선과 자아의 관계에 대한 '무엇'을 얻었습니다. 이제 시선의 초점이 모였고 그 대상이 명확해졌습니다. 시선의 초점이 모인 곳은 성서였고 대상은 조선이었습니다. 이제 「창간사」는 마지막 대목을 향해 갑니다. 김교신은 온 힘을 다해 <성서조선>의 사명을 외치고 있습니다.

:: <성서조선>아, 너는 우선 이스라엘 집집으로 가

라. 소위 기성 신자의 손을 거치지 말라. 그리스도보다 외인外人을 예배하고 성서보다 회당을 중시하는 자의 집에는 그 발의 먼지를 털지어다.
<성서조선>아, 너는 소위 기독 신자보다도 조선혼을 가진 조선 사람에게 가라, 시골로 가라, 산촌으로 가라. 거기에 나무꾼 한 사람을 위로함으로 너의 사명을 삼으라. (「창간사」, <성서조선> 1927. 7.)

이 사명 선언은 무교회주의와 닿아 있습니다. 「창간사」에서 말한 "조선혼을 가진 조선 사람"이란 우선적으로 '기독 신자'가 아닌 사람, 즉 제도교회의 때가 묻지 않은 사람이었습니다. 김교신이 보기에 당시 조선 교회는 서양 선교사들이 전해 준 것을 모방하느라, 특수한 종교성에 매몰되어, 조선인의 자연스러움을 잃어버리고 있었습니다. "기성 신자의 손을 거치지 말라", "그리스도보다 외인을 예배하고 성서보다 회당을 중시하는 자의 집에는 발에 먼지를 털지어다", "기독 신자보다도 조선혼을 가진 조선 사람에게 가라"는 구절이 향하는 것은 결국 제도교회에 대한 거부였습니다.

물론 이런 설명으로 충분하지 않습니다. '조선혼을 가진 조선 사람'이 누구인지 말하려면 '조선혼'이 무엇인지 말해야 합니다. 이 말을 본질적·실체적 개념으로 사용하는 것은 적절하지 않습니다. 조선인이라면 본래 가지고 있는 '혼'이 있어서 그것이 아주 오래전부터 대대로 이어져 왔다고 생각하는 것은 문화적 민족주의의 관념에 불과합니다. '조선혼'은 구성적 개념으로 이해해야 합니다. '조선혼을 가진 조선 사람'은 김교신이 그의 공생애 사역 전체를 통해 불러내고자 했던 누군가였습니다.

> :: <성서조선>아, 네가 만일 그처럼 인내력을 가졌거든 너의 창간일 이후에 출생하는 조선 사람을 기다려 면담하라, 서로 담론하라. 한 세기 후에 동지를 기약한들 탄식할 이유가 무엇이겠는가. (「창간사」, <성서조선> 1927. 7.)

스물여섯 살 청년 김교신이 뜻을 세워 <성서조선>이라는 잡지를 창간하여 막 세상에 내놓는 순간입니다. 그는 가장 사랑하는 조선에 가장 귀한 선물인 성서를 주기 위해 <성서조선>을 창간하겠다는 이 자리에서 100년 후의 독자를 향해 말을 걸고 있습니다. <성서조선> 창간은 100년 앞을 내다본 기획이었습니다. 그가 100년 후에 만나기를 바랐던 '조선혼을 가진 조선 사람'은 누구였을까요? 그들은 어떤 이유로든 차별당하지 않는 이였을 것입니다. 또 어떤 이유로든 타인을 배제하거나 혐오하는 이도 아니었을 것입니다. 좁은 종교성, 편향된 이념에 갇혀 다툼을 일으키는 이도 아니었습니다. 그들은 드넓은 세계에 떳떳하게 나서서 예수가 이 땅에 가져온 사랑과 평화의 나라를 이 땅에 가져오기 위해 살아가는 이였을 것입니다. 김교신이 <성서조선> 창간사에서 외친 목소리, 즉 "조선혼을 가진 조선 사람에게로 가라"는 이 외침은 100년 후의 독자를 향한 것이기도 했습니다.

<성서조선>아,
너는 우선 이스라엘 집집으로 가라.
소위 기성 신자의 손을 거치지 말라.
그리스도보다 외인(外人)을 예배하고
성서보다 회당을 중시하는 자의 집에는
그 발의 먼지를 털지어다.

<성서조선>아,
너는 소위 기독 신자보다도
조선혼을 가진 조선 사람에게 가라,
시골로 가라, 산촌으로 가라.
거기에 나무꾼 한 사람을 위로함으로
너의 사명을 삼으라.

2장

단독으로
서다

◈ 동인제 폐지, 성서연구회의 시작

유학을 마치고 돌아온 김교신은 1927년 4월 함흥 영생여학교 교사로 부임했지만, 그 기간은 짧았습니다. 그럴 만한 사정이 있었습니다. 함석헌이 전하는 이야기에 따르면, 1927년 12월 김교신은 예고 없이 도쿄로 건너와 <성서조선> 동지들을 만났습니다. 김교신은 자칫하다간 살인이라도 하게 될 것 같아 도쿄로 뛰쳐 왔다고 그 심경을 토로한 후 동지들에게 기도를 부탁했습니다.[1] 공생애를 막 시작할 무렵 그는 두 개의 시험을 겪고 있었습니다.

하나는 친족 사이에 일어난 재산 분쟁이었습니다. 어려서 아버지를 여읜 김교신은 토지를 상속받게 되어 있었는데, 이 토지를 관리하던 5촌숙이 사업에 실패하여 상속할 재산을 잃게 됩니다. 이 일로 김교신의 동생 교량과 5촌숙 사이에 분쟁이 일어났습니다. 유학에서 돌아오자마자 이 일을 알게 된 김교신은 담당 검사를 만나 법적 분쟁을 원만히 해결했지만, 이후로도 얼마간 어려움이 지속되었습니다.[2] 또 하나의 시험은 일본인 여교사와도 관련된 학내 문제였습니다. 함석헌에 따르면, "학생들의 인기가 김[교신]한테로 쏠리니 교장이란 사람이 뒤를 밟아 무슨 꼬투리를 잡아 학교에서 내쫓았다는 것"입니다.³ 김교신은 1년 만에 함흥 영생여학교를 사직하고 양정학교로 옮기게 됩니다.

<성서조선>은 동인제로 시작했지만 안정적이지 않았습니다. 학생일 때와 달리 유학을 마치고 돌아온 후에는 처지가 달라졌습니다. 1928년 4월 김교신은 양정학교에 부임했고, 함석헌은 정주 오산학교에, 양인성은 선천 신성학교에 자리를 잡았습니다. 정상훈과 류석동, 송두용도 학업을 마치거나 중도에 그만두고 조선으로 돌아왔습니다. 정상훈은 초기 3년간 <성서조선> 편집인으로서, 독립 전도자로서 활동했으나, 1929년 조선으로 돌아온 후 경성에서 불안정한 생활을 이어 가다 1930년 8월 고향인 남해로 내려가게 됩니다. 송두용은 1930년 가을 오류동으로 이주하여 그곳에서 농사를 짓는 한편 오류학원을 열어 농촌계몽활동을 벌였습니다.

김교신이 서대문 밖 공덕리 활인동에 거처를 정하고 가족이 옮겨 온 것은 1929년 4월이었습니다. 이곳에 성서조선사 본사를 정했습니다. 공덕리는 누룩 만드는 곳이어서 예수의 비유를 연상케 하고, 활인동活人洞이라는 이름은 사람을 살린다는 뜻인 데다 천여 명이 먹는 공동 우물도 있어 야곱의 우물을 연상케 한다고 자랑했습니다.

1929년과 1930년 사이 <성서조선>을 폐간할 것인가,

• **1929년경 가족 사진.** 이 무렵 김교신은 활인동에 거처를 정하고 가족이 모두 경성으로 옮겨 오게 된다. 활인동 자택에 성서조선사 사무실을 두었다. 뒤에 선 김교신 왼쪽이 장녀 진술, 앞줄 왼쪽부터 심부름하는 아이 순선, 모친 양신, 부인 한매. 모친 앞에 선 아이는 2녀 시혜, 부인이 안고 있는 아이는 3녀 정혜이다.

지속한다면 어떻게 할 것인가를 두고 몇 차례 논의가 있었습니다. 결국 1930년 5월부터 불안정하게 유지되던 동인제를 폐지하고 김교신이 단독으로 편집을 맡는 것으로 바뀌었습니다. 그 후 <성서조선> 편집과 성서연구회 등 모든 일을 김교신이 도맡았습니다. 김교신은 1930년 5월호 「성서통신」에서 <성서조선>의 재출발을 다음과 같이 알리고 있습니다.

> ∷ 제16호부터는 내가 그 책임을 우선 담당하게 되었다. 집필자는 전과 다름이 없으나 잡지에 관한 모든 책임을 한몸에 지려고 할 때 새로운 주저가 없을 수 없었다. 금후 본지에 대한 책망이나 수욕은 나 홀로 당할 작정인 까닭이다. (<성서조선> 1930. 5.)

<성서조선> 편집을 홀로 담당하겠다는 결심이 결코 가벼운 것이 아니었음은 이 무렵 김교신의 글 곳곳에 '주저'라는 단어가 쓰이고 있는 데서 잘 드러납니다. 신학을 전공한 것도 아니고 전도자로서 특별한 사명을 받은 것도 아닌 터에 이 일을 맡고 나선 데는 많은 주저와 함께 큰 결심이 있었을 것입니다. <성서조선>은 특수한 사명을 내걸고 시작한 일이 아니라 "신앙생활의 여적餘滴을 수집한 것"일 뿐이라고 했습니다. <성서조선>을 향해 현학적이라느니, 김교신은 누구의 제자라느니 하는 비판이 있었지만, 십자가 외

에는 논란에 참여하지 않겠다고 했습니다.

　　1930년 6월부터는 성서연구회 공개 집회를 열었습니다. 한동안 모임 장소 때문에 어려움을 겪었습니다. 기독교청년회 회관을 빌리려 했으나 무교회 집회라는 이유로 거절당했습니다. 그래서 첫 모임은 종묘 근처의 실과상공학원에서 열었습니다. 실과상공학원 교실은 집회를 하기에 너무 허술했습니다. 어떤 날은 비가 와서 빗물이 떨어지기도 했고, 바람이 심하게 부는 날은 밖에 있는 것과 다를 바 없었습니다. 판자로 짠 의자도 2시간 동안 앉아 있기에 불편했습니다. 그해 여름 낙원병원으로 장소를 옮겨 가을부터 산상수훈 강의를 시작했고, 그마저 계속 빌려 쓸 수 없게 되자 12월에는 활인동 자택의 4, 5평 되는 작은 방을 집회실로 꾸며 이곳에서 성서연구회를 지속하게 됩니다. 이 무렵 김교신은 "여우도 굴이 있고 공중의 새도 거처가 있으되 인자는 머리 둘 곳이 없다"고 했던 예수의 말씀을 거듭 떠올렸습니다. 활인동 자택에 집회실을 마련하고 크게 기뻐하고 자족했습니다.

　　1930년 9월 송두용이 오류동으로 이전하자 그곳에서도 성서연구회를 열었습니다. 오류동 성서연구회와 경성 성서연구회를 모두 김교신이 맡았습니다. 일요일마다 아침 7시 전에 집을 나서 한강을 건너 노량진까지, 거기서 두 시간을 걸어 오류동 응곡에 도착해서 9시 반에 성서연구회 모임을 갖고, 오후에 다시 경성으로 돌아와 성서연구회를 열었습니다.

◆ 〈성서조선〉은 무엇인가

달마다 <성서조선>을 간행하는 일은 혼자 감당하기에 고되었습니다. 매달 15일에 원고 집필을 마치면 총독부 경무국 도서과에 제출하여 검열을 받아야 했습니다. 검열은 짧게는 이틀, 길게는 열흘이 넘게 걸렸습니다. 가끔은 허가가 나지 않거나 발매금지가 되기도 했습니다. 검열을 마쳤다는 통지가 오면 총독부 경무국에 가서 원고를 찾아 인쇄소로 보냅니다. 교정본이 나오기를 기다려 두세 차례 교정을 마친 뒤 인쇄를 맡기면 월말에 책이 나옵니다. 원고가 늦어지거나 검열이 오래 걸리면 발행일이 늦어져 다음 달 초에 출간되기도 했습니다. 원고가 많이 늦어지는 달에는 원고 두 벌을 써서 한 벌은 경무국으로, 다른 한 벌은 인쇄소로 보내는 방식으로 인쇄에 걸리는 시간을 줄였습니다. 김교신은 매달 검열을 받아야 하는 고통에 대해 다음과 같이 쓰고 있습니다.

:: [1930년 9월 23일] 잡지 10월호의 원고 검열이 끝났다는 통지를 받고 경무국 도서과에 가 이를 찾아서 즉각 인쇄소에 맡기다. 어느 날에나 편집자의 손으로

신선한 원고를 직접 인쇄소에 갖다 주는 세상에 살아 볼까. 지금은 편집을 마치고도 약 2주 이상 묵힌 후에라야 비로소 인쇄하게 된다. 따라서 발행일자 같은 것도 발행자의 의지 범위 밖에 있으니 발행자는 다만 초려焦慮가 있을 뿐이다. (《김교신 전집 5》, 26-27쪽)

김교신은 이 글을 쓴 후로도 11년 반 동안 130번 넘게 매달 이 일을 해냈습니다. 1933년 10월부터 교정쇄를 검열받는 것으로 검열 방식이 바뀌긴 했으나 결국 검열 없는 세상을 단 하루도 살아 보지 못했습니다.

매월 교정을 보는 것도 힘든 일이었습니다. 1930년 8월호에는 오식이 많아 "깊이 참회하고 또 분연憤然하였다"라고 기록하고 있습니다. 1930년 11월 3일에는 오전 8시부터 인쇄소에 나가 두 차례 교정을 마치고 나니 오른쪽 눈에 충혈이 있었다고 합니다. 12월 3일에는 오후 두 차례나 인쇄소에 들러 교정을 마쳤습니다. 저녁 8시 30분까지 교정하고 나서, 교정을 거듭할수록 혼돈에서 정연에 이르게 되는 과정에서 쾌미를 느낀다고 했습니다. 그에게는 교정도 구도였습니다. 잡지가 발간되면 우편 사무와 서점 배달도 모두 그의 몫이었습니다. 매달 반복되는 일이었지만 김교신은 이 모든 일에 진심이었습니다. 검열이 늦어져 기일을 맞추지 못할까 노심초사, 활자 하나라도 틀린 것이 있을까 앙앙불락했습니다. 발간일을 맞추는 것, 활자 하나에도 소홀히 하지 않는 것이 독자를 향한 편집자의 마땅한 태도라 여겼습니다.

1930년과 31년, <성서조선>을 단독으로 편집하고 나설 즈음, '<성서조선>은 무엇인가?'라는 물음은 김교신에게 실존적 물음으로 다가와 있었습니다. 이것은 김교신에게 '당신은 누구인가?'라는 물음과도 같은 것이었고, 김교신은 <성서조선>과 자신이 처한 상황 속에서 거듭 이 물음에 답해야 했습니다. 김교신이 처음 이 물음에 응답하고 나선 것은 1930년 3월호에 실린 「제자 된 자의 만족」에서였습니다.

∷   생각건대 우리는 윤리교사도 아니요 또 구름 위에 솟아올라 영적 세계의 특수한 신비를 끄집어 내어다가 기이하고 새로운 이야기를 창도하는 소위 천재적 종교가도 아니다. 첫째로 '종교가'가 아니요 평신도다. 길가의 돌이다. [중략] 여기에는 현대의 통상 교양을 받은 범부凡夫가 예수를 스승으로 모시고 기독교를 세상에 전파하기보다도 예수를 배우기 위해 예수를 먹고 마시기에 몰두하고, 평안이 없는 때에 평안하다 평안하다 하여 남을 위로하기보다도 우선 스스로 넘치는 위로를 받아 뜨거운 눈물을 흘리고, 특이한 모습이 아닌 보통의 지식과 태도로 사람들에게 자명한 인생 도리를 기회 있으면 전하려는 것뿐이다. (「제자 된 자의 만족」, <성서조선> 1930. 3.)

김교신은 자신이 특수한 종교가가 아니라고 했습니다. 자신이 전하는 기독교는 보통의 지식과 태도를 가진 사람이면 누구나 알 수 있는 인생의 도리라고 했습니다. '<성서조선>은 무엇인가?'라고 묻는 이들에게 자신은 평신도이며 "길가의 돌"이라고 말하면서, 종교가들을 향해서는 평안이 없는 때 평안하다고 하는 거짓 위로자라고 일갈하고 있습니다. 기독교 잡지라고 하면 어느 신학교의 기관지이거나 서양 선교사와 관련된 것이 대부분이었던 당시 교회의 분위기에서 <성서조선>은 이질적인 것, 더 나아가 이단적인 것으로 여겨졌기에 김교신은 '<성서조선>은 무엇인가?'라는 물음에 거듭 답해야 했습니다. 그리고 이 물음에 대한 김교신의 대답은 한결같았습니다. 자신은 일개 평신도로서 특수한 사명을 받은 전도자가 아니며, <성서조선> 역시 특별한 사명으로 하는 사업이 아니라는 것이었습니다. 그리스도를 믿는 자로서 가까운 이들에게 믿고 아는 것을 전하면 그만이지 거기에 특수한 사명, 성공을 위한 사업 방책이 필요할 리 없다는 것이었습니다.

◆ 칼라일 선생께 배우다

<성서조선>을 단독으로 편집하고 나설 무렵 김교신은 독서와 성서연구를 통해 무교회 사상의 기초를 확립하고 있

었습니다. 김교신의 사상에 지속적으로 영향을 끼친 책은 토머스 칼라일Thomas Carlyle의 《영웅숭배론》(1841)이었습니다. 김교신은 이상적 인간상을 칼라일이 말한 '위인'에서 찾았습니다.

    김교신의 칼라일 공부에는 꽤 오랜 내력이 있습니다. 김교신은 1920년 말에 읽은 우치무라의 저서 《종교와 문학》에서 칼라일을 접했습니다. 이 책은 우치무라가 1898년 1월 도쿄 간다 기독교청년회관에서 월요일 저녁마다 다섯 번에 걸쳐 서양 문학가에 대해 강의한 것을 묶은 것입니다. 칼라일, 단테, 괴테, 미국의 시인, 남미의 시인, 세르반테스 등을 소개했는데, 그중 제1장에서 칼라일을 소개했습니다. 이 글에서 우치무라는 칼라일을 통해 얻을 수 있는 유익을 다음 세 가지로 정리하고 있습니다. 첫째, 성실에 대한 신념, 둘째, 노동에 대한 존중, 셋째, 빈민에 대한 사랑입니다.[4] 이 세 가지 가치는 김교신의 삶과 사상 전반에 깊이 녹아들었습니다.

    1930년 8월 24일 일기에서 김교신은 "봉래사에서 당직하면서 칼라일 선생께 배움이 많았다"라고 쓰고 있습니다. '봉래사'란 봉래정 언덕에 위치한 양정학교를 말한 것입니다. 휴일의 봉래정은 조용해서 김교신은 당직할 때마다 고요히 독서에 침잠할 수 있었습니다. 이날 김교신이 읽은 책은 칼라일의 《영웅숭배론》이었습니다.

    김교신은 <성서조선> 1930년 11월호에 《영웅숭배론》

중 일부를 「위인의 정의, 과실過失?」이라는 제목으로 번역 수록했고, 1931년 4월호 권두문으로 《영웅숭배론》의 문장을 「개인적 판단」이라는 제목으로 수록했습니다. 「예수와 성인」(1930. 2.), 「제자 된 자의 만족」(1930. 3.), 「위인의 의의」(1930. 5.) 등 이 시기 김교신이 쓴 다른 글들도 칼라일의 '위인' 개념을 통해 이상적 인물을 그려 내는 데에 초점이 맞추어져 있습니다. 김교신의 칼라일 독서는 1930년 초부터 1931년 봄까지 적어도 일 년 이상 이어졌습니다.

《영웅숭배론》이란 무엇이었을까요? 이 책은 위대한 영웅들의 행적을 중심으로 역사를 설명하고 있으며, 토머스 칼라일이 1840년 5월 5일부터 22일까지 런던에서 모두 여섯 차례 강연한 원고를 이듬해인 1841년에 출간한 것입니다. 초판 간행 후 초대형 베스트셀러가 되어 19세기 내내 전 유럽에 번역되어 읽혔다고 합니다. 칼라일은 《영웅숭배론》에서 신, 예언자, 시인, 성직자, 문인, 왕 등 11명의 인물을 영웅으로 내세워 새롭게 평가했습니다. 칼라일이 말하는 영웅은 모두 근본적으로 같은 속성을 가지고 있습니다. 첫째, 그들은 '성실'했습니다. "깊고 크고 참된 성실성이야말로 모든 위인의 으뜸가는 속성"이었습니다. 둘째, 그들은 '통찰력'을 가지고 있었습니다. 그들은 "사물의 외관을 투시하고 사물 그 자체를 볼 수 있는" 힘을 가지고 있었습니다.[5]

김교신이 《영웅숭배론》에서 배운 것은 '진실성'이었습니다. 이는 그가 직접 번역하여 <성서조선>에 수록한 글을 통해 짐작할 수 있습니다. 《영웅숭배론》에서 김교신이 번역한 대목은 '예언자로 나타난 영웅'의 두 곳, 그리고 '성직자로 나타난 영웅'의 한 곳인데, 그중 몇 대목을 인용해 보겠습니다.

∷ 각별히 위인에 대해 나는 이렇게 주장합니다. 즉 위인이 진실하지 않았다는 것을 믿을 수 없다고 말입니다. 위인의 내면에 있을 수 있는 가장 으뜸이 되는 기초는 바로 진실입니다. [중략] 위인의 위대함은 바로 거기서 나옵니다. 그에게 이 우주는 두렵고 경탄스러우며, 삶처럼 진실하고 죽음처럼 진실합니다. 설령 모든 사람들이 진실을 잊고 헛된 겉모습을 따라가더라도 그만은 그렇게 할 수 없습니다. 그의 내면은 순간순간마다 불타오르는 이미지로 번쩍입니다. 언제나, 거기, 바로 거기에! 이것이 내가 여러분에게 말하고자 하는 위인의 제일가는 정의입니다. (「위인의 정의」, <성서조선> 1930. 11., 15쪽; 토머스 칼라일, 《영웅숭배론》, 박상익 옮김, 한길사, 2023, 102-103쪽)

∷ 진정한 인간이 있는 곳이라면 어디든지 반드시 개인적 판단의 권리가 온전한 힘으로 존재합니다. 진정한 인간은 그의 모든 판단력을 가지고, 그리고 그의 모든 빛과 분별을 가지고, 믿고 있으며 항상 그렇게 믿어 왔

습니다. 거짓된 사람은 '자기가 믿는다고 믿고자' 애쓸 따름이며, 다른 어떤 방법으로도 그렇게 하는 것입니다. 프로테스탄티즘은 후자에 대해서는 "화 있을지어다!"라고 말했고 전자에 대해서는 "잘했다!"라고 말했습니다. 근본적으로 이것은 결코 새로운 말이 아니며, 늘 회자되었던 옛 격언을 다시 쓴 것에 지나지 않습니다. 그것의 의미는 이번에도 역시 "진실하라, 성실하라"는 것이었습니다. (「개인적 판단」, <성서조선> 1931. 4., 1쪽; 《영웅숭배론》, 230쪽)

이 무렵 김교신은 칼라일의 '위인'에서 범부와 위인의 차이가 진실성의 여부에 있다는 것, 따라서 타고난 재능이 없어도 진실을 추구함으로써 위인이 될 수 있다는 것을 배웠습니다. 이 진실성이 자신을 겸비하게 하여 회개로 이끈다는 것, 이 진실성이 개인적 판단에 충실하도록 이끈다는 것을 배웠습니다. <성서조선>을 단독으로 편집하겠다고 나설 무렵 김교신은 칼라일의 문장을 통해 자신의 내면의 목소리를 가다듬고 있었습니다.

◆ 진실한 것이 대사업

김교신의 삶과 사상 전체를 두고 볼 때 '진실성'은 사람이 마땅히 가져야 할 성품의 기초에 해당합니다. 김교신이 말했던 진실성은 무엇이고 위인은 어떤 사람이었을까요? 「위인의 의의」(1930. 5.)에서 이를 살펴볼 수 있습니다.

이 글은 "<성서조선>은 위인을 상대로 하는 잡지"라는 말로 시작합니다. 「창간사」에서 산촌으로 가서 나무꾼을 위로하라고 했던 것과 너무 다르지 않느냐고 물을 수 있겠지만, 사실은 <성서조선>이 찾는 위인이 바로 나무꾼이라고 답합니다. 이어서 위인 한 사람을 소개합니다. 그는 성천강 변에서 가난하지만 진실하게 신앙으로 살아가는 이였습니다. 그런데 하는 일마다 실패하고 온갖 조롱과 핍박을 받아 죽을 생각을 할 만큼 괴로운 처지가 되었습니다. 그래서 하루는 버들 그늘에 가서, '이제 내가 예수를 모른다고 하겠습니다', '그만 세상을 하직하겠습니다' 하고 기도하는데, 뜻밖에 믿음의 친구가 찾아왔습니다. 그래서 두 사람이 다시 버드나무 아래로 가서 예수 이름으로 기도했습니다. 이로써 그는 죽음의 시간을 이기고 진실한 신앙생활을 계속할 수 있게 되었다고 합니다. 김교신은 이 믿음의 결단이 트라팔가 해전의 넬슨, 모세와 루터 등 위대한 인물들의 결단과 다르지 않다고 했습니다.[6] 이런 비교는 좀 갑작스럽습니다. 이 글의 흐름을 이해하려면 이 대목에서 칼라일의 사상을 떠올려야 합니다. 가장 평범한 사람들의 진실한 믿음이 그 사람을 위인으로 만든다는 사상입니다.

하루는 어떤 청년이 김교신을 찾아와 묻습니다. "선생

님, 제가 조선 청년으로서 무슨 사업을 하는 것이 가장 동포를 위하는 일이 될까요?" 뜻있는 청년이라면 할 만한 질문입니다. 청년이 사사로운 욕심을 따라 살지 않고 사회를 위해 큰일을 하겠다니 용기를 북돋워 줄만 합니다. 그런데 뜻밖에도 김교신은 이 청년에게 건방진 질문이라고 크게 질책하면서, 무슨 사업을 하느냐가 문제가 아니라 어떻게 할 것이냐가 문제의 중심이라고 답했습니다. "무릇 진실한 것이 대사업이요, 조선의 희망이 거기 있는 까닭"이라고 했습니다.[7] 「최대 중요 사업」이라는 글에서도 지금 당면한 일에 전력을 다하는 것이 곧 대사업이라고 했습니다. 예수 믿는 사람이 하나님 현전現前에서 하는 일이면 그 일이 대사업이요 영원한 희망을 약속하는 일이라고 했습니다.[8] 이 말에는 과장이 없었을까요? 진실한 것이 대사업이고, 거기에 조선의 희망이 있는 것이었을까요?

김교신에게 진실성에 대한 추구는 막연한 도덕적 가르침이 아니었습니다. 그것은 매일 부딪히는 현실에서의 도전이었습니다. 김교신이 만났던 조선인 대다수는 무지하고 가난했습니다. 이들은 가진 것 없이 몸뚱이 하나로 하루하루 식민권력과 마주하여 살아가야 했습니다. 그러자니 자신을 보호할 방법을 찾아야 했는데 가장 손쉬운 것이 기만이었습니다. 식민지는 기만이 구조화된 사회였습니다. 식민권력의 하부 집행자가 된 조선인들은 일본인들보다 더 심하게 동포들을 억압했습니다. 의지할 것 없는 이들은 짐짓 아무것도 모르는 척 앞에서는 이렇게 말하고 뒤에서는 다르게 행동하기 일쑤였습니다.

김교신이 1936년 정릉으로 이사하면서 집을 지었는데, 목수, 미장이, 석수장이, 유리공 등등 여러 직업인을 상대해야 했습니다. 이들을 보면서 조선의 장래를 생각하고 장탄식을 하게 됩니다. 이렇게 쓰고 있습니다. "정직은 저들의 조롱감이요, 책임 회피술은 법학 전공의 변호사나 정치가보다 못하지 않으며, 술과 안주를 탐하기는 도시의 교육자들과 비슷한 정도니 취하면 태평이요, 깨면 불평이다."[9] 한번은 이런 일도 있었습니다. 모친이 함흥에 갔다 온다는 기별에 아내와 함께 청량리역으로 나갔습니다. 가을비가 내리는 새벽이었습니다. 짐을 받으려면 입장권을 사서 플랫폼까지 가야 했는데, 역무원이 불성실하기 짝이 없었습니다. 기차 시간이 다 돼 가는데 입장권을 팔지 않고, 심지어 기차가 연착된다고 거짓말까지 했습니다. 참다못한 김교신이 차표 판매구 유리창을 주먹으로 깨트려 버렸습니다. 이 광경을 본 사람들이 모두 김교신 편을 들고 나서고, 게다가 역무원이 거짓말한 것까지 드러나니까, 배상의 책임을 묻는 대신 플랫폼에 무료로 입장하는 것으로 해결됐다고 합니다.[10]

《예수의 가난한 사람들 *Jesus and Disinherited*》(복있는사람, 2025)의 저자 하워드 서먼은 김교신과 동시대를 산 미국의 흑인 목사입니다. 당시 미국 사회에서 흑인들의 처지도 조선인의 처지와 크게 다르지 않았습니다. 서먼은 막다른 벽에 몰린 사람들에게 예수의 종교는 무슨 의미가 있는지 진지하게 질문했습니다. 여기에서 그가 강조한 것도 '진실한 삶'이었습니다. '권리를 빼앗긴 사람들'을 따라오는 지옥의 세 마리 사냥개가 있는데, 그것은 두려움, 기만, 증오라고 했습니다.[11] 약자가 강자에 맞서 자신을 보호하는 가장 쉬운 방법은 기만이지만, 그렇다고 해서 기만을 정당화해서는 안 된다고 했습니다. 기만에 자신을 내어 주게 되면 그것이 영혼을 파괴하게 된다는 것이었습니다.

진실하게 사는 것은 어렵습니다. 우리가 하루하루 마주하고 살아가는 기만의 구조가 있습니다. 기만의 구조 속에서 진실을 추구하려면 수고를 무릅쓰고 위험을 감수해야 합니다. 때로는 과격한 방식으로 기만에 맞서야 하는 상황이 있을지도 모릅니다. 김교신은 그 시대의 기만을 보면서 예민한 양심과 의분을 가졌습니다. 기만에 자신을 내어 주는 것은 영혼을 파괴하는 것이고 사회의 기초를 무너뜨리는 일이라는 것을 알았습니다. 진실이 대사업이라는 말, 거기에 조선의 희망이 있다는 말은 과장이 아니었습니다.

성공이 아닌 인의仁義

이 무렵 김교신과 <성서조선>을 향해 조선에서 잡지가 성공하려면 이러저러하게 해야 한다는 '호의적인' 충고를 하는 이가 있었습니다. 「제자 된 자의 만족」은 이런 충고에 대한 대답이었습니다. 이 글에서 김교신은 《맹자》 '양혜왕편'을 인용하면서 '성공' 대신 '인의(仁義)'를 말하고 있습니다. 김교신은 유교와 불교를 동양의 구약으로 이해했는데, 이에 따르면 맹자는 '주의 길을 예비'하러 온 동양의 현자입니다. 김교신이 인용하는 '양혜왕편'의 이야기는 다음과 같습니다. 맹자가 양혜왕을 찾아갔을 때 양혜왕이 맹자에게 묻습니다. "선생께서 천 리 길을 멀다 하지 않고 오셨으니 장차 이 나라에 무슨 이로움이 있겠습니까?" 무슨 이익을 주러 왔느냐는 물음입니다. 그때 맹자의 대답, "왕께서 어찌 이(利)를 말씀하십니까? 인의가 있을 따름입니다." 여기에서 맹자를 따라 김교신은 당시 교계의 성공주의자들을 향해 다시 묻습니다. '왜 하필 **성공**을 말하는가'라고 말이지요. 이 대목에서 '성공'을 말하는 선배를 향한 김교신의 비판은 신랄합니다.

> :: [조선의 교계 선배 중에는] 삼십 년 오십 년의 신앙생활을 회고하면서 '내가 전에 젊다가 지금 늙었으나 의인을 버리신 것과 의인의 자손이 빌어먹는 것을 보지 못하였노라'(시 37:25)고 후진을 장려하는 노인은 이천만분의 일도 없단 말인가. 묻지도 않고 청하지도 않는데 하필 이로움을 말하는가? 하필 성공의 비책을 말하는가? 조선 청년에게 의에 대한 감응력과 진리를 향한 집착력은 완전히 없어져 버렸는가? 하필 성공의 미끼

로써 청년을 꾀려고 하는가. (「제자 된 자의 만족」, <성서조선> 1930. 3.)

김교신이 보기에 조선 청년에게 필요한 것은 '성공의 비책'이 아니라 "의에 대한 감응력", "진리를 향한 집착력"이었습니다. 그것은 맹자가 가르친 것이기도 했지만 그 이상이기도 했습니다. 김교신은 예수의 도를 유교의 도에 비추어 이해하면서도 그것과 다른 점을 분명히 했습니다. 「예수와 성인」(<성서조선> 1930. 2.)에서 김교신은 예수의 제자가 되려면 부모와 처자, 그리고 자기 목숨까지 미워해야 하고, 예수를 따르려면 십자가를 지고 사형장에 나오는 준비가 있어야 한다는 교훈을 들어, 예수의 교훈은 '중용의 도道'가 아니라 '극단의 도道'라고 했습니다. 예수를 좇는 일은 '비상소집'이고 '내세 경영'이라고 했습니다.[12]

이 자리에서 김교신은 되묻습니다. '대체 성공이란 무엇인가? 잡지 발행 부수가 수백, 수천이면 성공인가? 큰 회관에 수많은 사람을 모아 놓고 집회를 인도하면 성공인가?' 만약 이런 것이 성공이라면 예수의 사역도 바울의 사역도 실패일 수밖에 없겠지요. 따라서 김교신이 볼 때, 교계 선배들의 '호의적인' 충고는 실상 베드로가 그리스도에게 십자가를 만류한 것과 같은 사탄의 속삭임일 뿐이었습니다. 이 대목에서 김교신의 목소리는 다시 거칠어집니다.

∷ 이 바울의 성공을 성공으로 알지 못하고 이와 반대의 것을 '성공'이라 하여 우리에게 권면하거나 혹은 지도하려 하는 자는 그가 어떤 학식을 가졌든지 그에게 수십 년의 경력이 있든지 그가 어느 정도 정분情分으로 친절히 충고한다 할지라도 우리는 단연코 예수의 말씀을 반복하지 아니할 수 없다. '사탄아 물러가라!'(막 8:33). 만일 우리의 책상 위에 잉크병이 놓였다면 당연히 저의 입술을 향하여 던져야 할 것이다. (「제자 된 자의 만족」, <성서조선> 1930. 3.)

김교신은 스데반의 죽음에서, 예수의 십자가에서 성공을 보았습니다. 김교신이 보기에 "의에 대한 감응력", "진리를 향한 집착력", 그것이 성공의 필요조건이었고, 그 밖에 다른 것은 필요하지 않았습니다. "첫째도 진리, 둘째도 진리, 셋째도 진리, 진리를 배우고 진리에 살아 실패도 성공이요 십자가도 성공"이었습니다. 「제자 된 자의 만족」은 예수 외의 다른 길을 구하지 않고 그것을 벗어난 성공을 원하지 않는다는 말로 끝을 맺고 있습니다.

여기에서 다시 묻게 됩니다. 김교신에게 <성서조선>은 무엇이었을까요? 1930년 5월부터 1942년 3월 폐간되기까지 12년 동안, 김교신은 교사 노릇을 해서 받은 월급을 헐어서 <성서조선>을 내야 했습니다. <성서조선>을 간행하고 남은 돈으로 대가족이 생활해야 했기에 극도로 청빈하게 살아야 했습니다. 한때 가까웠던 동지들이 이런저런 핑계를 대고 떠났습니다. 중일전쟁 이후 총독부의 통제가 강화되면서부터는 이번 호가 종간호라고 여겼습니다. <성서조선> 발행은 매일, 매월이 분투의 연속이었습니다. 결국 1942년 3월 '<성서조선> 사건'으로 김교신을 비롯한 관련자들이 검거되면서 <성서조선>이 폐간되었습니다. 이런 일을 12년 동안이나 계속할 수 있었던 힘의 근원은 어디에 있었을까요?

그것은 김교신에게 <성서조선>은 '성공'을 위한 사업이 아니라 그 자체가 예수를 따르는 길이었다는 데서 찾아야 할 것입니다. "의에 대한 감응력", "진리를 향한 집착력"이 곧 제자도였기에, 그것만 붙들고 예수를 따라가는 것을 <성서조선>의 목적으로 여겼던 것입니다. 그것은 '극단의 도'였습니다.

◆ 단독의 정신

다시 칼라일의 《영웅숭배론》으로 돌아가 보겠습니다. 칼라일은 "진정한 인간이 있는 곳이라면 어디든지 반드시 개인적 판단의 권리가 온전한 힘으로 존재"한다고 했습니다. 사람의 판단은 그 자신도 끌 수 없는 빛이기에 진정한 인간은 그의 모든 빛과 분별을 가지고 신앙한다는 것이 프로테스탄티즘의 정신이었습니다. 무교회 신앙은 개인주의적인 신앙이었습니다.

한국 사회는 근대를 압축적으로 경험하다 보니 건강한 개인주의를 갖지 못했습니다. 개인이 판단의 주체라는 생각이 정당하게 자리 잡지 못했기 때문에 교회 내에서 신도들이 교직자에게 지나치게 의존하게 되고 여기에서 수많은 문제가 생겨납니다. 이런 문제를 차분히 해결하기도 전에 지금은 근대라는 한 시대도 저물고, '근대적 주체'에 대한 근본적인 성찰의 목소리가 높습니다. 서구 철학이 구축해 온 근대적 주체성은 개인을 타인과 절연된 독립된 개체로 생각하게 했다는 성찰이 그것입니다. 그래서 '상호의존', '상호인정' 등 상호성의 가치를 새롭게 발견해야 한다고 말합니다. 주체성과 상호의존성을 꼭 대척적인 것으로 이해할 필요는 없습니다. 단독은 우리가 모두 함께 살아가는 존재라는 전제 위에서의 단독이어야 하고, 상호의존은 우리가 단독으로 선 존재라는 전제 위에서의 상호의존일 수밖에 없을 것입니다.[13]

김교신은 「단독」(<성서조선> 1934. 7.)이라는 글에서 사람이 단독으로 당해야 할 수밖에 없는 일로 두 가지 예를 듭니다. 하나는 입학시험입니다. 당시에도 입학 경쟁이 치열했습니다. 학생들은 시험장에서 시험을 치르느라 온 힘을 다하고 있고, 학부모들은 교실 밖에서 종일 기다리면서 또 온 정성을 다합니다. 그러나 결국 이 일은 학생이 단독으로 치러야 할 일일 수밖에 없습니다. 김교신은 양정학교 교사로 있으면서 매년 입학 청탁에 시달려야 했지만, 그 자신은 그럴만한 위치에 있으면서도 자녀들을 위해 입학 청탁을 하지 않았습니다. 지금 우리 부모들은 자녀들의 삶을 모든 면에서 제어하려는 과도한 욕망으로 달려가다 보니, 교육이 왜곡되어 공동체의 지속 가능성을 심각하게 위협하고 있습니다. 김교신이 말한 단독의 정신을 새길 때입니다.

또 하나, 단독으로 치러야 할 일로 병마와 싸우는 일을 말하고 있습니다. 그 무렵 김교신의 다섯 살 된 딸이 홍역을 앓았습니다. 일주일째 체온이 40도를 오르내리고 맥박도 1분에 120-130회를 뛰었다고 합니다. 김교신은 당시 여느 가부장과 달리 자녀들을 돌보는 일에도 마음을 많이 쏟았습니다. 하지만 아픈 아이가 숨을 몰아쉬는 모습을 보면서, 가슴이 아파도 기침 한 번 대신해 줄 수 없고, 아무리 어린아이라도 혼자 당해야 하는 일이라는 것을 알았습니다.

:: 주 그리스도가 사십 일 사십 야를 광야에서 시험받았을 때 단독이었고, 그 십자가가 또한 단독이었다. 단독은 원하는 것이 아니나 인생에 단독은 불가피한 것인 듯하며, 또한 인생에 가장 고귀한 것은 단독으로 당하는 일에서만 얻을 수 있는 듯하다. 우리가 병환으로 인하여 친족에게 버림을 당하고, 빈곤으로 인하여 옛친구를 잃고, 어려운 일을 하다가 협력자의 버림을 당한 때

에, 그 자리가 아니고는 받을 수 없는 진리의 잔이 넘침을 본다. 그리하여 나중 심판의 자리에도 통역 없이 변호사 없이, 오직 중보자인 예수와 함께 단독으로 서리라. (「단독」, <성서조선> 1934. 7.)

<성서조선>을 단독으로 편집하고 나설 무렵 김교신은 단독의 정신을 붙잡고 있었습니다. 김교신은 조선의 무교회자로서 단독으로 서야 했습니다. 칼라일을 통해 이상적 인물을 그리는 한편, 산상수훈 연구를 통해 조선이 복된 민족이 되는 길을 모색했습니다. 그는 인생에 가장 고귀한 일은 단독으로 당해야 함을 알았습니다.

주 그리스도가 사십 일 사십 야를
광야에서 시험받았을 때 단독이었고,
그 십자가가 또한 단독이었다.

단독은 원하는 것이 아니나
인생에 단독은 불가피한 것인 듯하며,
또한 인생에 가장 고귀한 것은
단독으로 당하는 일에서만 얻을 수 있는 듯하다.

3장

우치무라 간조 논쟁

◆ 우치무라 간조라는 이름

김교신이 <성서조선>을 단독으로 편집하고 나설 무렵 우치무라 간조가 서거(1930. 3.)했습니다. 부성적 존재였던 우치무라가 서거했으니, 김교신으로서는 조선의 무교회자로 홀로 서야 하는 과제를 받아 든 셈이었습니다. 그 무렵 조선예수교장로회신학교(평양신학교) 학생이던 김인서가 우치무라 간조의 무교회주의를 비판하는 글을 발표했고, 이로 인해 김인서와 김교신 사이에 논쟁이 일어났습니다. 이 논쟁에서 김인서는 우치무라 간조의 제자로 '양정학교 김교신'을 지목했는데, 이 일은 김교신이 조선 기독교계에서 처음으로 무교회주의자로 호명된 사건이었습니다. 이 논쟁을 통해 김교신은 조선의 무교회자로서 자신을 드러내게 됩니다.

우치무라 간조가 서거한 후 <성서조선> 동인들은 자신이 우치무라 간조의 제자임을 드러내어 말하기 시작했습니다. 류석동의 「우치무라 간조 선생을 추억하며」(1930. 6-7.), 송두용의 「은사 우치무라 간조 선생」(1930. 7-8.) 등이 차례로 발표되었습니다. <성서조선>이 우치무라의 강연에 참석하던 조선 청년들의 모임에서 비롯되었으니, 우치무라 간조가 서거한 후 <성서조선>에 그를 추모하는 글이 실린 것은 자연스러운 일이었습니다. 오히려 <성서조선>이 간행된 지 만 3년이 되는 동안 동인 중 그 누구도 우치무라 간조의 이름을 쓰고 있지 않았다는 점이 의미심장합니다. 지금껏 아무도 우치무라 간조를 말하지 않은 것은 무엇 때문이었을까요? 이 물음에 대한 답은 함석헌의 회고를 통해 짐작할 수 있습니다.

∷ 오산 10년 동안 나는 대체로 십자가 중심 신앙에 충실한 무교회 신자였습니다. 그러나 차차 변동이 오기 시작했습니다. 본래 여섯이 신앙 동지였을 때 우리는 다 교파적인 것을 싫어하여 무교회주의란 말도 잘 쓰려 하지 않았습니다. [중략] 나는 차차 의식적으로 선생 모방을 피하고 나는 나대로 서는 자리에 가려고 힘을 썼습니다. 첨에는 모임의 형식, 예배 절차, 《성경》 해석하는 태도, 회비 받는 주머니의 모양까지도 우치무라식을 본떴는데, 하는 줄도 모르게 그렇게 했는데, 후에 가서 생각해 보니 도무지 사람답지 못한 것 같았습니다. 그래서 선생의 책을 참고하는 태도조차도 고쳤습니다. 덮어놓고 참고하기를 그만두고, 《성경》 본문을 놓고 씨름을 하여서 일단 내 생각의 초점이 잡힌 후에야 그 책을

• **우치무라 간조(1861-1930).** 김교신은 「우치무라 간조론에 답하여」(1930. 8-9.)에서 "우치무라 간조 선생은 나에게 '유일의 선생'이다"라고 썼다. 김교신은 1920년 말 우치무라 간조를 처음 만났고, 1921년 초부터 로마서 강연에 참석했으며, 1927년 초 유학을 마치고 귀국하기까지 우치무라 간조 문하에서 성서를 배웠다.

• **우치무라 간조의 성서강연회.** 우치무라 간조는 1921년 1월부터 1922년 10월까지 도쿄 오테마치에 있던 대일본사립위생회 강당에서 로마서를 강의했다. 1923년 간토대지진으로 대일본사립위생회 강당이 무너지고 난 뒤에는 가시와기(柏木)에 있던 이마이칸(今井館)으로 옮겨 강연을 계속했다.

열기로 했습니다. 《성경》 해석의 참맛을 조금 알고 어느 정도 확신이 서기 시작한 것은 그 후부터였습니다. 그러고 나면 "나는 모든 것에 있어서 우치무라가 표준이다" 하는 사람보다는 나 자신이 선생에 더 친근하다는 자신이 생겼습니다. (함석헌, 「하나님의 발길에 채여서 1」, 《함석헌저작집 7》, 한길사, 2009, 37-38쪽)

당시 동인들은 우치무라를 답습하는 데 대해 거부감을 가지고 있었습니다. 동인들 모두 우치무라로부터 큰 영향을 받았지만, <성서조선>이 조선인으로서의 자기 확인에서 출발하고 있었던 만큼 우치무라로부터 거리를 두고자 하는 심리가 작동하고 있었던 것으로 보입니다. 또 "나는 나대로 서는 자리"에 가려고 힘쓰는 태도가 우치무라에게서 배운 '절대 자유', '절대 독립'의 정신과 통하는 것이기도 했습니다. 요컨대 우치무라는 위대한 스승이지만, '나는 나대로'의 나일 뿐 결코 우치무라와 같을 수 없다는 생각이었습니다.

이런 상황에서 김교신이 스스로 우치무라의 제자임을 표명하지 않을 수 없었던 일이 일어났습니다. 앞서 언급했듯이 우치무라 서거 후 동인들이 추모글을 발표할 무렵, 평양신학교 학생이던 김인서가 「무교회주의자 우치무라 간조씨에 대하여」(<신학지남> 1930. 7.)라는 글을 발표하여 우치무라 간조와 조선의 무교회주의자를 비판했는데, 그가 우치무라의 조선인 제자로 '양정학교 김교신'을 지목한 것입니다. 김교신이 이 글에 대한 반박문으로 「우치무라 간조론에 답하여」(<성서조선> 1930. 8-9.)를 발표했고, 이에 김인서가 「무교회자의 비평에 답함」(<신학지남> 1930. 11.)이라는 재반박문을 발표하는 것으로 논쟁이 이어졌습니다. 이 논쟁에서 비로소 김교신은 우치무라 간조에 대해, 그리고 무교회주의에 대해 드러내어 말하기 시작했습니다.

◆ **논쟁의 전개**

김인서는 「무교회주의자 우치무라 간조 씨에 대하여」에서 우치무라 간조의 이력을 간단히 소개하면서, 우치무라를 "성경을 곡해하고 오류를 말함"이 많았던 "자기중심적 투벽鬪癖의 영웅"이라고 비판했습니다. 또 우치무라의 무교회주의가 교회를 비판하면서도 결국 교회의 교권 다툼을 똑같이 따라 하고 있다는 점에서 자가당착을 면하기 어렵다고 하면서, 우치무라가 "영적 제국주의의 야심"을 가지고 "조선 영계靈界를 군림하지 않을까" 염려했습니다.[1] 김인서의 글은 이러한 비판에 대한 근거를 제시하고 있지 않고 기초적인 정보에도 오류가 많아 진지한 인물 비평이라고 보기 어렵습니다.

김교신은 자신이 '우치무라 간조의 제자'로 호명된 것을 보고 놀랐습니다. 우치무라가 위대한 사상가로 알려진 터에 자신이 우치무라의 제자임을 내세우는 것은 우치무라의 명성을 이용하는 것처럼 생각되었고, 또 자신 외에도 일본과 조선에 우치무라의 제자라고 할 만한 이들이 많다고 여겼기에 지금껏 김교신은 우치무라의 제자라는 걸 스스로 밝힌 적이 없었습니다. 하지만 김인서가 우치무라의 조선인 제자로 자신을 거명하고 나선 마당에 자신이 우치무라에게 배우게 된 전말을 자세히 밝히지 않을 수 없었습니다. 김교신은 이 글에서 자신이 도쿄 유학 시절 기독교에 입문할 때부터 우치무라와 처음 만나게 된 장면, 그리고 그 후 만 6년간 우치무라에게 배우고 다시 조선으로 돌아오기까지의 과정을 자세히 밝혔습니다. 자신이 우치무라에게서 배운 것은 무엇보다도 '애국'이었다고 했습니다.

∷ 그러나 우치무라 간조가 아무것이 아닐지라도 일본의 진정한 애국자인 것은 초기부터 간파했다. 자연과학자의 정신에 입각한 성서연구와 국적國賊으로 전 국민의 비방 중에 매장된 지 반생을 지나는 동안 오히려 그 일본을 저버리지 못하는 애국자의 열혈, 이것이 무엇보다도 힘있게 나를 이끌었다. 조선에 만일 그와 같은 애국자가 출현하였더라면 쏟아 바쳤을 터이었던 존경의 마음을 모두 그에게 바쳤다. 일본 애국자에게 조선까지 걱정시키니까 문제도 생기는 것이다. 일본 애국자에게 일본을 열애케 하여 두라. 증오도 생길 것이 없을뿐더

러 가장 아름다운 것을 거기서 발견할 것이다. (「우치무라 간조론에 답하여」, <성서조선> 1930. 8.)

이어서 김교신은 우치무라의 무교회주의에 대한 변론으로 나아갑니다. 우치무라의 무교회주의는 단순히 교회 비판이 아니라 루터의 종교개혁에서 곧장 이어지는 또 한 번의 종교개혁이라는 것이 그 핵심입니다.

:: 우치무라식 무교회주의란 무엇인가. 내가 배운 대로는 '교회 밖에 구원이 있다'는 것이 우치무라식 무교회주의의 전부이다. 이 이하의 것도 아니요 이 이상의 것도 아니다. 로마 천주교회가 '교회 외에 구원이 없다'라고 할 때, '교회 밖에 구원이 있다'라고 프로테스트한 것이 루터의 종교개혁이었고 모든 신교 교회가 구교로 퇴화할 때에 다시 한번 '교회 밖에 구원이 있다'라고 주창한 것이 즉 우치무라식 무교회주의란 것이다. (「우치무라 간조론에 답하여」, <성서조선> 1930. 9.)

김교신이 우치무라의 무교회주의를 말하면서 '교회 밖'을 언급한 것은 논쟁의 핵심을 짚은 것이었습니다. 무교회를 둘러싼 논쟁은 그 사람이 서 있는 자리와 무관할 수 없는데, 김인서와 김교신의 논쟁도 마찬가지였습니다. 김인서가 교회의 '안'에 속해 있었다면 김교신은 '밖'을 모색하는 쪽에서 있었습니다.

　김인서는 함경남도 정평 출신으로 1910년 여름 이동휘의 설교를 통해 기독교에 입교하였고, 1911년 캐나다 선교부 맥레Duncan Murdoch MacRae 선교사에게 세례를 받았습니다. 1919년 3·1운동이 일어나자 김인서는 임시정부의 국내 조직책으로 활동하다 1920년 1월 일본 경찰에 체포되어 4년간 옥고를 치렀습니다. 이때까지만 해도 유교적 도덕관에 입각하여 신앙을 받아들이고 있던 김인서는 옥중 신앙체험을 통해 중생을 경험하게 되고, 출옥 후 부흥전도자의 삶을 이어 가다 1926년 32세의 늦은 나이에 평양신학교에 입학합니다. 1930년 김교신과 우치무라의 무교회주의를 놓고 논쟁할 무렵 김인서는 남궁혁 교수의 요청으로 평양신학교의 기관지인 <신학지남>의 편집을 맡고 있었습니다.

　김교신은 김인서와 대척되는 곳에 서 있었습니다. 김교신은 조선 기독교가 서양 선교사에게 의존하는 데 대해 비판적이었고 교회 제도나 성직에 대해서도 마찬가지였습니다. 1930년 김인서와 논쟁할 무렵 김교신은 무교회 성서연구회를 열고 있었습니다. <성서조선>도 민족주의를 바탕에 두고 있었지만, 거기에는 우치무라의 예언자적 정념이 더해져 있었습니다. <성서조선> 동인들은 성서연구를 통해 스스로 기독교 진리를 깨닫고자 하였고 부흥회의 심령주의에 대해 거부감을 가지고 있었습니다. 김교신은 '교회 밖'에 대한 입장을 분명히 함으로써 자신과 김인서의 차이를 드러내고 있었던 것입니다.

◆ 나는 우치무라의 제자다

김교신은 이 논쟁에 와서 비로소 자신이 우치무라 간조의 제자라는 것을 공개적으로 표명했습니다. 이 거듭된 표명에는 간단치 않은 사정이 내포되어 있었습니다.

:: 조선인 된 나에게 이것이 과연 영예인지 훼손인지, 이로울지 해로울지는 분변치 못하나 기성 사실로써 우치무라 선생은 나에게 둘도 없는 선생이었다. 감히 말하노니 우치무라 간조 선생은 나에게 '유일의 선생'이다. 다시 말하노니 나는 선생을 가진 사람이다. (「우치무라 간조론에 답하여」, <성서조선> 1930. 8.)

김교신이 자신을 우치무라의 제자라고 한 것은 단순한 사실의 표명이라 할 수도 있습니다. 하지만 이 명확한 사실을 지금껏 드러내지 않고 있다가 김인서와의 논쟁에 와서야 "감히 말하노니", "다시 말하노니"라고 거듭 힘주어 말해야 했던 이유는 무엇일까요?

「우치무라 간조론에 답하여」에서 밝힌 바에 따르면, 우치무라 간조 문하에 훌륭한 제자들이 많았고, 조선인 중에서도 자신보다 먼저 우치무라에게 배운 이들이 적지 않았기에 스스로 우치무라의 제자라고 하는 데에 주저했다고 했지만, 그것만은 아니었습니다. 여기에는 일본인에게 애국을 배우고 성서를 배워 조선을 구하겠다고 나선다는 것이 무엇인지에 대한 실존적 물음이 내재해 있었던 것으로 짐작할 수 있습니다.

우치무라의 무교회주의가 "영적 제국주의의 야심"을 가지고 조선 교회에 침입하려는 것 아니냐는 김인서의 비판은 민족주의의 정서에 호소한 것이었을 뿐 실체적 사실에 근거한 것은 아니었지만, 이런 정서가 가지는 호소력을 무시할 수 없었습니다. 김교신도 함흥농업학교 시절 만세운동에 가담했다가 체포되어 기소유예로 풀려났고, 그 후 '불공대천不共戴天의 철심鐵心', 즉 일본인들과 같은 하늘 아래 살 수 없다는 굳은 마음을 품고 유학길에 올랐으니, 민족주의자라는 점에서는 김인서와 그 자리가 멀지 않았습니다. 김교신으로서는 일본인 선생에게 배워 조선의 무교회자로 살아간다는 데 대한 대답이 필요했던 것 같습니다. 이에 대해 김교신은 다음과 같은 말로 정리하고 있습니다. "일본 애국자로서 일본을 열애케 하여 두라. 증오도 생길 것이 없을뿐더러 가장 아름다운 것을 거기서 발견할 것이다."

김교신은 자신이 우치무라의 제자라는 것, 그리고 우치무라가 일본의 진정한 애국자라는 점을 말하면서도, 자신이 조선인이며 따라서 우치무라의 애국과 자신의 사명이 같을 수 없다는 점을 알고 있었습니다. 철들 무렵부터 평생을 식민지인으로 살았던 그였기에, 또 '조선인'이라는 고통스러운 자기 확인의 자리에서 <성서조선>을 창간한 그였기에, 김교신의 자리는 우치무라와 다를 수밖에 없었습니다. 이 점을 분명히 하고 보면 우치무라를 증오할 것도 두려워할 것도 없고, 도리어 일본인 애국자에게서 '가장 아름다운 것'을 발견할 수 있다고 했습니다. 글의 마지막 대목에서 김교신은 우치무라에게서 배운 기독교인의 삶을 다음과 같이 요약하고 있습니다. 이는 김교신의 무교회주의 신앙을 요약하는 것이기도 합니다.

:: 대전도를 하려고 시도하지 말고, 대기적을 행하려 하지 말고, 오직 신의 명령을 중히 여기고, 그 말씀이면 다만 좇고, 신을 믿는 것이 곧 사업인 줄로 믿고, 무위無爲에 유사한 생애를 보내는 것이다. 신앙 생애의 대부분은 인내다, 정숙이다. 그러므로 활동 비약을 사랑하는 이 세상과 이 세상 교회에는 칭찬받지 못하는 생애다. 그러나 이것이 신과 함께 걷는 생애다. 이 세상의 교회에는 칭찬받지 못할지라도 하나님께 칭찬받는 생애다. 하나님이 깊은 것처럼 깊은 생애다. 저가 잠잠한 것처럼 잠잠한 생애다. 하나님께 거하여 자기에 충족한 생애다. 아무런 사업을 이룸이 없을지라도 감히 불만을 느끼지 않는 생애다. 또 신에게서 무엇을 받지 않을지

라도 저 자신을 주셨으므로 그 외 다른 것을 필요로 하지 않는 생애다. (「우치무라 간조론에 답하여」, <성서조선> 1930. 9.)

◆ **크리스텐덤의 안과 밖**

김교신이 우치무라에게서 배웠다고 밝힌 무교회주의는 '교회 밖에도 구원이 있다'라는 말로 요약됩니다. 이는 로마 가톨릭교회의 오랜 공리인 '교회 밖에는 구원이 없다*Extra ecclesiam nulla salus*'는 말에 대한 루터의 저항을 20세기 동아시아에서 재연한 것이었습니다.

김교신이 '교회 밖'을 말했을 때 이 말은 쉽게 오해되었습니다. 무교회는 교회를 대적하고 파괴하는 것을 목적으로 하는 집단이라는 오해가 그것이었습니다. 이는 김인서가 우치무라의 무교회주의를 비판하고 나섰을 때 가졌던 오해이기도 했고, 당시 교계가 무교회를 바라보는 지배적인 시선이기도 했습니다. 이런 배척의 목소리가 거세질 때마다 김교신은 이에 맞서 교회주의를 비판하는 한편, 무교회가 교회를 비판하는 데 목적이 있는 것이 아니라는 점을 강변해야 했습니다.

여기에서 '교회 밖에는 구원이 없다'라는 가톨릭교회의 오랜 공리를 다시 살펴봅시다. 우선 교회의 '안'과 '밖'이 어디인지 자명하지 않다는 점을 짚어야 합니다. 이 말을 처음 한 이는 3세기 초의 교부 키프리아누스Thascius Caecilius Cyprianus 였고, 이 공리가 실질적인 의미를 갖게 된 것은 313년 콘스탄티누스 황제가 밀라노 칙령으로 기독교를 공인하고 나서부터였습니다. 이 일 이후 '크리스텐덤Christendom'이라고 부르는 체제는 수 세기에 걸쳐 유럽 전체로 확산되었습니다. 크리스텐덤은 간단히 말해 기독교가 지배하는 국가나 사회라고 할 수 있습니다. 이 체제에서 모든 사람은 기본적으로 교회 '안'에 있습니다. 아이가 태어나면 유아세례를 받고 이 체제 안으로 들어옵니다. 결혼과 출산, 질병과 고난, 죽음 등 한 사람의 삶의 여정 전체가 종교적인 의식을 통해 규정됩니다. 이 체제에서 '교회 밖'은 성원권을 박탈당한 자리였습니다. '교회 밖'에 있는 이에게 정당한 삶의 자리는 없었습니다. 이 체제에서 '교회 밖에는 구원이 없다'는 공리는 자명했습니다.

종교개혁 이후 크리스텐덤은 큰 변동을 겪게 됩니다. 종교개혁으로 크리스텐덤이 해체된 것은 아니지만, 종교적 독점권이 깨어지고 타 종파와의 공존 방식이 자리 잡게 되었습니다. 종교개혁 이후 국가가 특정 교파를 선택할 수 있게 되었는데, 이는 국가 권력이 교회 권력보다 우위에 서게 되었음을 보여 줍니다. 그뿐만 아니라 국가 내에서도 개인이 특정 교파를 선택할 수 있다는 생각, 즉 개인이 신앙의 주체라는 생각이 생겨났습니다. 독일의 경우 북부의 프로테스탄트 지역과 남부의 가톨릭 지역이 나뉘었고, 프랑스에서는 가톨릭이 위그노(프로테스탄트)를 탄압했지만 종교적 관용이 필요하다는 인식이 자리잡았습니다. 영국의 경우 비국교도에 대한 차별이 남아 있긴 했지만, 오랜 전쟁을 거치면서 프로테스탄트 교파들 안의 공존이 확립되었습니다.[2] 종교개혁 이후 교회의 '안'과 '밖'은 이전과 같을 수 없었고, '교회 밖에는 구원이 없다'는 공리는 논쟁적인 것이 되었습니다.

서구에서 근대화가 진행됨에 따라 종교의 위치는 크게 달라졌습니다. '세속화 테제'가 말하는 것처럼 종교는 공공 및 사적 영역에서 주도적 위치를 상실했습니다. 크리스텐덤이 점차 해체되어 간 것입니다. 현대인들의 종교 신념이 약화되었고 제도 종교가 존재감을 상실해 갔습니다.[3] 한편, 근대 기독교가 타 문화와 교섭하게 되면서 교회의 '안'과 '밖'은 다른 방식으로 구성되었습니다. 기독교가 전파된 타 문화권에서 교회의 '안'과 '밖'은 서로 이질적인 문화가 맞선 공간이 되었습니다. 이 공간 배치는 서로에게 낯선 것이었습니다. 근대 초기 동아시아에 서양 선교사들이 전해 준 기독교는 크리스텐덤이 근대 체제로 전환되는 과정의 산물이었고, 선교지의 토착문화는 이전부터 그 사회에 뿌리를 내리고 고유한 질서를 구축하고 있었기에, 선교사가 가져온 크리스텐덤 문화와 토착문화 사이의 괴리는 컸습니다. 크리스텐덤은 교회 '안'에서만 자족적으로 작동하고 있었으며,

교회 '안'의 질서가 '밖'에서는 통용되지 않았습니다.

우치무라의 '두 개의 J' 사상이 곤경에 처하게 되는 과정, 그리고 그 후 그가 '무교회'로 정향하게 되는 과정도 이런 맥락에서 봐야 합니다. 청년 우치무라는 '두 개의 J', 즉 '일본과 예수'라는 이 두 개의 가치를 자신의 삶에서 통합하려는 야심을 가졌지만 이 시도는 곧 곤경에 처하게 됩니다. 1888년 미국 유학을 마치고 돌아온 우치무라는 니가타의 호쿠에츠학관에 교장으로 초빙되는데, 이 학교에서 선교사들과 갈등을 일으켰고 이 때문에 부임 4개월 만에 학교를 떠나야 했습니다. 이 일이 일어난 지 2년 후 도쿄 제일고등중학교 촉탁 교원으로 가 있던 우치무라는 '불경 사건'에 휘말리게 됩니다. 우치무라로서는 사역 초기에 '두 개의 J' 실험이 좌초되는 경험을 하게 되었고, 더 나아가 교회와 국가에서 버림받아 일본 내 어디에서도 마음 놓고 살 수 없는 '국적國賊' 신세가 되었습니다.[4]

우치무라가 '무교회'라는 말을 처음 쓴 것은 불경 사건을 겪은 직후였습니다. 그는 불경 사건 후 《기독 신도의 위로》(1893)를 썼는데, 이 저서의 첫 세 장은 「사랑하는 사람을 잃었을 때」, 「겨레에서 버림받았을 때」, 「교회에서 버림받았을 때」라는 제목으로 되어 있습니다. 호쿠에츠 학관에서 쫓겨난 일이 교회에서 버림받은 경험이라면, 불경 사건은 사랑하는 이를 잃고 겨레에게 버림받은 경험이었습니다.

∷   나는 무교회가 되었다. 사람의 손으로 만든 교회를 나는 가지지 않는다. 나를 위로하는 찬미 소리도 없다. 나 때문에 축복을 비는 목사도 없다. 그러면 나는 하나님을 예배하고 하나님에게 가까이 나아가기 위한 예배당을 가지지 않았단 말인가? 저 서산에 올라가 넓은 들을 눈 아래 굽어보며, 속세를 떠나기 천 길, 홀로 무한과 교통할 때 산들바람이 소나무를 흔들어 찬송을 부르고, 머리 위의 독수리, 매가 나래를 펴 하늘의 축복을 전해 주고 있지 않은가. 석양이 지려 하고, 동산東山의 보랏빛, 서쪽 구름의 분홍빛이 흐르는 물에 녹아드는 때에, 홀로 제방 위를 걸으면서 이미 떠나간 성자와 영교靈交하노라면, 벳새다의 바위산과 성 마르코 성당의 높은 단壇이 내게 은근한 설교를 들려주는 것이 아닌가. 노한 파도가 해안을 때려 흰 거품과 모래를 날리는 곳, 베스호렌의 개가凱歌, 던바의 포성砲聲, 모두가 내 용기를 북돋아 주고 있지 않은가. 그렇다, 나는 무교회가 아니다. (「기독 신도의 위로」,《우치무라 간조 전집 1》, 설우사, 1975, 48쪽)

우치무라가 스스로 '무교회'가 되었다고 했을 때 그것은 자신의 삶을 바치기로 맹세했던 '두 개의 J', 즉 국가와 교회 양쪽으로부터 버림받아 더 이상 설 곳이 없게 되었음을 말한 것입니다. 우치무라가 말한 '무교회'는 교회로부터 버림받은 곳인 동시에 국가로부터 거부된 자리였습니다. 하지만 바로 그곳에서 그는 하나님이 통치하는 세계의 '안', 우주적 교회 '안'에 있음을 알게 되었습니다. 그는 '무교회'가 아니었습니다. 우치무라의 교회 '안'과 '밖'은 역설적 긴장을 이루고 있었습니다.

◆ 조선의 프로테스탄트여, 저항하라!

김교신이 김인서의 우치무라 간조 비판에 맞서 조선의 무교회자로 자신을 드러낼 무렵 함석헌은 「프로테스탄트의 정신」(<성서조선> 1930. 9.)을 발표하여 조선의 무교회주의를 정립하고자 했습니다.

「프로테스탄트의 정신」은 기독교가 세 종파, 즉 로마 가톨릭과 동방 정교, 그리고 프로테스탄티즘으로 나누어지며, 그중 프로테스탄티즘은 루터의 종교개혁에서 비롯된 것이라는 간단한 설명으로 시작합니다. 세 종파 중 함석헌의 관심이 프로테스탄티즘에 있었음은 물론입니다. 프로테스탄티즘은 종교적·역사적으로 큰 의의를 지니는 것이지만, 프로테스탄트 대부분이 가톨릭으로 되돌아가 있었고, 몽롱한 정신상태에 빠져 있었습니다.

'프로테스탄트의 정신'이란 무엇일까요? 함석헌은 이를 명칭과 역사적 유래를 따라 다음과 같이 설명합니다.

'protest'는 '반항하다', '저항하다'라는 뜻의 동사인데, "의가 불의에, 진리가 거짓에, 선이 악에 강압을 받을 때" 저항이 생기고, 이렇게 하는 사람을 프로테스탄트, 그 주의를 프로테스탄티즘이라고 한다고 했습니다. 프로테스탄티즘은 로마 교회가 생명보다 조직을, 신앙보다 의식을, 신의 뜻보다 인간의 행위를 존중하는 데에 저항하여 일어난 운동으로, 개인의 자유를 존중하고 성서를 최고의 권위로 여기는 데에 그 근본정신이 있다는 것입니다. 프로테스탄티즘은 늘 새롭게 규정되어야 할 정신이었고, 그 근본에 개인의 자유에 대한 존중이 있었습니다.

신앙이 개인적인 것이라면 교회는 왜 필요할까요? 이 대목에서 함석헌은 프로테스탄티즘의 근본정신을 '무교회'와 연결 짓습니다.

∷ 여기 신교의 교회에 대하여 다소 부언할 필요가 있다. 즉, 신교는 교권을 부정하고 교회의 조직에서 개인을 해방시켜 신앙의 자유를 주었다. 그러나 신교도 절대 개인주의, 즉 독립주의는 아니다. 교회가 있다. 신자의 모임이 있다. 그러나 또 그것은 구교에서 말하는 의미의 교회는 아니다. 그것은 단순한 모임이요, 조직체는 아니다. 그러므로 엄정한 의미에서 말하면 신교는 무교회다. 거기 신자 단체가 있는 것은 동일한 신앙을 가지고 동일한 경험을 가지고 동일한 목적을 가지기 때

문에 생기는 신자 간의 연락에 의한 것이다. (「프로테스탄트의 정신」, <성서조선> 1930. 9.)

함석헌은 무교회를 프로테스탄티즘의 정신을 새롭게 하고자 한 것으로 이해함으로써 루터의 종교개혁으로부터 현재 조선의 현실을 잇는 징검돌을 놓고 있습니다. 프로테스탄티즘은 거슬러 올라가면 바울과 초대교회, 그리고 나사렛 예수의 정신에 가 닿게 되는 것이었고, 지금 조선의 프로테스탄트에게 다시 요청되는 것이기도 했습니다.

∷ 우리는 다시금 프로테스탄트여야 한다. 벗기 시작한 껍데기를 완전히 벗어야 한다. 세계사를 읽어서 이상하게 생각되는 것은 16세기 프로테스탄트 운동이 용두사미로 된 것이다. 교회의 음울한 천정天井 밑에서 힘있게 뛰어난 기독교는 다시 국민이라는 괴물에 삼켜 버렸다. 신교의 결국은 국교라는 것이 되고 말았다. [중략] 남북으로 누운 삼천리의 반도 그 자연은 웅장이 있고 미려가 있고 그 사람은 총명하고 인후하고 그에게 이미 믿을 만한 우상의 남아 있는 것이 없고 그에게 다시금 애착할 만한 소유물이 있는 것이 없고 그는 옛날의 이스라엘이 그리했던 것같이 위대한 정신이 산출될 만한 온갖 준비가 되지 않았나! 조선의 프로테스탄트들이여! 진리의 용자일 조선의 젊은 프로테스탄트들이

여! (「프로테스탄트의 정신」, <성서조선> 1930. 9.)

우치무라 간조의 무교회가 가톨릭교회에 맞선 루터의 저항과 이어져 있다고 본 것은 함석헌과 김교신이 공유한 무교회 이해였습니다. 함석헌이 「프로테스탄트의 정신」에서 조선의 프로테스탄트들에게 외친 것도 다시 가톨릭으로 되돌아간 신교를 향해 저항하라는 것이었지만, 그 이상이기도 했습니다. 조선 프로테스탄트의 저항에는 조선의 역사와 현실에 대한 인식이 포함되어 있었습니다. 함석헌이 조선의 역사를 고난의 역사로 규정하면서, 조선이 세계의 불의를 지게 되었으며 고난을 통해 더 이상 애착할 것이 아무것도 없게 된 지금 위대한 정신을 산출하게 되었다고 목소리를 높인 것은 1934-35년 「성서적 입장에서 본 조선역사」에서였습니다.

◆ 김교신의 '교회 밖'

김교신의 무교회주의는 교회를 거부한 것이 아니라 교회주의, 교권주의를 반대한 것이었다고 말할 수 있습니다. 하지만 이 말을 하는 쪽이나 받아들이는 쪽에서 교회와 교회주의를 어떻게 규정하느냐에 따라 무교회가 내장하고 있었던 문제성이 상당 부분 소거될 수 있습니다. 김교신이 교회를 거부한 것이 아니라 교회주의를 거부한다고 말할 때, '교회주의'를 권력화된 교회에 나타나는 일부 현상으로 규정하게 되면, 김교신과 무교회주의의 목소리는 축소되고 맙니다.

김교신이 교회에 대해 취했던 입장은 고정되어 있지 않았지만 일관성이 있었습니다. 1932년부터 1935년 사이 김교신은 거듭된 요청에 따라 교회와 협력했습니다. 활인동 장로교회 교인이 되었고 주일학교장을 맡기도 했습니다. 소사 감리교회에 부흥회 강사를 맡아 일주일간 집회를 이끌기도 했습니다. <성서조선>에도 장도원 목사가 많은 글을 발표하고 있었습니다. 장도원은 일본 오가키에서 목회를 하던 이로, 1931년 1월 장문의 편지와 함께 「도덕에서 완전히 실패하고 오라」는 글을 보내왔고, 이후 1933년 말까지 「로마서 연구」를 연재했습니다. 장도원은 1934년 8월 '미농美濃미션' 교단을 탈퇴하고 새 교단을 창설하려 했으나 뜻을 이루지 못했습니다. 이후 그는 김교신에게 여러 차례 편지를 보내와 무리한 요구를 했고 1935년 4월 이후 김교신과 결별했습니다.[5]

「교회에 대한 우리의 태도」(<성서조선> 1935. 4.)에서 김교신은 무교회자로서 자신의 입장을 다시 표명했습니다. 이 무렵 김교신은 무교회자의 자리는 모순을 껴안아야 하는 자리임을 알았습니다. 그는 한때 무교회자로 자임하고 진영으로 대립하여 싸우고자 한 적도 있었지만, 조선 교회의 상황을 보면서 그것이 무의미함을 알았습니다. 조선 교회의 교권이라는 것이 로마 교회나 영국 국교회 같은 세력이 있는 것이 아니고, 교회에서 파문을 당한다고 해도 목숨에 지장이 없음은 물론이고 직업이나 처세에 아무런 불리함이 없는데, 이런 교회를 상대로 싸우는 것이 무슨 의미가 있느냐는 것입니다.

그렇다면 교회와 협력하여 교회를 위하여 큰 사업을 할 것이냐 하면 그럴 수도 없었습니다. 그는 교회의 근본적인 문제를 말할 수밖에 없었습니다. 교회에 좋은 성도가 없지 않고 본받을 만한 교역자가 없는 것도 아니지만, 교회가 기관이 되고 제도가 되고 보면 그것은 재림 예수라도 십자가에 못 박는 것 외에 달리 할 일이 없다고 했습니다. 김교신은 제도가 된 교회에서 교회주의는 필연적으로 나타나는 현상으로 보았습니다. 마치 홍합의 족사足絲가 바위에 달라붙듯 교회에 교회주의가 들어가 있다고 했습니다. "비교회의 혼백"이 자신에게 있다고 했습니다.

우치무라식 무교회주의란 무엇인가.
내가 배운 대로는 '교회 밖에 구원이 있다'는
것이 우치무라식 무교회주의의 전부이다.
이 이하의 것도 아니요 이 이상의 것도 아니다.

로마 천주교회가 '교회 외에 구원이 없다'라고
할 때, '교회 밖에 구원이 있다'라고
프로테스트한 것이 루터의 종교개혁이었고
모든 신교 교회가 구교로 퇴화할 때에 다시 한번
'교회 밖에 구원이 있다'라고 주창한 것이
즉 우치무라식 무교회주의란 것이다.

4장

복스럽도다, 가난한 사람들!

◆ 김교신의 산상수훈 강의

김교신이 성서연구회에서 산상수훈을 강론하기 시작한 것은 1930년 10월부터였습니다. 낙원병원에서 시작한 산상수훈 강의는 12월부터 활인동 본사에 꾸민 집회실로 옮겨 이어 갔고, 1931년 9월 20일에 마무리했습니다. 만 일 년, 총 37회에 걸친 대장정이었습니다.

「산상수훈 연구」를 <성서조선>에 연재한 것은 1931년 1월부터 1932년 2월까지였습니다. 단행본 《산상수훈 연구》가 출간된 것은 1933년 7월의 일이었습니다. 단행본은 한자를 한글로 바꾼 것 외에 연재본과 거의 차이가 없고, 앞부분에 '서序'와 산상수훈 본문을 번역하여 실었습니다. 《산상수훈 연구》는 46판 240쪽으로 초판 1,000부를 발행했고, 1941년 출간한 지 8년 만에 초판이 모두 소진되었습니다.

단행본 《산상수훈 연구》 앞부분에 '산상수훈 사역私譯'을 싣고 있어 눈길을 끕니다. 성서를 헬라어 원문으로 읽고 그걸 직접 번역한 것입니다. 김교신의 산상수훈 사역은 산상수훈의 첫 구절을 원어의 느낌을 살리기 위해, "복스럽도다, 마음이 가난한 사람들! 천국이 저희 것이로다"라고 옮기고 있습니다. 「산상수훈 연구」를 쓰기 위해 김교신은 헬라어 성서와 조선어 번역 성서, 그 밖에도 영문, 일문 등 여러 번역 성서를 비교해 읽었습니다. 참고한 주석서도 14-15종이 되었다고 합니다. 더멜로우 J. R. Dummelow가 편집한 단권 주석, 그리고 루터와 칼뱅, 고데, 마이어, 벵겔 등의 주석서입니다. 참고서의 목록으로 보더라도 「산상수훈 연구」는 김교신의 성서연구 중 가장 진지한 작업이었습니다. 「산상수훈 연구」가 신학교의 교재로 활용된 것에서 알 수 있듯 당시 조선 신학계에서도 이런 성서연구는 흔치 않았습니다.

산상수훈을 강론할 무렵, 활인동 집회실 문을 두드린 두 청년이 있었습니다. 이들은 친구의 간곡한 추천으로 찾아왔으나 장소를 찾지 못해 헤매다가 모임이 끝날 무렵에야 들어오게 되었습니다. 활인동 집회실이라는 것이 여느 가정집 방 한 칸을 수리해서 꾸며 놓았으니 예배당을 생각하고 왔다면 찾기 어려웠겠지요. 막상 와 보니 집회실도 초라하고 모인 사람도 몇 명 되지 않는 것을 보고 두 청년은 크게 실망했습니다. 모여서 뭘 하는지 묻는 이들에게 김교신은 다음과 같이 답했습니다.

:: [1931년 2월 1일] 구신약 성서를 공부하되 마치 서당 훈장 앞에서 논어나 대학을 공부하던 것처럼 옛 조선식이요 악기도 없고 찬양대도 없고, 일단 출석하기

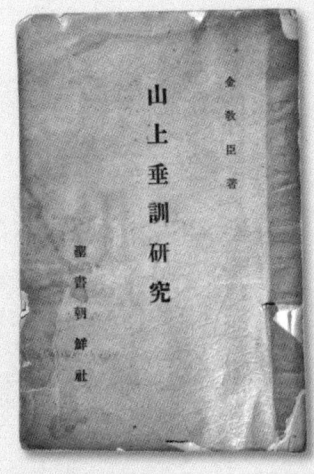

• **《산상수훈 연구》(1933).** 김교신은 〈성서조선〉 1931년 1월부터 1932년 2월까지 「산상수훈 연구」를 연재했고, 1933년 7월 단행본 《산상수훈 연구》를 펴냈다.

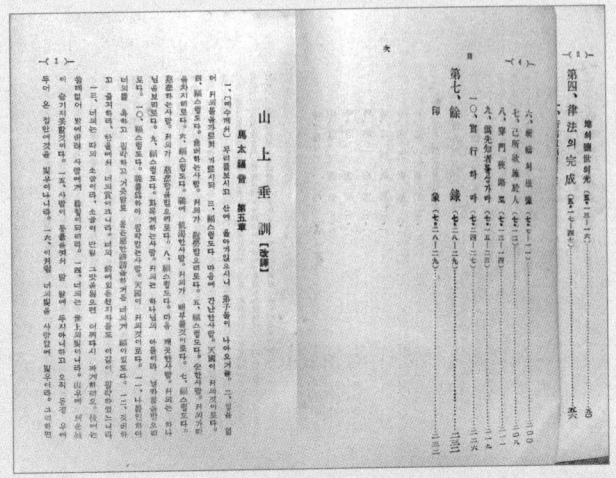

《산상수훈 연구》 맨 앞부분에 「서(序)」와 「산상수훈 개역(改譯)」을 수록했다. 허가 없이 이 부분을 실었다는 이유로 김교신은 총독부에 불려가는 등 곤욕을 치렀다.

로 작정한 후에는 무단 결석, 지각하는 것은 대단히 싫어하오. 법열의 경지를 유도하는 기도술도 없고 심리학을 응용한 설교법도 모르고 다만 교실에서 교과서를 공부하듯이 냉랭한 학습뿐이오. 이 성서를 공부하는 것뿐이오. (《김교신 전집 5》, 41쪽)

두 청년은 "이런 줄 알았으면, 이런 줄 알았으면"이라는 말을 반복하다 돌아갔습니다. 김교신의 산상수훈 강의는 서당에서 경전을 공부하듯이, 교실에서 교과서를 공부하듯이 딱딱하게 이어지고 있었습니다. 이런 공부는 부흥회의 과장된 열기에 익숙했던 당시 조선의 기독교인에게 환영받지 못했습니다. 산상수훈을 강해할 무렵 성서연구회 참석자는 10명 내외였고, 그중 상당수는 김교신의 양정학교 담임반 학생들이었습니다.

◆ **예수의 자서전**

김교신이 성서연구회를 시작하면서 산상수훈을 강의한 것은, 《산상수훈 연구》 '서'에서 쓴 대로 산상수훈이야말로 "그리스도의 완전한 생명이 그대로 약동하는" 본문이라고 생각했기 때문입니다.

기독교에 입문할 무렵 김교신은 산상수훈의 높은 도덕

률에 매료되었습니다. 기독교인 됨의 근본은 이 높은 도덕률을 실행함으로써 완성에 도달하는 데 있다고 여겼습니다. 이런 그의 첫 기독교 이해는 우치무라 간조를 만난 후 방향이 바뀌었지만, 신앙과 삶을 일치시키려는 진지한 고민은 그 후로도 계속되었습니다. 김교신이 유학을 마치고 돌아올 즈음 일본 무교회 동지들이 파송식을 열어 주었는데, 이 자리에서 인도자가 읽은 성서 본문도 산상수훈이었습니다. 마태복음 6장 19절 이하, '너희 보물을 하늘에 쌓아 두라', '염려하지 말라', '먼저 그 나라와 의를 구하라'는 구절을 읽고 함께 기도하는 중 모인 이들 모두 특별한 영감에 사로잡혔습니다. 김교신도 이 말씀을 마음 깊이 새겼습니다. 김교신에게 산상수훈은 그리스도를 따르는 생활을 위한 실천적인 교훈으로 다가와 있었습니다.

김교신은 「산상수훈 연구」 '서언'에서 산상수훈을 예수의 자서전으로 읽을 것을 제안하고 있습니다. 이는 그가 산상수훈을 어떻게 이해하고자 했는지 보여 주는 가장 독창적인 제안입니다. 산상수훈의 도덕률이 너무나 높고 엄격하다는 이유로 이 도덕률을 깎아서 받아들이려는 이들이 있지만, 김교신이 보기에 이런 해석은 무리한 것이었습니다. 예컨대 이 설교가 예수 전도사역의 첫 설교이다 보니 현실에 맞지 않게 높은 도덕률을 제창한 것이라거나, 이 설교가 일반 청중을 대상으로 한 것이 아니라 제자들만을 대상으로 한 것이라는 등의 해석이 있지만, 김교신은 이를 기각했습니다. 그는 예수의 초기 사역에서 갈릴리 전도가 시작되기 전에 이미 유대와 예루살렘에서의 사역이 있었다는 점을 들어, 산상수훈은 "서생의 이상론"이 아니라 "땀과 피로써 실험한 인생 기록"이라고 보았습니다. 이 대목에서 산상수훈을 "예수의 자서전"으로 보자는 제안을 내놓습니다.

> ∷ 그러므로 산상수훈은 예수의 일종의 '자서전'으로 볼 수 있다. 이 교훈은 너무 높고 엄격해서 일반 청중에게 발한 것이 아니고 특히 수양이 된 제자들에게만 가르친 도덕률이라는 견해도 있다. '예수께서 무리를 보시고…'라고 한 것을 '…무리를 피하여'라고 해석하는 학설도 있으리만큼, 산상수훈은 견디기 어려울 만큼 높고 엄격하지만, 이 교훈은 천국 시민의 자격과 의무와 경계를 가르치는 동시에 '예수 자신의 자서전'으로 보면, 가장 좋은 해석이 될 것이다. 《김교신 전집 4》, 24쪽)

산상수훈을 예수의 자서전으로 보자는 제안은 산상수훈의 도덕률을 어떻게 따를 수 있을지에 대한 고민에서 나온 것이었습니다. 산상수훈을 율법으로 받아들이게 되면 그 교훈을 도저히 따를 수 없지만, 그렇다고 해서 그 교훈을 깎아서 받아들이면 생명의 약동을 잃게 된다고 보았습니다. 이 딜레마 앞에서 김교신은 산상수훈을 예수의 생애에 비추어 받아들이자고 제안한 것입니다. 산상수훈에서 도저히 따르기 어려운 구절을 만날 때 예수의 생애로 그 교훈을 끌고 가 거기에서 교훈의 참뜻을 이해하고자 한 것입니다.

'오른뺨을 치거든 왼뺨도 돌려대고 속옷을 가지고자 하거든 겉옷까지 내어 주고 5리를 가자 하거든 그 사람과 10리를 동행하라'는 구절을 어떻게 실행할 수 있을까요? 루터는 이 구절을 해석하기 위해 사적 영역과 공적 영역을 구분하여 산상수훈은 개인의 도덕성에 대해 말한 것으로 공적 영역의 삶에까지 적용할 수 없다고 보았지만, 김교신은 주석가들이 이 구절을 상식적·합리적으로 적당히 완화하여 해석하는 것을 비판하면서 다시 예수의 생애로 돌아가자고 제안했습니다. 그는 성서를 따라 살아가는 일을 등산에 비유했습니다. 한 걸음 또 한 걸음 올라갈 때마다 새로운 풍경이 펼쳐지는 것처럼 산상수훈 역시 실행함으로써 생명의 약동을 경험하게 된다는 뜻이었습니다.

:: 이 간단한 본문을 읽는 것이 고통이라면 고통이다. 그러나 높은 산을 오르는 일을 생각해 보라. 한 걸음 또 한 걸음 오를 때마다 눈앞에 새로운 세계가 나타나고 신령한 기운이 몸속으로 들어와 우리의 머리끝까지 하늘 위로 끌려 올라가는 듯하지 않은가. 그런데 학자들의 상식을 가미한 설명을 듣고 보면 안전하기는 안전하나, 마치 아침저녁으로 타는 시내 전차에 앉아 있는 것처럼 신선한 호흡은 할 수도 없다. 이는 무형한 생명의

약동을 일정한 형태로 고정하려는 데서 생기는 무리한 결과이다.

그러므로 이 교훈을 충분히 납득하기 위하여서는 예수 자신의 언행으로 돌아갈 필요가 있다. 예수는 무저항의 본보기였다. (《김교신 전집 4》, 98-99쪽)

이 대목에서 김교신은 또 한 번 산상수훈을 예수의 자서전으로 읽자는 제안을 내놓습니다. 예수의 삶은 단순히 무저항주의를 신봉한 삶이 아니라 거기서 한 걸음 더 나아가 악한 자를 긍휼히 여기는 사랑의 삶이었습니다. 단지 소극적으로 무저항의 교훈을 펼친 것이 아닌 적극적으로 사랑의 방향을 바꾼 삶이었습니다. 김교신에게 산상수훈은 그 교훈을 율법으로 행하려 할 것이 아니라 예수의 생애에 비추어 이해하고 예수를 본받음으로써 그 약동하는 생명을 호흡하는 것이어야 했습니다.

◆ 가난한 자의 복

《산상수훈 연구》 '서'에서 김교신은 산상수훈을 읽는 데에는 "순진한 조선 사람의 심장을 가진 사람이면 가하다"라고 했습니다. 산상수훈에는 "누구나 읽고 알 수 있는 진리의 빛과 생명의 맥이 샘물같이" 흘러넘치기에 산상수훈을 읽는 데에 특수한 소질이나 비범한 체험이 필요하지 않다는 것입니다. 김교신에게 산상수훈 읽기는 기독교와 이교도, 조선인과 일본인, 교회자와 비교회자의 경계를 허무는 것이었습니다.

> :: 기독교도가 이교도에 대하여, 교회신자가 비교회자에 대하여, 선교사가 피선교 민족에 대하여 본질적으로 도덕상 차이가 있는 것인 것처럼 우월감을 가지는 것은, 마치 전년에 의학박사 구보久保 모가 조선인의 두개골을 측도하여 미개 인종이라고 증명하려다가 불행히 그 학설이 확립되기 전에 자기 자신이 정신병실에 수용을 당하여 요절하였던 것처럼 다 허망한 생각이다. 산상수훈이 단순히 율법에 그친다면 신자 불신자 구별할 것이 없이 다 같이 그 준엄함에 견디지 못할 것이다.
> (《김교신 전집 4》, 28쪽)

조선인과 일본인의 경계를 허무는 것은 산상수훈 서두에서 여덟 번의 '축복makarios'을 통해 강렬하게 그려 보인 천국 복음의 사상과도 통하는 것이었습니다. 산상수훈의 축복은 '인간의 번영 혹은 세상에서의 충만한 상태'를 의미하는 것으로,[1] 그것은 조선인과 일본인, 교회자와 비교회자의 경계를 넘어선 곳에서 이루어지는 것이었습니다. 예수가 산상수훈에서 하나님 중심의 인간 번영이 어떤 것인지 그려 보인 것처럼, 김교신은 그의 공생애 초기에 산상수훈을 통해 조선의 번영이 어떤 모습이어야 하는지 그리고 있었습니다.

산상수훈이 펼쳐 보인 세계는 인류 사회가 만들어 낸 경계를 뒤집은 세계였습니다. 김교신은 "축복은 행복보다 더 높은 것"으로, 그것은 "하나님과의 정당한 관계에 서서 사람 된 자의 진정한 도를 걷는 데에서 생기는 것"이라고 했습니다. 산상수훈이 선언한 축복은 도덕적 삶의 가치를 전도시킨다는 점을 거듭 강조하고 있습니다.

:: 그러면 하나님 편에서 보시는 바 '축복받은 자', 진정한 의미의 행복한 사람은 과연 누구인가. 어떤 의미로서든지 부자가 행복한 사람이라 함은 개벽 이래 동서고금을 물론하고 변할 수 없는 떳떳한 도리였다. 그런데 예수는 선언하셨다. "너희 가난한 자가 복이 있도다. 하나님의 나라가 너희 것이요"(눅 6:20)라고. 이것이 역설인가 터무니없는 말인가. 다른 민족은 차치하고 가난에 골몰한 조선 백성에게는 역설로밖에 안 들리는 것이다. 참말 행복한 사람이 가난한 자라는 것이 사실이라 하면, 이것이야말로 운행하던 태양이 서게 되고 고정하였던 지구가 공전하게 된 것보다도 더 근본적으로 인류 사회를 전도시키는 혁신이 아닐까. (《김교신 전집 4》, 30쪽)

가난한 자가 복이 있다는 말은 당시 조선인들에게 어떤

의미였을까요? 이 천국 축복의 선언이 당시 극심한 가난을 겪고 있던 조선에 그대로 적용될 수 있었을까요? 이 질문은 김교신에게 실질적인 물음으로 다가와 있었습니다. 김교신의 눈에 비친 조선은 가난했고 그로 인해 조선인들의 도덕성은 결핍되어 있었습니다. 김교신은 조선의 빈궁한 모습을 보고 안타까워하면서도 도덕이 결핍된 조선인을 보면서 크게 분개하고 부끄러워했습니다.

김교신은 「누구의 허물인가」(<성서조선> 1934. 8.)라는 글에서 오사카에서 신학교를 다니다 방학을 맞아 조선으로 돌아온 유학생의 보고를 전해 줍니다. 이 이야기에 따르면 연락선을 오가는 조선인들이 땅을 팔거나 임금을 한두 푼 모아 여비를 만들어 요행을 바라고 조선과 일본을 오가지만, 바라는 요행을 얻지 못하고 길에서 돈을 허비하더라는 것입니다. 이런 흰옷 입은 이들이 연락선 선객의 3분의 2를 차지한다는 것입니다. 「조선의 빈곤상」(<성서조선> 1934. 9.)에는 당시 일본 교육자와 무교회 신도의 눈에 비친 조선인의 빈곤상이 소개되고 있습니다. 이 글에서 김교신은 다음과 같이 쓰고 있습니다.

:: 과연 우리의 빈곤상은 그 다다를 수 있는 바닥에 달한 정도다. 애굽에 유리하던 이스라엘 백성에나 겨우 비길 수 있었을까. 그 밖에는 전무후무한 빈곤상이다. 혹시 천만인 중에 넉넉한 자 있다면 그들은 이른바 '밥

이나 먹는다' 정도에 불과하다. 실로 '밥이나 먹는다'는 말은 조선에서는 부의 절정을 표시하는 명구名句이다. 이 나라에서 피리 부는 자 있어도 춤추는 자를 찾아볼 수 없으며, 벗이 있어도 신의를 맛볼 수 없음은 대부분 결식하는 빈민굴인 까닭이다. 분개할 일이 아니라 연민할 일이다. 조선에 관한 일은 이 유례없는 빈곤상을 벗어나고서야 기도企圖할 수 있을 것이다. (「조선의 빈곤상」, <성서조선> 1934. 9.)

빈곤의 문제는 조선인에게 성서의 진리를 전하기 위해 <성서조선>을 간행하겠다고 나선 김교신에게 실질적인 어려움을 안겨 주었습니다. <성서조선>을 간행하여 배포하는 일에서도 '거저 받았으니 거저 주라'는 가르침과 '돼지에게 진주를 주지 말라'는 가르침 사이에서 고민할 수밖에 없었습니다. 조선의 기독교인들이 선교사들이 가져다주는 자금을 받기만 했지 재산을 팔아 진주를 사는 결단이 없음을 한탄했습니다. 그러면서도 조선인의 빈궁함을 보면서 거저 받았으니 거저 주는 것을 원칙으로 삼아 빵을 물 위에 뿌리는 심정으로 <성서조선>을 배포하겠다고 했습니다.

조선의 빈곤은 도덕의 결핍과도 이어져 있었습니다. 「대가가 지불되지 않은 쌀알」(<성서조선> 1940. 4.)은 일본 무교회 잡지에 소개된 일본인 쌀장수 이야기를 전해 줍니다. 시즈오카에 사는 한 일본인 쌀장수에게 조선인 고객이 많았다고 합니다. 당시에는 쌀을 외상으로 가져가고 다음에 이전 외상값을 지불한 뒤 다시 쌀을 가져가는 식으로 단골 거래가 이루어졌던 것 같습니다. 일본에 간 조선인들은 생활이 안정이 안 되니까 이사를 자주 다녔겠지요. 그런데 조선인 대부분이 이사하면서 마지막 쌀값을 잘라먹고 가 버린다는 것입니다. 이 때문에 일본인 쌀가게 주인들이 조선인에게는 쌀을 조금씩만 팔거나 아예 거래를 안 하는데, 이 일본인 쌀장수는 양심이 허락하지 않아 손해를 보면서도 조선인에게 외상 거래를 했다는 것입니다. 그때 마침 시즈오카에 큰 화재가 있었는데 이 일본인 쌀가게만 불에 타지 않았다고 합니다. 일본 무교회 잡지는 이 이야기를 신앙의 양심을 따라 살 때 하나님이 도우신다는 뜻으로 전한 것인데, 하필 이 쌀장수가 조선인의 도덕성 결핍 때문에 양심에 시험을 받았던 것입니다. 이 글을 읽고 김교신은 낯이 뜨거워 당장이라도 달려가서 쌀값을 대신 내고 싶은 심정이었습니다. 김교신은 심판 때에 채 갚지 못한 쌀알들이 소리지를 것이라는 말로 도덕성 회복을 강조했습니다.

이런 상황에서 가난한 자가 복이 있다는 산상수훈 첫 구절의 선언을 받아들일 수 있었을까요? 이 선언을 받아들이기 위해서는 현상 너머를 보는 눈이 필요했습니다. 김교신은 조선의 빈궁상을 보면서, 그리고 조선인들의 도덕성 결핍을 보면서 절망했습니다. 그리고 자신의 내면을 들여다보며 더욱 절망했습니다. 하지만 이 절망 덩어리인 자신이 그리스도의 생명과 연결될 때 '양양한 희망', '만만한 야심'을 가졌다고 했습니다. 이 절망과 희망 사이의 가파른 긴장을 그는 공생애 내내 붙들고 있었습니다.

> ∷ 그런데 이 할 수 없는 절망 덩어리인 나에게 그리스도의 생명이 연결되는 순간순간에 이상한 새 사실을 또한 발견하였다. 나는 본래 땅에 속하여 땅에 애착한 것인데 땅에서 떠나 하늘까지 비약할 수 있는 자임을 실험하였다. [중략] 그리스도로 인하여 하나님을 믿는 신앙에 입각할 때에 우리가 조선 반도와 세계인류의 운명에 관하여 크게 역사함이 있고자 한다. 전도에 양양한 희망이 있다. 만만한 야심이 있다. (「절망과 희망」, <성서조선> 1934. 3.)

그리스도의 생명, 하나님을 믿는 신앙만이 절망을 희망으로 바꿀 수 있었습니다. '복스럽도다, 가난한 사람들!'이라는 이 천국의 선언은 신앙의 눈으로 현실의 도덕 관념을 전도시킨 자리에서만 받아들일 수 있는 것이었습니다.

◈ **힘의 정의를 넘어서**

김교신이 산상수훈을 강의하던 당시 조선은 도덕의 전

환, 사상의 격동을 겪고 있었습니다. 근대 초기 조선에 들어온 사회진화론이 국제질서를 해석하는 기본틀이 되어 있었습니다. 사회진화론은 '힘의 정의'를 바탕으로 하여 서구 제국들의 식민지 점령을 정당화하는 논리가 되었는데, 근대 초기 조선의 지식인들은 이 논리에 기대어 민족의 존립을 모색했습니다. 1920년대 이후 조선 내 사상운동의 이념으로 개조론, 실력양성론이 차례로 들어오게 되는데, 이는 사회진화론이 말한 '힘의 정의'를 내면화한 것이었습니다. 「산상수훈 연구」를 연재할 무렵에는 실력양성론도 타협주의로 떨어지고 반식민 운동의 이념으로 사회주의가 맹렬히 확산되고 있었습니다.[2]

김교신의 「산상수훈 연구」는 이러한 도덕의 전환을 가로지르는 성서 연구였습니다. 김교신은 유년기부터 한문 경전을 읽으면서 유교 윤리관을 체득하고 있었지만, 이후 근대 학문을 공부하면서 서구 사조를 받아들였고, 우치무라 간조의 성서연구회에서 기독교를 배웠으니, 도덕 관념의 해체와 재구성을 두 차례나 경험한 셈입니다. 김교신은 파편화된 세계 속에서 조선인이 어떻게 온전한 도덕을 가질 수 있는가, 조선이 어떻게 복된 민족이 될 수 있는가라는 물음을 붙들고 산상수훈을 읽고 있었습니다. '힘의 정의'에 의해 식민지가 되어 있던 당시 조선의 상황에서 산상수훈을 통해 더 나은 정의가 무엇인지 물었습니다.

김교신은 세 번째 복을 설명한 '온유한 자'에서 자연계에서의 생존경쟁에서 시작하여 '힘의 정의'를 말하고 있습니다. 진화론의 질서에 따르면 뻐꾸기의 탁란托卵과 국가 사회에서 통용되는 '힘의 정의'가 다르지 않은 것이었습니다.

> ∷ 기타 생물계에는 작은 것에서부터 큰 것에 이르기까지, 하등으로부터 고등에 이르기까지 이와 유사한 경쟁이 수없이 많다. 그러므로 자연과학자는 말한다. 약육강식과 우승열패는 천연의 법칙이라고. 또 정신과학자는 이에 응하여 힘은 정의다, 승즉관군勝則官軍 패즉적군敗則敵軍이라고. 치아를 갈고 발톱을 기르는 맹수나 완력, 금력, 지력을 축적하는 개인이나 육군, 해군, 공군을 확장하는 국가나 그 목적은 다 마찬가지다. 어떻게 하든지 타인을 배격하거나 위압하거나 회유하여 자기가 강자의 행복을 차지하려는 심사는 뻐꾸기의 알과 동일한 것이다. 강포한 자는 영성榮盛하고 유순한 자는 쇠퇴하여지는 것은 밤낮으로 목도하는 사실이다. 하늘이 높고 땅이 낮은 것처럼 변할 수 없는 철칙이다.
> 그런데 예수는 선언하신다. 강포한 자가 아니요, 온유한 자가 복스럽다고. (《김교신 전집 4》, 36쪽)

'힘의 정의'가 지배하는 현실 세계에서 '온유한 자의 복', '약한 자의 정의'을 말하는 것이 가능할까요? 김교신은 그 온유의 깊은 곳에 "공의로 심판하는 자에게 부탁하는" 신뢰가 있어야 한다고 했습니다. 또 예수의 생애가 온유한 자의 생애였기에 그의 삶에서 배워야 했습니다.

이어서 김교신은 네 번째 복을 다룬 '의에 기갈한 자'에서 '힘의 정의'와 산상수훈이 말하는 '의*dikaiosune*'를 대비함으로써 '산상수훈의 정의론'으로 한 걸음 더 나아갑니다. 김교신은 정의에 관한 조선인의 통상적인 관념에서 시작합니다. 보통의 조선인이라면 제갈공명의 출사표에서, 조자룡의 무운을 기구新求함에서, 정몽주와 사육신의 절개에서 '정의'를 말합니다. '정의'는 '우주의 근본 원리'이기에 모두가 원하는 것이지만, 세상이 환영하는 의는 상황에 따라 바뀌는 정의, 즉 '상대적 의'입니다. 이에 반해 산상수훈에서 예수가 말하는 '의'는 '절대의 의'입니다. 이 '절대의 의'가 이루어지면, 즉 "도덕상 정의가 극치에 달하면 하나님과 사람 사이의 바른 관계에까지 미치지 않을 수 없게 된다"[3]라고 했습니다.

이 대목에서 김교신은 '칭의론'을 염두에 두고 있는 것으로 보입니다. 산상수훈 해석에서 예수가 말한 '의*dikaiosune*'를 '전가된 의'로 볼 것인가, 예수가 제자들에게 기대한 '도덕적 행위'로 볼 것인가를 두고 의견이 갈라집니다. 루터를 비롯한 종교개혁가들은 전자의 해석을 내놓은 반면, 현대 성서학자들은 대체로 후자에 무게를 둡니다. 조나단 페닝턴은 산상수훈의 '의' 개념이 구약에 뿌리를 두고 있으며 단순히 법정적 전가보다 더 크고 다양한 의미, 즉 "하나님의 언약이라는 문맥 안에서 회복된 의"라는 개념을 갖는다고 설명합니다. 마태복음의 전반적인 이해에 비추어 볼 때, 산상수훈의 '의'는 전가된 것이 아니라 예수의 제자들에게 자연스럽게 기대되는 도덕적 가르침으로 해석하는 것이 타당하다는 것입니다.[4] 이 문제는 '의'를 개인적 차원의 구원으로 볼 것인가, 사회적 차원의 정의로 볼 것인가와도 이어져 있습니다. 김교신의 '의' 이해는 칭의론을 주의 깊게 의식하면서도 도덕적 행위 쪽에 강조점을 두고 있었습니다.[5]

이와 관련하여 최근 한국 신학계에서 칭의와 정의를 연관 지어 이해하려는 성찰이 이루어지고 있어 주목할 만합니다. 《칭의와 정의》에서 저자는 칭의는 구원 개념이고 정의는 윤리 개념이라는 통념을 해체하고자 합니다.

> ∷ 종교개혁 칭의론은 값싼 용서의 교리가 아닌 하나님의 정의를 위한 칭의론이 되어야 한다. 정의 없는 칭의론은 값싼 용서로 둔갑하였고, 그 결과 하나님의 정의는 사라지고 말았다. [중략] 왜 칭의와 정의는 연결되지 않는가? 그것은 칭의는 구원 개념이고, 정의는 윤리 개념이라는 전제 때문이다. 그리하여 '칭의와 정의', 즉 '하나님의 정의와 세상의 정의'가 어떤 관련이 있는지 철저히 고민되지 않았다. (김동춘 책임편집, 《칭의와 정의》, 새물결플러스, 2017, 440-441쪽)

이 책의 저자는 칭의 교리가 값싼 은총을 말하는 궤변으로 변질했으며 결국 행위 없는 구원으로 귀결되고 말았다고 보았습니다. 이신칭의의 교리가 윤리 빈곤을 초래했다는 것입니다.[6] 칭의론이 말하는 '의로움'을 개인의 영혼 구원의 차원이 아니라 온 세상을 회복시키시는 하나님의 언약적 신실함과 관련지어 이해해야 한다는 제안도 있습니다. 이런 관점에 서게 되면 '의로움'은 "예수 그리스도의 신실하심에 참여해서 하나님뿐 아니라 모든 관계에서 바른 관계를 맺는 것"[7]으로 이해해야 합니다.

김교신이 「산상수훈 연구」에서 보여 준 '의' 이해는 《칭의와 정의》의 저자가 말하는 '칭의론의 윤리적 차원'과도 통합니다. 김교신이 이해한 '의'는 '오직 믿음으로만'의 구원 교리로 환원된 것이 아니라 정치·사회적 의미에서의 정의, 그리고 윤리적 행위의 옳음까지 포괄하는 것이었습니다. 김교신이 보기에 바울의 "오호라, 나는 곤고한 사람이로다. 이 사망의 몸에서 누가 나를 건져내랴"라는 탄식은 의에 대한 목마름이 극에 달한 사람의 절규였습니다. 그리고 의에 주리고 목마른 자가 배부르게 될 것이라는 그리스도의 축복은 믿음으로 의롭다 함을 받음으로써 이루어지는 것이었습니다. 이 칭의는 최종적 도달점이 아니라 예수 그리스도의 날에 완성되는 것이라고 했습니다.

◆ 초사肖似, 닮음의 윤리학

어떻게 하면 예수의 교훈을 따라 살 것인가에 초점을 맞추고 있었다는 점에서 김교신의 「산상수훈 연구」는 윤리학의 구도를 지니고 있습니다. 이 물음 앞에서 김교신은 유교의 도덕 관념을 끌어와 '닮음'의 길을 제안합니다. 김교신에게 산상수훈은 유교 도덕률의 완성이었습니다. 김교신은 예수가 '율법과 선지자를 폐하러 온 것이 아니라 완성하러 왔다'라고 했을 때, '율법과 선지자'는 구약성서의 교훈은 물론이고 석가와 공자 등 성현이 가르친 도덕률을 모두 포함하는 것이라고 보았습니다. 그는 유교와 기독교의 관계를 성취론적 관점에서 이해하고 있었습니다.[8]

:: 기독교는 단지 복리형통福利亨通을 기구하는 세상에 유행하는 고마운 종교가 아니다. 동시에 유현무궁幽玄無窮한 철리哲理로써 정연한 체계를 구성한 것도 아니다. 다만 어디까지든지 현실의 도덕을 기반으로 하고 선 도덕교이다. 그 신도는 바리새교인들보다도 더 엄숙한 의미로써 도덕률을 완전히 실행하여 "하늘에 계신 너희 아버지의 온전하심과 같이 너희도 온전하라"고 요구하신다. (《김교신 전집 4》, 75쪽)

유교 도덕률을 실행함으로써 '아버지의 온전함'에 이르

게 될 수 있을까요? 물론 가능하지 않습니다. 여기에서 김교신은 '극기 수양'이 아닌 '닮음'을 제안하고 있습니다. "아버지의 온전하심과 같이 너희도 온전하라"는 구절을 김교신은 '초사肖似'라는 유교적 관념을 통해 설명하고 있습니다. 유교 도덕 관념에서는 아들이 아버지를 닮으면 그것이 "아버지의 기쁨이요, 자식 된 자의 영광"이었습니다. 김교신은 이러한 도덕 관념을 확장하여 하나님 닮기로 나아가야 함을 말하고 있습니다.

> :: 극기 수양의 필요는 없다. 또 그런 일로써 가능할 일이 아니다. 인간의 도덕적 수련으로써 도달할 지경이 아니다. 다만 사랑의 본체이신 하나님을 믿는 일로써 중생하여 하나님의 자녀 된 자의 본능을 받는 자에게만 가능한 일이다. 사랑의 하나님을 참으로 믿어 다시 애착할 보물을 가짐이 없고, 자력으로 보호할 생명의 귀한 것이 없이 '나'가 없어진 곳에 적이 있을 수 없다. 적을 사랑함으로써 개인의 이해와 국가 민족의 복리는 어찌 될까? 이것은 다 이해 손득의 문제요, 진리의 문제가 아니다. 다만, 자식 된 자는 지성을 다하여 그 아버지께 초사肖似하며, 그 아버지와 같이 완전할 것뿐이다.
> (《김교신 전집 4》, 107쪽)

김교신은 「불초不肖」(<성서조선> 1933. 8.), 「초불초肖不肖」

(1936. 12.)에서 거듭 '하나님 닮기'를 말하고 있습니다. 효도를 가장 중요한 도덕으로 삼았던 조선에서 효의 근본은 '초사肖似' 즉 어버이를 '닮는 것'이었습니다. 자식이 그 어버이를 향해 '불초不肖자식'이라고 스스로 칭할 때 그것은 겸비함을 표시하는 말이었고, 자식의 평생 소원은 모든 성격과 행함에서 그 부모를 닮는 것이었습니다. 김교신은 유교의 효 관념이 하나님 닮기로 나아갈 때 도덕의 완성으로 나아갈 수 있다고 보았습니다.

산상수훈을 예수의 자서전으로 읽자는 김교신의 제안은 닮음의 윤리학으로, 그리고 예수전傳 공부로 이어졌습니다. 아버지를 닮아 아버지의 온전하심과 같이 온전하려면 예수의 생애로 돌아가야 했습니다.

1935년 4월부터 새롭게 시작한 성서연구회에서 김교신은 예수전을 강의했습니다. 이 성서연구회에 참여한 이들은 김교신의 담임반 학생이었습니다. 두 번째 담임반 학생들이 3학년이 되자 김교신은 이들에게 간곡한 마음으로 성서 공부를 권유했고, 그렇게 시작한 성서 공부에서 김교신은 예수의 생애를 가르쳤습니다. 이 성서연구회는 대단히 뜨거웠습니다. 학생들은 조선어뿐만 아니라 영어와 독일어로도 성서를 암송했고, 시험 주간에도 성서연구회에 빠짐없이 참석했습니다. 예수전 공부는 1936년 말까지 2년간 계속되었습니다.

◈ 실행을 위한 산상수훈

다시 산상수훈을 강의할 무렵으로 돌아가 보겠습니다. 김교신의 관심은 어떻게 신앙대로 살 것인가에 있었습니다. 1930년 8월 17일 소격동 류석동의 집에 김교신, 송두용, 류석동 등이 모인 자리에서 송두용이 '신앙생활의 철저'에 대해 말했습니다. 신자는 '신앙'만으로 구원을 받는다는 고백이었습니다. 송두용의 강조점은 '신앙'생활에 있었습니다. 김교신은 이 말은 틀림없는 사실이라고 하면서도, 강조점을 신앙'생활'에 두었습니다. 어떻게 신앙대로 '생활'할 것인가, 어떻게 하면 조선 사람다운 '생활'을 실현할 수 있을 것인가. 가을이 되어 재개한 성서연구회에서 김교신은 드디어 산상수훈 강의를 시작했습니다.

산상수훈 강의는 뜨거웠습니다. 주기도 연구 강의를 마칠 때쯤에는 성서연구회 회원들이 일요일 새벽마다 숲 속에 모여 기도했습니다. 1931년 6월, 산상수훈 강의도 막바지에 이를 무렵 류영모 등과 모임을 마친 후 숲속을 거닐면서 밤늦게까지 대화를 나누었다고 합니다. 마태복음 6장 19절 이하, 즉 보물을 하늘에 쌓아 두라, 내일 일을 염려하지 말라, 먼저 그 나라와 의를 구하라 등의 가르침을 어떻게 하면 현실 생활에서 나타낼 것인가가 이날 화제의 중심이었습니다.

산상수훈은 '내 말을 듣고 행하는 자'와 '내 말을 듣고 행하지 아니하는 자'를 반석과 모래 위에 지은 집으로 대조하는 것으로 마무리됩니다. 김교신은 「산상수훈 연구」의 마지막 장에서 이 구절을 다루면서 "실행하라!"는 제목으로 실행의 중요성을 말하고 있습니다. "중대한 진리, 인간이 누구나 알아야 할 진리는 사색과 변론과 추리로 파악할 수 없고", "교훈을 생활하는 자가 소유"하게 된다고 했습니다. 이 실행에 대한 강조는 김교신의 신앙에 일관되게 나타나는 사상이었습니다. 산상수훈이 예수의 피와 땀, 예수의 삶의 경험이 녹아든 '예수의 자서전'이었다면, 김교신의 「산상수훈 연구」는 그의 '생활'의 분투가 녹아들어 있는 김교신의 삶의 기록이었다고 해도 좋을 것입니다. "낙심치 말고 다시 상봉上峯을 향하여 오르라, 선한 일을 시작하신 이가 기어코 완성하시리라."[9]

산상수훈 강의를 마무리한 것은 1931년 9월 20일, 덕양산 권율 장군의 승전기념비 옆에서였습니다. 마지막 강의를 이틀 앞두고 만주사변이 일어났습니다. 중일전쟁, 태평양전쟁으로 이어지는 긴 전쟁이 시작된 것입니다. 비록 하루 앞을 내다보지 못하는 살림이었지만 김교신은 산상수훈을 붙들고 야만의 시대를 건너갈 준비가 되어 있었습니다.

산상수훈은
견디기 어려울 만큼 높고 엄격하지만,
이 교훈은 천국 시민의 자격과 의무와
경계를 가르치는 동시에
'예수 자신의 자서전'으로 보면,
가장 좋은 해석이 될 것이다.

5장

조선반도의 사명

◆ **연단의 시간**

　1932년부터 35년 사이 김교신은 양정학교 교사, 농구부장, <성서조선> 주필, 활인동 장로교회 주일학교장, 대가족의 가장 등 1인 다역을 하느라 분주했습니다. 그러다 보니 <성서조선>에 실을 글을 집필하는 데 곤란을 겪었습니다. 수색(현 은평구 수색동)에 농가를 얻어 독서와 집필에 집중하려 했으나 원하던 침묵과 고요를 얻지 못했습니다. 이 무렵 그는 개인 일기에 종종 자신의 태만을 후회하고 공허함을 토로하고 있습니다. 여러 일로 무리하여 건강을 잃었다는 기록도 자주 보입니다. 임박한 환란을 이겨 내려면 더 단순해지고 더 날카로워져야 했습니다. 김교신은 연단의 시간을 견뎌 내야 했습니다.

　이 시기 동지들이 차례로 떠났습니다. 정상훈이 <성서조선> 편집을 김교신에게 맡기고 고향인 남해로 내려간 것은 1930년 8월이었습니다. 그 후 김교신은 정상훈이 집안일을 정리하고 다시 와서 <성서조선>을 맡아 줄 것이라 기대하고 내내 기다렸습니다. 기다리다 못한 김교신이 정상훈을 만나기 위해 남해까지 찾아간 것은 1933년 8월이었습니다. 1933년 8월 4일 경성을 출발한 김교신은 8월 14일 저녁 남해 정상훈의 집에 도착합니다. 그러나 열흘이 걸려 찾아간 곳에서 정상훈을 만나고도 마음에 품은 말을 차마 꺼내지 못했습니다. 정상훈의 가정과 직장에서의 삶이 너무나 안온했습니다. 그야말로 만사가 형통했습니다. 김교신은 자신이 지금까지 꿈을 꾸고 있었음을 깨달았습니다. 정상훈이 직장에 나가고 주인 없는 집에 홀로 누워 있자니 시름없는 눈물이 귀 넘어 흐르고 마침내 감정이 격해져 목놓아 울었습니다. 다음 날 관음포에 가서 350년 전의 불효자 충무공을 불러 통곡하리라 다짐하고 마음을 추슬렀습니다.

반년 후인 1934년 2월에는 류석동이 절연장을 보내왔습니다. 류석동은 1932년부터 1934년 초까지 <성서조선>에 많은 글을 발표해 왔기에 김교신이 받은 충격이 더 컸습니다. 신앙에 중대한 차이가 생긴 것도 아니고 감정을 상한 일도 없었는데 느닷없이 절연장을 받았으니 김교신의 심사가 편할 수 없었습니다. 그는 절교당한 감상을 "잘도 변한다!"라는 한마디로 적었습니다. 얼마 후 류석동이 김교신을 향해 "명예심 덩어리"라고 비난하기까지 하여 김교신으로서는 배신감이 더 컸습니다. 1934년 3월호는 김교신이 혼자서 집필해야 했습니다.

<성서조선>이 검열로 어려움을 겪기 시작한 것도 1934년부터였습니다. 1934년 1월 오산학교에 불이 나서 학

교 건물이 전소되는 일이 있었고 당시 오산에서 이 일을 겪었던 이찬갑이 「오산에 불이 붙었다」는 제목으로 글을 보내왔습니다. 이 글을 1934년 5월 <성서조선> 64호에 실으려고 조판까지 했으나 결국 싣지 않게 되었습니다. 그런데 이 원고가 인쇄소의 실수로 66호 교정쇄에 들어가는 바람에 김교신과 인쇄소 사장이 경찰서에 불려가 조사를 받아야 했습니다. 이 일로 1934년 7월 <성서조선> 66호는 결국 발간되지 못했습니다. 1934년 9월호는 김교신의 글 「두더지의 사회」가 검열에 걸려 삭제되었습니다. 이 글은 일제의 언론정책을 두더지의 생태에 빗대어 비판한 것이었습니다.

또 이 무렵 함석헌의 「성서적 입장에서 본 조선역사」(「조선역사」)가 연재되고 있었는데 그 과정도 험난했습니다. 1934년 8월호는 가까스로 출판 허가를 받긴 했지만 「조선역사」 연재분에 수정 지시가 있었습니다. '일본 사람'이라고 쓴 것을 '내지인內地人'으로 고치라는 식의 사소한 시비였습니다. 김교신은 너무나 구차해서 다 그만둘 심사로 다석 류영모를 찾아갑니다. 다석은 함석헌의 오산학교 시절 스승이었고, 김교신과 교유도 깊었습니다. 김교신의 말을 들은 다석은 행랑살이하는 사람이 주인과 같을 수 없으니 하라는 대로 하라며 김교신을 달랬습니다. <성서조선> 1935년 6월 「조선역사」는 더 큰 문제가 생겼습니다. 이 원고는 임진란을 다루고 있었습니다. 김교신은 교정하면서 이 원고를 읽고 너무나 감격하여 눈물을 흘렸습니다. 그런데 이 글이 문제가 되어 경찰서로부터 함석헌의 주소를 대라는 전화를 받습니다. 결국 함석헌의 글은 백지로 간행되었고, 이 일로 김교신은 크게 상심하여 닷새 동안 고열로 앓아누워야 했습니다.

◆ 1934년 동계성서강습회

이런 연단의 시간 속에서도 김교신은 「조선지리소고」(<성서조선> 1934. 3.)를 발표하여 조선의 무교회자로서 한 걸음을 내디뎠습니다. 김교신의 「조선지리소고」(「조선지리」)를 살피려면 1933년 세밑부터 1934년 세초 사이에 있었던 제2회 동계성서강습회로 가야 합니다. 동계성서강습회는 <성서조선> 독자들의 전국 집회였습니다. 제1회 동계성서강습회가 '윤독회'라는 이름으로 1933년 1월 3일부터 5일까지 열렸고, 제2회 동계성서강습회는 오류학원에서 일주일 동안 열렸습니다. 제2회 동계성서강습회는 김교신과 조선 무교회에 새로운 전기가 되었습니다. 이 집회에서 김교신의 '조선지리'와 함석헌의 '조선역사'가 처음 세상에 모습을 드러냈습니다.

김교신의 '조선지리'와 함석헌의 '조선역사' 강의는 그 자체로 대단한 일이었습니다. 당시 그 자리에 모인 이들 모두 조선의 지리와 역사에 대해 제대로 들어본 적이 없었기 때문입니다. 근대 지리학, 근대 역사학이 소개될 무렵 조선은 식민지로 전락했고, 그러다 보니 근대 교육에서 조선의 지리와 역사는 제대로 다루어질 수 없었습니다. 이 동계성서강습회의 강의가 「조선지리소고」와 「성서적 입장에서 본 조선역사」라는 제목으로 <성서조선>에 발표되었습니다. 이 두 저술은 조선 기독교가 굳게 서기 위해서는 무엇보다도 조선을 알아야 함을 천명한 것으로서, 조선 기독교 50년 역사가 이룩해 낸 큰 성취였습니다. 함석헌의 「조선역사」가 50년 조선 기독교 역사에서도 독보적인 봉우리라면 김교신의 「조선지리」는 마주 보고 선 미려한 봉우리입니다. 「조선역사」가 '왕관 같은 북한산'이라면, 「조선지리」는 '붓꽃 같은 관악산'입니다.

함석헌의 「성서적 입장에서 본 조선역사」와 김교신의 「조선지리소고」는 섭리 사상을 공유하고 있습니다. 함석헌의 「조선역사」에서 역사를 이끌어 가는 근본 주체는 '섭리' 입니다. '섭리'란 역사를 주관하는 인격신의 다른 표현이었습니다. 함석헌이 파악한 조선역사는 고난의 역사였는데, 이 고난에서 '섭리'를 발견할 수 있다고 했습니다. 고난의 역사라는 것이 막연한 공상, 근거 없는 단정이 아니라 사실에 의해 실증되는 것이어야 했는데, 함석헌은 그 근거를 지리와 역사와의 관계에서 찾고 있습니다.

:: 지리와 역사 간에 산 관계가 있는 것은 위에서 이

미 말한 바다. 말하자면 지리는 역사의 일부분이다. 지리 없이 역사를 논할 수 없는 것이, 마치 경작지를 보지 않고 농작을 말할 수 없는 것과 같다. 그러므로 조선역사가 만일 수난의 역사라면 반드시 그 지리 위에 그것이 결정되어 있을 것이다. 사실 우리가 조선의 지리를 음미하여 보면 그 각 조건에 고난의 문자가 씌어 있음을 알 수 있다. (「성서적 입장에서 본 조선역사」, <성서조선> 1934. 10.)

위 인용문에서 함석헌이 말하는 고난은 결정론적입니다. 뒤에 살펴보겠지만 김교신이 조선 지리를 보는 관점은 가능론 쪽에 기울어 있었습니다.[1] 이 차이는 조선의 사명을 발견하게 되는 과정에서 다른 방향을 모색한 것일 뿐 조선의 사명을 논하는 데에 두 사상가의 목소리는 크게 공명하고 있었습니다. 김교신은 함석헌의 '조선역사' 강의를 듣고 "빛이 반도를 비춘 지 반세기에 비로소 반도의 진상을 드러냈도다. 반만년 감추어 있던 오의奧義가 나타나게 된 것이다"[2]라며 기뻐했습니다.

◆ 우치무라 간조의 지인론地人論

김교신의 「조선지리소고」를 읽기 위해서는 우치무라

간조의 《지인론》을 경유해야 합니다. 우치무라의 《지리학고》가 처음 출간된 것은 1894년이고, 1897년 재판을 내면서 《지인론》으로 제목을 바꾸었습니다. 김교신은 1920년 말에 우치무라의 《지인론》을 읽었습니다. 김교신이 「조선지리소고」를 소개하면서 "지리학적으로 조선의 사명을 논함", "지리학적으로 본 조선 지인론"[3]이라고 쓴 것으로 보아 「조선지리소고」가 우치무라의 《지인론》에 영향을 받았음을 알 수 있습니다. 실제로 「조선지리」에서 드러나는 김교신의 국토 사랑의 목소리, 그리고 기독교적 사명론은 우치무라의 《지인론》과 닮아 있습니다. 《지인론》에서 우치무라는 일본의 지형과 구조 등을 논의하고 나서 '일본의 천직'에 대해 이렇게 말합니다.

∷ 일본의 천직은 무엇인가? 지리학은 대답하기를 그녀는 동서 양안 간의 매개자라고 한다. 너무나 간단한 답이라고 말하지 말라. 이것은 일대 국민 되기에 부끄럽지 않은 천직인 것이다. 이것이 그리스의 천직이었다. 또한 영국의 천직이기도 하였으며, 그녀가 강대할 수 있었던 것은 그녀가 자기의 천직을 다하였기 때문이다. 매개자의 위치… '화평케 하는 자는 복이 있나니, 그는 하나님의 아들이라 일컬음을 받으리라'.
지리학이 지정하는 바 일본의 천직은 대화大和민족 2천 년간의 역사가 자기도 모르는 사이에 서서히 이룩해 온

천직인 것이다. (《우치무라 간조 전집 2》, 설우사, 1975, 256쪽)

우치무라의 이 목소리는 메이지기의 일본이 서구 문명에 맞서 천황제 체제를 막 갖추기 시작할 무렵의 목소리입니다. 우치무라가 일본의 천직을 말한 것은 오리엔탈리즘을 벗어나 일본적 정체성을 구성하고자 한 시도였지만, 이 무렵 우치무라의 정세 인식은 지나치게 낙관적이었습니다. 《지리학고》가 출간되었던 1894년은 일본이 청일전쟁을 일으킨 해이기도 한데, 우치무라는 청일전쟁에 대해서 소위 '의전론義戰論'을 주장했습니다. 이런 낙관적 인식이 근거 없는 것이었음을 깨닫는 데는 오랜 시간이 걸리지 않았습니다. 1897년 《지인론》으로 제목을 바꾼 재판 서문에 그는 다음과 같이 쓰고 있습니다.

> ∷ 청일전쟁 이후의 일본인은 내가 이 책에서 논구한 바 대천직大天職을 감당할 만한 민족이 못 된다는 것을 증거하고 있는 듯하다. 그러나 나는 하늘의 지시를 굳게 믿는다. 그러므로 나의 고찰을 잠시 보류하고 사실이 이루어져 가는 것을 기다려 보기로 하자. (「제2판에 붙이는 자서自序」, 《우치무라 간조 전집 2》, 171쪽)

일본이 스스로 식민제국이 되어 아시아 전체를 전쟁의

소용돌이로 끌고 들어간 이후의 역사에 비추어 볼 때 일본이 '화평케 하는 자'가 되길 바랐던 우치무라의 바람은 결과적으로 터무니없는 얘기가 되고 말았습니다. 하지만 일본의 역사가 우치무라의 기대와 다르게 전개되었다고 해서 지리학 연구에 기반한 예언자적 목소리를 폄하하는 것은 정당하지 않습니다. 이 예언자적 목소리 앞에서 불의한 현실의 실상이 비로소 드러나게 되고, 불의한 현실을 살아가는 이들은 이 예언자적 목소리에서 현실을 견딜 힘을 얻습니다. 김교신의 「조선지리소고」는 우치무라의 《지인론》이 실패한 곳에서 다시 예언자적 목소리를 이어 가고 있습니다.

◆ 식민주의 담론과 대항 담론

일제는 식민지배를 정당화하기 위해 식민주의 담론을 생산·유포했는데 그중 하나가 '반도 정체론'입니다. 근대 초기에 지리학이 분과 학문으로 자리 잡을 무렵 환경결정론이 지배적인 관점이 되고 있었는데, 반도 정체론은 일제가 환경결정론을 식민통치를 정당화하는 논리로 활용한 것이었습니다. 즉 조선은 반도라는 지리적 특징 때문에 독자적으로 발전할 수 없고, 역사적으로 대륙 또는 해양 세력의 영향을 받으면서 자신의 운명이 결정되었다고 주장한 것입니다. 이러한 주장은 곧 일제의 조선강점은 불가피한 것이었으며,

조선의 발전에 유리하다는 쪽으로 이어졌습니다.

　식민주의 담론은 근대 학문의 방법론을 등에 업고 식민 권력의 압도적 지원 아래 유포되고 있었기에, 조선인이 식민주의 담론을 이론적으로 극복하는 것은 대단히 어려운 일이었습니다. 그런 중에도 식민주의 담론을 극복하려는 노력이 없지 않았습니다. 김교신과 함석헌이 '조선지리'와 '조선역사'를 강의할 무렵, 안재홍, 정인보, 문일평 등 비타협적 민족주의 인사들의 주도로 '조선학 운동'이 일어났습니다. 조선학은 넓게는 여러 분야에서 조선을 연구하는 것을 일컬었고, 좁게는 조선의 고유한 것, 조선문화의 특색을 학문적으로 체계화하려는 것이었습니다.[4] 조선학 운동은 식민주의 담론에 맞서 조선의 정체성을 확립하고자 했던 시도로서, 김교신과 <성서조선>도 넓은 의미의 조선학 운동과 닿아 있었습니다.

　식민주의 담론을 극복하는 일은 해방 후에도 일거에 이루어지지 않았습니다. 오랜 시간에 걸쳐 많은 이론적·실천적 노력이 필요했습니다. 해방 후 역사학 분야에서 이 일에 앞장섰던 이는 역사학자 이기백이었습니다. 이기백은 이찬갑의 아들로 오산학교 출신이기도 했습니다. 그는 「식민주의적 한국사관 비판」(1961)에서 '반도적 성격론', '사대주의론', '당파성론', '문화적 독창성의 결여', '정체성론' 등을 한국사 인식에 장애가 되는 식민사관으로 지목하면서 그 극복을 주창했습니다.

∷ 한국의 역사가 전개된 무대는 고려 통일 이후 약 1천 년간 아시아 대륙의 동쪽 끝에 붙어 있는 조그마한 반도에 국한되었다. 대륙의 한끝에 붙어 있는 조그마한 반도가 오랜 동안의 역사 무대였다는 지리적 조건은 한국사를 지배한 어떤 법칙을 발견하려고 노력하여 온 많은 사람에 의하여 주목되어 왔다. 그리고 이것은 한국의 역사를 위하여 행운이었다기보다도 숙명적인 불행의 굴레를 씌운 것으로 생각되어 왔다. [중략]
어쨌든 지리적 결정론을 가지고 역사를 해석하려는 이론에 우리는 승복할 수가 없다. 물론 지리적 조건이 역사에 작용하는 하나의 요인이 될 것임에는 틀림이 없다. 그러나 거기에는 일정한 선이 그어져 있는 것이다. 즉 지리적 조건은 인간 사회의 내적 발전의 법칙과의 관련하에서만 고려될 수 있는 것이다. 그러므로 흔히 사대주의라는 술어로 요약되는 한국사의 불행한 경과에 있어서도 그 결정적인 요인을 지리적 조건에서 찾으려고 함은 잘못인 것이다. (이기백, 「식민주의적 한국사관 비판」, 《국사신론》 서문, 1961)

역사학 분야에서 식민주의 담론을 극복하려는 시도가 본격화한 것은 이기백이 이 글을 발표한 이후의 일이었습니다. 1960년대 후반에 와서 국학이 크게 일어나면서 식민주의 담론은 서서히 극복되었습니다. 식민주의 담론 극복에 무교회 전통이 자리하고 있었다는 것은 우연이 아닙니다. 1934년에 탄생한 「조선지리소고」와 「성서적 입장에서 본 조선역사」는 1960년대 국학 운동의 전사前史로서 의미를 지닙니다.

◆ 「조선지리소고」 읽기

이제 김교신과 <성서조선>이 서 있었던 자리, 그리고 당시의 식민주의 담론 등을 고려하여 「조선지리소고」의 주요 대목을 읽어 보겠습니다. 김교신은 도쿄고등사범학교 지리박물과를 졸업했고 양정학교에서 지리를 가르치고 있었습니다. 근대 지리학을 공부했지만 그를 전문적인 지리학자라고 말하기는 어렵습니다. 김교신은 어느 분야에나 스스로 소인素人, 즉 아마추어임을 자처했습니다. 「조선지리소고」 역시 소인의 지리학 논문이라고 할 수 있고, 따라서 이 글을 읽는 데도 전문적인 지식이 필요하지 않습니다.

◇ 근대 지리학의 '단원'

「조선지리소고」는 '단원', '면적', '인구', '산악과 평야', '해안선', '기후', '위치', '결론'의 순서로 이루어져 있습니다. '단원'이라는 용어를 쓰고 있다는 점이 우선 눈에 띕니다.

• **1934년 가을 북한산 등정**. 김교신은 1934년 가을에만 세 차례 북한산을 올랐다. 1934년 11월 11일 일기에, 오를 때마다 백운대의 속살거림이 다르고 때에 따라 인수봉의 설교 곡조가 변화한다고 했다.

• **김교신의 지리 수업**. 칠판에 '지리구(地理區)', '단원(單元)'이라 써 놓았다. 김교신은 「조선지리소고」에서 '단원'을 설명하면서 식민체제의 불합리함을 우회적으로 드러냈다.

「조선지리소고」의 첫 두 문장은 다음과 같습니다.

> :: 지리학상에 단원單元, unit이라 함은 두 가지로 사용되는 말이다. 정치적 단원과 지리적 단원인데 이 두 가지는 완전히 일치할 때도 있고 일치하지 않은 때도 있다. (「조선지리소고」, <성서조선> 1934. 3.)

이 학술적 설명에 당시 식민지 상황에 대한 부정이 내재해 있습니다. 지리적 단원으로 보자면 조선반도는 하나의 독립된 단원입니다. 동쪽과 서쪽, 남쪽으로는 바다로 단절되어 있습니다. 북쪽으로는 큰 산과 두 개의 강으로 그 위쪽과 분절되어 있습니다. 이것이 하나의 지리적 단원을 이루고 있습니다. 그런데 당시 정치적 판도로 보자면 일본과 조선이 하나의 정치적 단원을 이루고 있으니, 이는 지리적 단원과 정치적 단원이 불일치하는 상황입니다. 이어서 김교신은 중국이 역사적으로 통일을 누릴 수 있었던 것은 지리적 단원과 정치적 단원이 일치했기 때문이고, 폴란드가 정치적 안정을 누리지 못한 것은 평원 상에 인위적 경계를 만들었기 때문이라고 설명합니다. 지리적 단원과 정치적 단원이 일치해야 정치적 안정을 이룰 수 있는데, 이처럼 인위적으로 일본과 조선이 병합해서는 정치적 안정을 꾀할 수 없다는 말을 우회적으로 한 것입니다.

◇ 조선반도의 미적 균형

이어서 자연지리적 조건을 차례로 살피는데, 김교신은 조선반도가 지닌 풍요로움에 집중하고 있습니다. 중국에 비해 면적이 좁지만 덴마크나 네덜란드보다 5, 6배나 크니까 꼭 면적이 좁다고 할 것이 아니고, 또 산악지방이 많고 평야가 적다는 것이 결함이 될 수 있으나 팔레스타인 땅보다 몇 배나 비옥하고 이천만 식구를 부지하기에 넉넉하다는 것입니다. 강산이 '미적 균형'을 갖고 있어 조선반도만 한 데가 없다고 했습니다. 특히 해안선을 다룬 장에서 김교신은 조선반도를 가장 풍요로운 이미지로 표현하고 있습니다. 남해안의 해안을 묘사한 대목을 인용해 보겠습니다.

:: 남해안은 반도의 동서 두 해안보다 우수할뿐더러 그 지절률 즉 해안 직선거리로써 해안 굴곡 연장거리를 제한 값의 크기가 세계에 드문 것이므로 학자들은 이것을 보통 리아스식 해안이라고도 칭하지 않고 특히 '조선식 해안'이라고 명명하였다.
포도송이에 포도송이가 맺히듯이 이삭에 또 이삭이 달리듯이, 반도에 또 반도가 붙고 섬에 또 새끼섬이 달린 것이 조선의 에게해라는 별칭을 가진 남해안이다. 조선 산천을 논하는 자 금강산의 기암을 찬讚하지 않으면 백두산의 웅봉을 탄嘆함으로 그치나, 백문불여일견이라는 말을 통용한다면 그것은 바로 조선식 해안의 기괴무궁함을 표현할 수 없다는 대용으로 사용할 말이다.
(「조선지리소고」, <성서조선> 1934. 3.)

남해안의 해안선을 그린 이 풍요로운 이미지는 「조선지리소고」에서도 가장 빼어난 문장입니다. 이런 풍요로운 이미지는 직접 눈으로 보지 않고는 쓸 수 없습니다. '백문불여일견'이라는 말을 썼지만, 실제로 김교신은 이 글을 쓰기 반년 전, 1933년 8월에 남해안을 답사했습니다. 정상훈을 만나러 남해까지 갔던 바로 그 여행이었습니다. 1933년 8월 4일 경성을 출발하여 남쪽으로 부산까지, 그리고 남해안을 따라 통영, 남해, 여수, 해남으로 갔다가, 다시 북쪽으로 길을 잡아 정읍, 김제를 거쳐 8월 21일 경성으로 돌아오는 일정이었습니다. 이 여행에서 김교신은 곳곳에서 역사 유적지를 찾았고, 채집을 했고, 독자들을 만났고, 학생들 가정을 방문했습니다. 그중에서도 가장 뜻깊은 일정은 한산도의 제승당과 남해 관음포 등 충무공 유적지 탐방이었습니다. 이 여행에서 남해안 일대를 둘러본 것이 이듬해 「조선지리소고」를 쓰는 데 중요한 자료가 되었습니다. 「조선지리소고」에서 김교신은 남해안을 묘사하면서 "포도송이에 또 포도송이가 맺히고 이삭에 또 이삭이 달리듯이, 반도에 또 반도가 붙고 섬에 또 새끼섬이 달렸다"라고 썼는데, 이는 그가 이 여행에서 본 것을 그대로 쓴 문장입니다.

300년 전 왜병을 주머니 속 쥐로 만들었던 이순신과 거북선의 역사도 빼놓지 않았습니다. 이 풍요로운 이미지와 결부된 당당한 역사 이야기는 「조선지리소고」에서도 가장 빛나는 대목입니다. '흉자胸者'란 마음에 품은 생각이 크고 넓은 사람으로, '세계에 드문 흉자'는 충무공 이순신을 가리킵니다.

:: 지혜로운 자는 바다를 사랑한다는 말이 사실일진대 무릇 지혜 있는 자로 자처하는 이는 한산도 앞바다에 조각배를 띄워 놓고 나갈 길을 찾아볼 것이다. 수륙의 상대적 관계가 시시각각으로 그치지 않고 움직이는 이 허다한 도갑지중島岬之中에서 돛을 달며 노를 저어 가면서 오히려 자기의 지략을 신뢰할 수 있는 자는 미친 자가 아니면 세계에 드문 흉자胸者인 줄 확신하여도 무방할 것이다. 누가 만일 대영백과사전에 고려라는 항목을 찾아본다면 거기는 이순신과 거북선의 도해 설명이 있을 것이니, 세계인들로 하여금 조선을 기억하게 한 것은 다도해의 무궁무진한 조화와 그 묘리를 파악할 줄 안 일개 장부가 있었던 까닭인 줄 알 수 있다. 300년 전에 무수한 적선을 치지 않아도 스스로 주머니 속의 쥐로 만들던 것도 이 해안이요, 전 세기 초에 서양인들의 탐험선이 미궁에 빠져 갈 바를 몰라 헤매던 것도 이 다도해의 일이었다. (「조선지리소고」, <성서조선> 1934. 3.)

◇ 조선의 사명

이어서 김교신은 조선반도의 사명을 논의합니다. 당시의 식민주의 담론 지형에서 반도의 위치에 대한 지정학적 논의는 '반도의 숙명'이라는 환경결정론에 묶여 있었습니다. 즉 반도는 외부세력의 침탈에 노출되어 있어서 대륙세력과 해양세력의 빈번한 침략을 받을 수밖에 없다는 식의 주장이 그것입니다. 이러한 반도의 위치를 기반으로 하는 논의는 폐쇄적·수동적인 지리관을 만들어 내고, 결정론적 비관론으로 연결되어 있었습니다. 이런 사정을 고려해 보면 「조선지리소고」는 식민지 시기의 한가운데에서 가능론을 가장 멀리까지 끌고 간 시도라 할 수 있습니다.

'위치' 항목에서 김교신은 반도 지형을 가진 문명국의 예로 그리스 반도, 이탈리아 반도, 그리고 덴마크 반도를 들면서 기발한 발상을 통해 조선반도의 가능성을 말하고 있습니다. 이탈리아 반도의 장화 아랫부분을 떼어 내고 그 자리에 그리스 반도의 문어발을 붙인 것이 곧 조선반도라는 것입니다.

∷ 만일 아펜니노 반도의 칼라브리아 반도와 아풀리아 반도를 잘라 내고 거기에 그리스 반도를 떼어다 이어 붙인다면 이는 범에게 날개 붙은 격이다. 지구상에서는 이 이상의 이상적 강토를 상상할 수 없을 것이다.

이것이 곧 조선반도이다. 의아한 이는 세계 지도에서 그리스 에게해를 떼어 이탈리아 남단에 붙여 놓고 우리 반도와 대조하여 보라. (「조선지리소고」, <성서조선> 1934. 3.)

이제 글의 마지막 대목에서 김교신의 눈은 사람으로 향합니다. 「조선지리소고」는 '지리학적으로 본 조선 지인론'이라고 했던 것처럼 조선반도의 지리적 특성에서 인간적 담력, 소질을 논하는 것으로 나아갑니다. 조선반도가 지정학적으로 부족함이 없다는 결론에 이어 정신적·영적으로 특이한 희망을 가지고 있다고 말하고 있습니다.

:: 그러므로 우리는 깨닫는다―비겁한 자에게 안전한 곳이 없고 용감한 자에게 불안한 땅이 없다고. 무릇 생선을 낚으려면 물에 갈 것이요, 무릇 범을 잡으려면 호굴에 가야 한다. 조선역사에 영일寧日이 없었다 함은 무엇보다도 이 반도가 동양 정국의 중심인 것을 여실히 증거하는 것이다. 물러나 은둔하기는 불안한 곳이나 나아가 활약하기는 이만한 데가 다시 없다. 이 반도가 위험하다 할진대 차라리 캄차카 반도나 그린란드의 빙하에 냉장하여 두는 수밖에 없는 백성이다. 현세적으로 물질적으로 정치적으로 고찰할 때에 조선반도에 지리적 결함, 선천적 결함은 없는 줄로 확신한다. 다만 문제

는 거기 사는 백성의 소질, 담력 여하가 중요한 소인인가 한다. (「조선지리소고」, <성서조선> 1934. 3.)

지리적 고찰에서 시작하여 조선민족의 가능성을 이렇게까지 밀고 나간 것은 당시 식민주의 담론의 지형에서 예언적 기능을 수행한 것으로 이해할 수 있습니다. 이제 「조선지리소고」의 마지막 문장을 읽어 보겠습니다. 지리학적으로 본 조선의 사명을 논의한 결론부입니다.

∷ 만약 눈을 돌려 정신적 소산, 영적 생산의 파악에 향한다면 반도에는 특이한 희망이 있다고 할 수 있다. [중략] 다른 사상이나 발명은 모르나 지고한 사상, 즉 신의 경륜에 관한 사상만은 특히 가난하고 약하고 멸시당하고 유린당하여 생래의 교만의 뿌리까지 뽑힌 자에게만 계시되는 듯하다. 이스라엘 백성에게 복음을 위탁하기 위하여서는 저들에게서 온갖 것을 빼앗고 갖은 수욕을 지워 주었다. 방금 이웃 나라에 정직한 일을 볼 수 없이 될 때 맑은 마음을 이 백성에게 두신 이의 요구가 무엇인 것을 우리는 그윽이 기다리지 않을 수 없다. (「조선지리소고」, <성서조선> 1934. 3.)

이 마지막 문장에서 김교신은 일제의 침략정책을 비판하면서 그와 대비된 조선 민족의 사명을 말하고 있습니다.

이 대목은 우치무라 간조가 《지인론》에서 말했던 '일본의 천직'과, 그리고 함석헌이 「조선역사」에서 말했던 '섭리'와 연관 지어 읽을 때 그 뜻이 분명해집니다. 김교신이 보았던 '조선의 사명'은 무엇이었을까요?

이스라엘 백성에게 복음이 위탁되기까지 그들에게 고난과 수욕이 있었던 것처럼 신의 경륜에 관한 사상은 '가난하고 약하고 멸시당하고 유린당하여 생래의 교만의 뿌리까지 뽑힌 자에게만 계시'되는 것인데, 조선이 그런 처지였습니다. 조선인은 생래의 교만까지 뿌리뽑혀 겸비해져 있었기에 신의 경륜을 맡을 만한 맑은 마음을 갖게 되었다는 것입니다. 물론 조선인이라고 누구나 맑은 마음을 가졌을 리 없습니다. '맑은 마음을 가진 백성' 역시 '조선혼을 가진 조선 사람', '순진한 조선 사람의 심장을 가진 사람'과 마찬가지로 성서를 가르쳐 길러 내야 할 이들이었습니다.

◆ 학문과 신앙의 합금

함석헌의 「성서적 입장에서 본 조선역사」 연재가 끝날 무렵 조선 기독교는 신사참배 강요라는 시련 앞에 서 있었습니다. 김교신은 조선 기독교가 순교의 시대에 처해 있음을 알았습니다. 그는 「금후의 조선 기독교」에서 조선 기독교 50년 역사를 조망하면서 향후 조선 기독교는 '학문과 신앙의 완전한 합금'이어야 함을 말했습니다.

> ∷   그러나 우리는 큰 위험을 무릅쓰고 외치노니 '금후 오십 년은 이성의 시대요 학구의 시대라'고. 식염주사 같은 부흥회로써 열을 구하지 말고 냉수를 끼쳐서 열을 식히면서 학도적 양심을 배양하며 학문적 근거 위에 신앙을 재건할 시대에 처하였다. 지난간 오십 년간의 조선 기독교도가 대체로 '성신타입'이었다면 금후의 그것은 '학구타입'이 되기를 우리는 기대한다. 그러나 전자가 은혜로 되었던 것처럼 후자도 은혜로 되어야 할 것은 물론이다. 학문과 신앙이 완전히 합금을 이룬 것이라야 금후에 닥쳐오는 순교의 시대에 능히 견디어 설 것이다. (「금후의 조선 기독교」, <성서조선> 1936. 2.)

1935년 말 일제가 신사참배를 강요하여 기독교계 학교가 폐쇄될 상황에 처해 있었습니다. 이 무렵 길선주 목사가 타계했습니다. 길선주 목사는 평양신학교 첫 졸업생으로 1907년 평양 대부흥운동의 주역이었고, 1919년 3·1운동 때에는 민족대표 33인에 이름을 올린 이였습니다. 김교신은 길선주 목사의 타계와 신사참배가 강요되는 상황을 겹쳐 보면서 조선의 기독교를 거시적으로 내다보고 있었습니다.

부흥회를 "식염주사"에 비유하고 있어 흥미롭습니다. 부흥회가 당장 신앙의 열정을 되살리는 데는 도움이 될 수 있겠지만 그 효과가 오래가는 것은 아니고 신앙의 근본을 형성하지 못한다는 점을 말한 것입니다. 도리어 냉수를 끼얹어서 열을 식히면서 성서를 연구하고 또 조선이 어떤 시대에 처해 있는지 공부하면서 신앙을 세워야 한다고 했습니다.

앞으로 닥쳐올 순교의 시대를 견디려면 어떻게 할 것인가? 이 물음 앞에서 김교신은 '학문과 신앙의 완전한 합금'을 말했습니다. 그가 말했던 '학문과 신앙의 완전한 합금'은 함석헌의 「성서적 입장에서 본 조선역사」, 그리고 「조선지리소고」였습니다. 이 순교의 시대는 신앙의 위기인 동시에 조선의 위기였기에 '성서'와 '조선'을 완전히 합금하고서야 견딜 수 있었습니다. 함석헌의 「조선역사」 연재가 끝나자마자 순교의 시대가 목전에 당도해 있었습니다.

6장

포플러의 사상

◆ **비사교적 교사**

　김교신이 양정학교 교사로 처음 부임한 것은 1928년 4월입니다. 부임한 지 얼마 안 되어 학교의 관례에 따라 모친의 생일 연회를 주관하게 되었습니다. 새내기 교사가 교장 이하 전 교직원이 참석하는 연회를 준비하려니 부담이 컸습니다. 초대받아 온 이들에게 술과 음식을 대접하는 것이 상례였는데, 술을 마시지 않았던 김교신은 자신이 주관하는 연회에 술을 내지 않기로 마음먹었습니다. 김교신은 이 일로 문제가 생기면 사직도 마다하지 않겠다는 생각으로 사직서를 품고 연회를 주관했습니다. 연회를 주관하는 이의 결기가 참석자들에게도 전달되었는지 술을 내지 않은 것을 문제 삼은 이는 아무도 없었다고 합니다. 양정학교 교사들 사이에서 김교신의 별명은 "모든 의식에 불참하는 자"였습니다.[1] 그가 얼마나 비사교적인 사람이었는지 잘 보여 줍니다.

　당시 양정학교는 담임을 맡으면 입학부터 졸업까지 5년 연속으로 했습니다. 첫 담임을 맡은 시기는 1928년부터

33년까지였는데 이 무렵 조선에서는 사회주의 운동이 맹렬히 타올랐습니다. 사회주의가 학원에까지 들어와 학생들이 동맹휴학을 결행하기도 했습니다. 김교신은 사회주의 학생들의 집단행동에 반대했습니다. <성서조선> 1931년 4월호 「성서통신」에 김교신은 육필로 몇 문장을 써 놓았는데, 그 내용은 다음과 같습니다.

> ∷ [1931년 2월 15일] 오늘은 상상키 어려울 정도의 맹렬한 사회주의 청년들과 충돌하다. 저들은 나를 백지답안으로 위협하고, 나에게 맹휴의 주장을 강요하여 오다. 이로 인하여 3일간 거의 100명의 폭한들과 싸우다. 단신으로 싸우는 용기에는 스스로 비상함을 느끼다. 드디어 동맹휴학은 나로 하여 중지되다. (《김교신 전집 5》, 43쪽)

사회주의가 학원에까지 들어오자 학생과 교사, 학생과 학생 사이에 반목이 일었습니다. 한번은 김교신이 미국지리를 가르치다가 에이브러햄 링컨을 소개했는데, 기독교를 선전한 행동이라는 이유로 학생들이 일제히 들고일어나 항의하기도 했습니다. 이런 분위기에서는 교사와 학생이 서로 신뢰할 수도 없고 교육도 제대로 이루어질 수 없었습니다.

김교신이 사회주의 청년들의 동맹휴학 움직임을 막아섰다고 해서 청년의 의기를 가볍게 여긴 것은 아닙니다.

• **양정학교 첫 담임반 학생들과 함께.** 김교신은 1928년부터 1933년까지 양정학교에서 5년간 첫 담임을 맡았다. 아랫줄 왼쪽이 류달영, 윗줄 오른쪽이 이창호이다. 류달영은 양정학교 졸업 후 수원고등농림학교에 진학했고 이후 호수돈여학교 교사가 되었으며, 이창호는 간사이가쿠인대학(關西學院大學) 신학부를 졸업하고 감리교 목사가 되었다. 김교신이 1944년 흥남 일본질소비료공장에 가 있을 때도 두 제자는 스승과 함께했다.

1929년 양정학교 5학년이던 윤석중은 광주학생운동이 일어나자 졸업을 앞두고 자퇴했는데, 후에 김교신은 시험에 부정행위를 하는 학생을 보면 윤석중의 일을 들어 부정행위를 나무라면서 눈물을 흘렸습니다. 그 후 윤석중이 <어린이> 잡지를 편집하게 되었을 때 김교신은 「우리 조선반도」라는 글을 그곳에 발표하기도 했습니다.[2] 학생들 사이에서 김교신은 '양칼'로 불렸습니다. 원칙이 분명하고 행동의 맺고 끊음이 있었기 때문에 붙여진 별명입니다.

1933년 2월 첫 담임반 학생들의 졸업을 앞두고 김교신은 양정학교를 사직하기로 결심했습니다. 사회주의가 학원에 들어와 소신껏 교육할 수 없다고 여겼기 때문입니다. 하지만 교무주임의 간곡한 만류로 결국 마음을 바꾸었고 그 후로도 7년간 양정에 더 머물렀습니다. <성서조선> 1939년 3월에 발표한 「교사 심정의 변화」에서 그는 교사 초기에는 선량한 학생이 귀여워 보이고 불량한 학생은 가증스러워 보였지만, 교사 경력 10년이 넘고 보니 지금은 선량한 학생과 불량한 학생이 모두 귀여워 보이고 사랑스러워 보여서 가르치기보다 먼저 어루만지고 싶다고 했습니다.[3]

◆ **포플러를 삽목하다**

김교신의 포플러에 대한 애착은 유별났습니다. 1932년 수색에 농가를 마련한 후 1933년부터 활인동과 수색을 오가는 생활을 하면서 집필도 하고 농사도 지었는데, 1933년과 34년에는 포플러 묘판을 만들어 포플러를 삽목했습니다. 삽목은 식물의 잎이나 줄기 등 일부를 잘라 내어 흙이나 물에 꽂아 번식시키는 방법으로, 김교신에게 포플러 삽목은 교육 사상, 생명 사상의 또 다른 표현이었습니다.

김교신은 1934년 11월과 12월 두 번에 걸쳐 「포플러나무 예찬」이라는 글을 발표했습니다. 이 글에서 포플러는 단순히 자연물이 아니었습니다. 유교적 이상에서 소나무가 의기의 상징물이었다면, 새로운 근대 세계에서는 다른 상징이 필요했습니다. 김교신에게 포플러는 근대의 활달한 기상을 표상하는 상징물이었습니다. 이 글 서두에서 김교신은 '낙락장송落落長松', '은행', '매죽梅竹' 등 유교적 의기와 인의를 표상하는 상징물들을 밀쳐 두고 '포플러'를 우러러보겠다고 했습니다.

「포플러나무 예찬」은 김교신의 신앙과 생명 사상을 압축적으로 드러낸 글로, '1930년대 한국어로 쓰인 가장 아름다운 산문'으로 지목되기도 했습니다.[4] 「포플러나무 예찬 (1)」의 서두는 다음과 같습니다.

∷   낙락장송의 우거진 경개景槪가 장하기는 하지만 백설이 만건곤할 때 독야청청할 만한 의열義烈의 선비가 아님을 어찌하며, 구름 위에 우뚝 솟은 거대한 은행나

무가 볼만하기는 하지만 인의仁義의 기반을 세운 공자에게 경원하는 생각이 앞섬을 어찌하며, 매화와 대나무가 귀엽지 않음이 아니나 시인묵객의 취흥을 깰까 조심스러우니, 차라리 우리는 시냇가에 줄지어 혹은 고성에 외로이 솟은 포플러나무를 우러러보고자 하노라. (「포플러나무 예찬(1)」, <성서조선> 1934. 11.)

김교신이 포플러에서 본 것은 무엇이었을까요? 「포플러나무 예찬(1)」에서 포플러는 하늘을 향하고 사는 나무라고 했습니다. 김교신은 유한한 횡橫으로 살지 않고 무한한 종縱으로 사는 포플러에서 고귀함을 보았습니다. 이 고귀함은 왜소를 깨트리는 신앙의 비약을 말한 것이었습니다. 또 포플러는 비애의 나무였습니다. 포플러의 봄 새싹이 생명의 약동을 보여 주고, 여름날 비 온 후 포플러의 청풍이 천지를 새롭게 하지만, 포플러의 본색은 가을의 낙엽 지는 모습에 있다고 했습니다. 포플러의 깊고 높고 넓은 비통에서 인류의 비애를 한몸에 걸머진 예수를 본다고 했습니다. 봄 포플러와 여름 포플러가 아니라 가을 낙엽 지는 포플러에서 고귀함을 본다는 말은 당시 조선의 비참한 상황을 포플러에 투영한 것이었습니다. 김교신에게 포플러는 신앙의 상징이면서 동시에 역사의 상징이었습니다.

「포플러나무 예찬(2)」에서 김교신은 포플러에서 새로운 생명, 활달한 기운을 보았습니다. 포플러에게 외래의 풍취가 없지 않고 경박의 가락이 없지 않으나 신흥의 기운이 넘치기에 포플러에게로 눈이 향한다고 했습니다. 김교신이 포플러에서 본 새로운 생명은 조선에 들어온 지 반세기밖에 안 되지만 영혼 저 깊은 곳에서부터 생명의 소리를 내는 그리스도의 산 생명 그것이었습니다.

∷ 고색창연한 것을 찾는 이는 포플러나무의 새롭고 젊은 것이 불가하다고 한다. 과연 포플러나무는 반도에 새로 들어온 손님이니 그 이름을 서양버들洋柳이라고도 하거니와, 포플러나무 보이는 데는 외래의 풍취가 없지 않고, 경박의 가락이 없는 것도 아니다. 그래도 포플러가 늘어선 제방은 물난리와 바람의 피해를 면하게 되었음을 나타내고, 양류의 푸른빛이 울타리처럼 둘러싼 동네는 신흥의 기운이 넘침을 드러내 보여 준다. [중략] 옛것을 숭상하고 낡은 것을 후회한들 말라죽은 껍데기만 남은 뒤에야 무슨 소용이 있으랴. 고색을 자랑하는 불교도 가하지 않음이 아니요, 전통을 숭상하는 유교도 금할 것이 아니나 문제는 생명의 역량이다. 비록 반세기의 역사만을 가졌을지라도 영혼의 오저奧底에서부터 생명 건축의 쇠망치 소리 씩씩하게 자라나는 그리스도의 산 생명에 부닥쳐 볼 때, 우리의 눈은 신래의 나무 포플러의 울창함을 쳐다보게 된다. 부럽도다, 강변에 선 포플러나무의 새로운 생명, 꾸준한 생명. (「포플러나

무 예찬(2)」, <성서조선> 1934. 12.)

    김교신은 이른 봄이면 포플러 묘판을 만들고 옮겨 심었습니다. 그가 포플러 삽목을 하면서 본 것은 포플러의 "새로운 생명", "꾸준한 생명" 그것이었습니다. 뒤늦게 근대 문명을 받아들인 조선으로서는 기독교 신앙으로, 근대의 교육으로 새로운 생명의 역량을 길러야 했습니다. 김교신이 양정학교 교사로서, 또 <성서조선> 주필로서 온 힘을 기울여 조선에 전파고자 했던 것도 포플러로 상징된 새로운 생명이었습니다.「식목의 심리」(<성서조선> 1935. 3.)에서 김교신은 고리대금업과 식목을 대비하여, 고리대금업이 안전하고 이로움이 크지만 산업을 발달시키지 못하는 반면, 식목은 당장 이자가 붙는 일은 아니지만 반도 강산을 바꾸는 일이라고 했습니다. 기구가 없다고 핑계하지 말고 손톱으로라도 심고, 묘목이 없음을 염려하지 말고 포플러 가지를 삽목하라고 했습니다.[5]

    김교신은 1936년 봄 정릉으로 이사하기로 정한 후, 정릉 주택지에 정원수와 과수, 포플러까지 대략 1천 그루를 식목 또는 삽목했습니다. 매년 한 사람이 한 그루씩이면 2천만 그루, 10그루씩이면 2억 그루, 100그루씩이면 20억 그루를 심을 텐데, 그렇게 되면 불과 10년이 지나지 않아 헐벗은 산이 새로운 의장을 할 것이라고 상상했습니다. 그해 5월과 6월 사이 이사를 마쳤고, 여름이 되자 정릉 생활도 자리를 잡았습니다. 그 여름 북한 산록은 생명 현상으로 가득 차 있었습니다.

:: [1936년 8월 5일] 포플러 끝에 걸린 명월과 버드나무 밑에 흐르는 시냇물 소리를 그대로 두고 잠들기 아까워 자정 가까울 때까지 뜰 안을 거닐다가 달빛이 막히지 않도록 창을 열어 놓은 대로 잠들다.

[1936년 8월 23일] 전일 파종하였던 배추의 발아 불량하여 오늘 저녁에 비 맞으면서 재파종. 배추 농사가 실패될 듯하여 염려하다. 고구마 두어 개 파내어 시식하여 보니 맛이 꿀보다 더 달다. 땅에서 파낸 것이 아니고 하늘에서 떨어진 것 같기도 하다. 봄에 심을 때의 일과 가을에 추수하는 일을 아울러 생각하면 농사는 일일이 기적이다. (《김교신 전집 6》, 82쪽, 91쪽)

◆ 김교신과 다석의 일일일생

김교신이 출생일을 날로 계산하기 시작한 것은 32세 생일이던 1933년 4월 18일부터입니다. 이날은 출생 후 11,689일 되는 날이었습니다. 다석 류영모에게 부탁하여 계산한 것이었습니다.

김교신과 다석의 교류는 가늘고 길게 이어졌습니다.

1930년 김교신이 산상수훈을 강의할 무렵 다석이 성서연구회에 여러 번 참석했고, 1932년에는 김교신이 다석의 YMCA 연경반에 참석했습니다. 1934년 여름 김교신은 다석으로부터 공동 농장을 하자는 제의를 받았습니다. 문필가의 일이 자신에게 맞지 않고, 농사가 더 적성에 맞는다고 생각하던 터에, 마침 다석이 창의문 밖에서 농장을 하자고 제의해 오자 김교신은 이 제의에 깊이 매료되었습니다. 하지만 이 계획은 결국 실행되지 못했습니다. 처음 말을 냈던 다석이 주저했고 함께 제의를 받았던 다른 이들이 거절 의사를 밝혀 옴에 따라 김교신도 뜻을 접어야 했습니다. 김교신이 정릉으로 이사한 후에는, 김교신이 보토현(북한산과 북악산을 잇는 고개)을 넘어 구기리까지, 다석이 보토현을 넘어 정릉까지 한 시간이 넘는 산길을 걸어 서로 왕래했습니다. 1940년을 전후로 다석이 <성서조선>에 글을 싣기 시작했고 1942년 3월 종간호까지 십여 편의 글을 발표했습니다.

    김교신이 다석에게 배운 것은 '일일일생一日一生 사상'으로 요약되는 삶과 죽음에 대한 진지한 태도였습니다. 김교신보다 열한 살 연장이던 다석은 은둔자로서 세상을 침착하게 관조하면서도 실생활을 중시하는 태도를 보여 주었습니다. 32세 생일 이후 김교신은 출생일을 날짜로 계산하여 기념했고, 그날의 감상을 글로 쓰기도 했습니다. 「제12000일의 감感」(<성서조선> 1934. 3.), 「제12,345일」(<성서조선> 1935. 3.) 등에 일일일생 사상이 잘 드러나 있습니다. 1935년 2월

3일은 제12,345일이 되던 날이면서 음력 섣달 그믐날이었습니다. 당직을 하고 학교에서 잠을 깨었는데 봉래 언덕에 백설이 뒤덮고 있었습니다. 오후에는 학생들과 함께 한 '무레사네' 모임에서 서대문 밖 10킬로미터를 걸었습니다. 동행한 학생들과 스스로 만든 호떡을 나누어 먹으면서 12,345일을 자축했습니다.

> ∷ 40 장년도 그 부모의 눈에는 오히려 유약하여 불안하거든, 하물며 하나님 아버지 슬하에선 우리의 연령에 어찌 중년이 있으며 또한 노쇠가 있으랴. 백날 전의 유아의 성장이 어제와 오늘이 다른 것처럼, 우리의 생장은 날마다 괄목상대하여야 할 것이다. 제12,345일의 속 생명을 경이의 눈으로써 의식하고 살아야 할 것이다. 단 오늘 나의 현상을 볼 때엔 나의 머리가 깊이 숙어지는 것뿐이요, 그리스도를 우러러볼 때만 내가 살도다. (「제12,345일」, <성서조선> 1935. 3.)

한편, 1939년 6월 25일에는 김교신이 다석의 18,001일을 기념하는 특별 집회를 주선했습니다. 이날 다석은 두 시간 넘게 '생명을 빛으로써 설해說解'했다고 합니다. 이 특별 집회가 있기 전 다석은 호암 문일평의 죽음을 접하고 큰 충격을 받았습니다. 다석이 「호암 문일평 형 먼저 가시는데」(<성서조선> 1939. 5.)를 발표한 것도 이 무렵입니다. 다석이

<성서조선>에 수록한 글은 짧은 산문과 시로 이루어져 있습니다. 한글 어휘와 한자에 대한 통찰을 통해 생명 세계의 깊이에 다가가고자 하는 구도자로서의 면모를 보여 줍니다. 18,001일을 맞은 다석이 생명과 빛에 대해 무엇을 말했는지 알 수 없지만, 후에 발표한 「저녁찬송」이라는 글을 통해 짐작해 볼 수 있습니다. 이 글에서 다석은 빛과 어둠에 대해, 쉼에 대해 독특한 사유를 펼칩니다.

> :: 창세기에 '[먼저] 저녁이 있고 아침이 있다' 하였고, 계시록에 '새 하늘과 새 땅에는 다시 햇빛이 쓸데없다' 하였으니 처음도 저녁이요 나중도 저녁이다. 처음과 나중이 한가지 저녁이로다. 저녁은 영원하다. 낮이란 만년萬年을 깜박거려도 하루살이의 볕이다.
> 아 영원한 저녁이 그립도소이다―파동波動 아닌 빛 속에서 쉼이 없는 쉼에 살리로다. (류영모, 「저녁찬송」, <성서조선> 1940. 8.)

다석은 1941년 11월 18,888일이 되던 날 김교신을 찾아와 'ㅅ' 자의 의미를 나름대로 해석해 주기도 했습니다. 'ㅅ' 자는 쪼개는 것이고, '공厶' 자는 '사私를 쪼개는' 뜻으로 된 글자라고 풀이했습니다. 다석은 18,888일을 맞아 쓴 글에서, '제18,888일은 다석자多夕子의 파사破私(八厶)의 날'로 기념하기 위해 이 글을 쓴다고 했습니다.

1942년 1월의 어느 아침 다석이 흥분과 기쁨을 누르지 못한 채 김교신을 찾아와 원고를 내놓으며 말했습니다. 지금까지 <성서조선>에 글을 수록할 수 있게 해 준 것도 고맙지만 이번 원고만큼은 꼭 실어 주어야 한다고 했습니다. 다석이 내놓은 원고는「부르신 지 삼십팔 년 만에 믿음에 들어감」이라는 글이었습니다. 이 글은 1942년 2월호에 수록되었습니다. 이 글 역시 짧은 산문과 우리말 시 몇 수로 이루어져 있습니다. '믿음에 들어간 이의 노래'의 한 구절을 원문 표기 그대로 옮기겠습니다.

　　::
　　나는 실음 없고나,
　　인제붙언 실음 없다.
　　님이 나를 차지(占領)하사,
　　님이 나를 맡으(保管)셨네.
　　님이 나를 갖이(所有)셨네.
　　몸도 낯도 다 버리네.
　　내거라곤 다 버렷다.
　　「죽기 전에 뭘 할까?」도,
　　「남의 말은 어찔까?」도,
　　다 없어진 셈이다.
　　(「부르신 지 삼십팔 년 만에 믿음에 들어감」, <성서조선> 1942. 2.)

◆ **조선산 기독교**

1934년 12월 김교신은 우연히 조선철도국에서 낸 <국우>라는 잡지에서 「조선사상운동개황」이라는 글을 읽었습니다. 이 글을 쓴 이는 조선총독부 경무국 보안과 사무관으로, 한일병합 때부터 1934년 당시까지의 사상운동의 흐름을 네 시기로 나누어 일목요연하게 정리하고 있었습니다. 이 글의 저자는 조선공산당이 다른 나라 공산당과 달리 특이한 점이 있다고 했는데, 김교신은 이를 인용하면서 "공산당이 그렇다면, 기독교도 조선 김치 냄새 나는 기독교가 나오지 말란 법이 있겠느냐?"[6]라고 썼습니다.

"조선 김치 냄새 나는 기독교"라는 말에서 다시 「창간사」의 외침을 떠올리게 됩니다. 「창간사」에서 조선혼을 가진 조선 사람에게 가겠다고 했던 것처럼, 김교신이 <성서조선>을 통해 하고자 했던 것은 성서 위에 조선을 세우는 일이었습니다. 1935년 4월에 발표한 「성서조선의 해解」에서 김교신은 '성서조선'이라는 제호의 뜻을 풀이하면서, '성서를 조선에, 조선을 성서 위에'라는 간명한 표어를 내놓았습니다.

:: 혹자는 음악을 조선에 주며, 혹자는 문학을 주며, 혹자는 예술을 주어 조선에 꽃을 피우며, 옷을 입히며, 관을 씌울 것이나, 오직 우리는 조선에 성서를 주어 그

골근㎖筋을 세우며, 그 혈액을 만들고자 한다. 같은 기독교로서도 혹자는 기도 생활의 법열의 경지를 주창하며, 혹자는 영적 체험의 신비 세계를 역설하며, 혹자는 신학 지식의 조직적 체계를 애지중지하나, 우리는 오직 성서를 배워 성서를 조선에 주고자 한다. 더 좋은 것을 조선에 주려는 이는 주라. 우리는 다만 성서를 주고자 미력을 다하는 자이다. 그러므로 성서를 조선에. (「성서조선의 해解」, <성서조선> 1935. 4.)

과학 지식의 토대 위에 조선을 세우고자 하는 '과학 조선' 운동, 덴마크식 '농업 조선'을 중흥하려는 기도, '상공商工 조선', '공산 조선' 등등이 있지만, 이런 것들은 모두 풀의 꽃과 같고 모래 위에 세운 건축과 같다고 했습니다. 이런 구형적具形的 조선 밑에 영구한 기반을 넣어야 할 것인데, 그 기초 공사가 바로 성서적 진리를 가르치는 일이라고 했습니다. "널리 깊게 조선을 연구하여 영원한 새로운 조선을 성서 위에 세우라. 그러므로 조선을 성서 위에."

1935년 4월 두 번째 담임반 학생들이 주축이 된 성서 연구회를 열었습니다. 1935년 9월에는 학생부와 일반부 집회를 따로 열기도 했고, 집회 시간에 참석하지 못하는 이를 위한 1인 공부를 진행하기도 했습니다. 김교신의 교사로서의 삶과 <성서조선> 주필로서의 사명이 조화를 이루게 된 것도 이 무렵이었습니다. '성서를 조선에, 조선을 성서 위에'

라는 간명한 표어는 이 시기 김교신의 삶이 조선 민족의 운명과 일체를 이루고 있었음을 잘 보여 줍니다.

　1935년 9월 28일은 양정 30주년 기념일이었습니다. 양정학교에서는 9월 28일부터 30일까지 30주년 기념 전람회를 열었습니다. 3학년 갑조 담임 교사이면서 농구부장을 맡고 있던 김교신은 농구 경기에 출전하랴 전람회를 준비하랴 눈코 뜰 새 없었습니다. 김교신은 이 전람회에 <성서조선> 창간호부터 80호까지를 전시했습니다. 학교 당국에서 전시를 강요하다시피 하여 출품하게 된 것입니다. 기독교계 학교도 아닌 양정학교에서, 평교원 한 사람이 주간하여 낸 잡지를 전시하라고 한 것에 대해 김교신은 크게 감격했습니다.

　9월 28일 새벽 4시 숙직실에서 잠을 깬 김교신은 박물실로 가서 자신만의 양정 30주년 기념식을 거행했습니다. 로마서 8장부터 낭독하는데 9장 3절 상반절을 읽고 목이 막히고 말았습니다. "나의 형제 곧 골육의 친척을 위하여 내 자신이 저주를 받아 그리스도에게서 끊어질지라도 원하는 바로다." 그는 양정학교 학생 600명과 졸업생들과 양정학교와 관련된 이들 모두를 생각하면서 기도했습니다. 이날 자신이 그리스도에게서 끊어질지라도 하늘의 복을 받기를 원하고 기도했던 양정은 곧 조선의 다른 이름이었습니다.

　김교신이 이 전람회에 <성서조선>을 전시하면서 게시한 글 원안이 「<성서조선>의 간행취지」입니다. 이 글은 공자의 '조문도석사가의朝聞道夕死可矣'를 인용하여 사람이 사람 된 이유를 말하는 데서 시작합니다. 아침에 도를 들으면 저녁에 죽더라도 가하다는 뜻입니다. 도를 들은 자는 일생을 성공한 사람이고 도를 듣지 못한 자는 일생을 실패한 인간이라고 했습니다. 성서에 '사람이 빵으로만 살 것이 아니요 하나님의 입으로 나오는 모든 말씀으로 살 것이라'고 한 것도 같은 뜻이라고 했습니다. 그러나 도를 듣는 데서 그칠 것이 아니라 행하는 데까지 나아가야 하는데, 도를 용감하게 행하려 하면 '선을 행하려는 마음은 있으나 그것을 행할 능력이 없음'을 자각하게 된다는 것입니다. 이 난관을 돌파하는 힘이 바로 신앙이며 이 신앙의 능력을 조선에 전달하여 성서 위에 영구 불멸할 조선을 건립하고자, 즉 순수한 조선산 기독교를 해설하고자 <성서조선>을 간행한다고 했습니다.

> :: 신앙은 폭발탄과 같은 것이다. [중략] 우리는 이 능력의 폭탄을 성서에서 발견하여 우선 나 자신에 실험하여 보고서 일가친척과 동포민족이 이 진리를 발견하기를 원하여, 조선의 기독교가 전래한 지 약 반세기에 이르렀으나 아직 선진 구미 선교사 등의 유풍을 모방하는 데서 벗어나지 못함을 유감으로 알아, 순수한 조선산 기독교를 해설하고자 하여 <성서조선>을 발간한 것이다. 원컨대 조선에 기독교의 능력적 교훈을 전달하고

성서적 진리의 기반 위에 영구 불멸할 조선을 건립하고자 하는 소원이 <성서조선>이라는 형태로서 약 10년 전부터 올해 9월까지 제80호가 간행되었다. (「<성서조선>의 간행취지」, <성서조선> 1935. 10.)

'조선산 기독교'를 말하는 데서 식민지 무교회자 김교신의 목소리가 높아지고 있습니다. 1934년 초 김교신은 「조선지리소고」에서 조선의 사명을 말했고, 1934년부터 35년 사이 함석헌의 「성서적 입장에서 본 조선역사」가 독자들의 뜨거운 호응 속에서 연재되고 있었습니다. <성서조선>은 무교회 사상과 조선학 운동이 만나 '학문과 신앙의 합금'을 이루었고, 그것이 김교신의 교육자로서 삶, <성서조선> 주필로서의 삶에서 하나로 만나고 있었습니다. '조선산 기독교'는 조선인이라는 정체성과 무교회자로서의 신앙이 일치하는 자리에서 표명한 드높은 이상이었습니다.

◆ **병상의 친구에게**

1930년대 후반 조선의 결핵 환자 수는 45만에 달했습니다. 김교신의 주변에도 결핵에 감염되어 요양하던 이들이 많았습니다. 1934년 김교신은 《병상의 친구에게 病床の友へ》라는 작은 책자를 읽고 이 책을 100부 주문하여 독자들에게

배부했고, 그 후로도 찾는 이가 많아 이듬해 다시 50부를 구매했습니다. 김교신으로부터 《병상의 친구에게》를 받아 본 독자들은 큰 위로를 받았습니다.

류달영의 수원고등농림학교 동료 신근철은 결핵으로 학업을 중도에 그만두고 시골에서 요양을 하고 있었습니다. 류달영은 동계성서강습회에 참가하지 못하는 친구를 위해 강의와 대화, 분위기 등을 꼼꼼히 기록하여 <성서조선>에 실었습니다. 신근철도 류달영에게 감사의 마음을 담아 편지를 보내왔습니다. 류달영의 「제4회 성서강습회에서」와 신근철의 「R형에게 드리는 병상에서의 소식」이 <성서조선> 1936년 2월호에 나란히 실렸습니다. 김교신은 신근철이 원래 기독교를 반대하던 이였는데 결핵으로 삼 년 동안 요양하던 중 예수를 믿게 되었다고 소개하면서, 신근철의 글이 "그 온당하고 견고한 의기와 단순하고 흔들리지 않는 신앙"을 보여 준 것이라고 했습니다.

「R형에게 드리는 병상에서의 소식」에서 글쓴이는 부모형제를 떠나 혼자 요양하면서, 방문객으로 인해 마음의 평안을 잃지 않기 위해 출입문에 '면회사절'이라고 팻말을 세워 놓고, "오는 이 보시오. 볼일 없이 오지 마시오. 병에 대해 묻지 말고 말하지 마시오. 볼일 끝나면 곧 가시오. 오고가는 데 인사 마시오"라고 써 붙였다고 합니다. 반년이 지나자 오는 사람이 없어졌고 마음의 안정이 생기면서 병세도 차차 나아졌다고 합니다.

∷   형! 남들은 지금의 제弟를 어떻게 보는지 모르겠습니다마는, 제 자신은 언제나 이 믿는 마음, 주는 반드시 다시 일으켜 주시리라, 내 앞에 머지않아 희망이 비추리라는 이 믿는 마음이 있으므로 이렇게 하고 있는 것입니다.

이 믿는 마음, 희망을 바라보는 마음이 있으므로 나는 콩을 심어 일 년의 계획도 세웁니다, 밤을 심고 측백의 씨를 뿌려 십 년의 계도 세웁니다. 형! 나 얼마 전에 마늘도 심게 하였습니다. 하필 마늘이 구미에 당겨서가 아니외다. 엄동嚴冬을 꾸준히도 참는 그 마늘이 겨울이 가고 봄이 돌아오는 날 대지를 뚫고 솟아나는 그 푸른 싹과 한가지로 올 나 자신의 희망을 바라는 마음으로써입니다. (신근철, 「R형에게 드리는 병상에서의 소식」, <성서조선> 1936. 2.)

신근철의 글이 수록된 후 독자들의 반향은 대단히 컸습니다. 류달영은 친구의 병세가 순조로우며 친구가 병상에서도 병아리 기르는 일에 재미를 붙였다는 소식을 전해 왔습니다. 김교신은 "겨울을 지낸 마늘의 싹은 얼마나 푸르렀을까. 원컨대 모든 병상의 우인들의 창 앞에는 푸른 마늘의 회춘回春을 알림이 준비되어 있고, 그 마음에도 병아리의 손자의 손자까지 양육하여 낼 여유가 있기를"이라는 말로 병자들을 위로했습니다. 이후에도 신근철은 「동병同病의 우인에게」(1936. 6.) 등 여러 글을 <성서조선>에 실었습니다.

　김교신은 바쁜 중에도 병인을 문병하는 일에 시간과 마음을 냈습니다. 그의 일기 곳곳에 문병한 이야기를 기록하고 있습니다. 1938년 6월에는 반년 넘게 입원해 있던 춘원 이광수를 찾았습니다. 김교신은 1935년 3월 26일 함석헌과 함께 삼각정 근처 모 여관에 가서 도산 안창호를 만났는데 그 자리에 춘원이 함께 있었고, 그 후 춘원이 김교신을 초청하여 신앙에 관한 대화를 나눈 적이 있었습니다. 건강을 회복하면 하고 싶은 일이 무엇이냐는 김교신의 물음에 춘원은 단 하루라도 사람답게 사는 것이 소원이며, "큰 저술이 내 사업이 아니요 속마음을 바로 잡고 믿음으로 사랑으로 사는 일이 나의 사업"이라고 했습니다. 김교신은 병환 중에도 사상이 그칠 줄 모르는 춘원의 모습에 위로하러 갔다가 도리어 큰 위로를 받았다고 했습니다. 걱정할 것은 "사상의 고갈이요 신앙의 부동浮動"[7]이라고 했습니다. 1939년 6월에도 수업 후 병상에 누운 독자 두어 집을 심방했습니다. 만성환자에게는 빌레몬서에 대해 이야기해 주고, 급성환자에게는 쌍화탕 두 첩을 지어 주었습니다.

◆ **지평선을 깨트리는 나무**

　김교신은 만능 스포츠맨이었습니다. 학생 시절에는 마

라톤 선수로 활동했고, 교사가 된 후에도 스포츠맨으로서 실력을 발휘했습니다. 교내 체육대회에서 씨름왕들과 겨루어 이기기도 하고 지기도 했습니다. 교직원 정구 선수로 여러 대회에 참가하여 우승하기도 했습니다. 교내 빙상대회가 열리면 학생 시절 배운 스케이트 실력을 뽐냈습니다. 1931년부터 수년간 양정 농구부장을 맡았습니다.

김교신이 이끈 양정 농구부는 차차 성적을 내기 시작했습니다. 1933년 5월 농구협회 조선지부 중앙 예선에서 처음으로 우승했고, 그해 9월 조선신문사 주최 농구선수권 대회에서도 우승을 차지했습니다. 1934년 5월 연희전문학교가 주최한 농구선수권 대회에서도 협성실업학교와 중동학교, 대동학교를 차례로 이기고 우승을 차지했습니다. 1934년 여름방학 때는 농구선수들의 합숙 훈련 기간에 열흘 동안 연속으로 당직을 하며 훈련했고, 합숙을 마친 날에는 월미도에 가서 물놀이를 하는 등 선수들과 많은 시간을 함께 보냈습니다. 1935년 10월에는 조선신궁 경기대회에서 우승했습니다. 그해 10월 24일 김교신은 양정 농구부를 이끌고 메이지신궁 대회에 참가하여 3회전까지 오르는 성과를 냈습니다. 1936년 5월에는 조선농구협회 주최 전조선 중등농구연맹전에서 농구부장을 맡은 지 6년 만에 우승을 차지했습니다.

1935년 메이지신궁 대회 3회전에서 탈락한 때의 일입니다. 농구부의 일정은 끝났지만 마라톤 경주가 남아 있어

• 농구부장 김교신. 1933년 5월 김교신이 이끄는 양정 농구부는 농구협회 조선지부 예선에서 우승을 차지했다.

• 양정학교 교내 마라톤 대회. 1936년 손기정이 베를린 올림픽 마라톤에서 우승한 후 양정학교는 해마다 11월 정신작흥주간 마지막 행사로 전교생 마라톤 대회를 열었다. 홍제천에서 출발하여 구파발을 돌아오는 약 3킬로미터 구간이었다.

며칠간 도쿄에 더 머물러야 했습니다. 양정은 육상부가 유명했고 특히 장거리에서는 일본 주요 대회에서 매년 우승을 차지했습니다. 1935년 메이지신궁 대회 마라톤 경주는 다음 해에 있을 베를린 올림픽 예선을 겸한 대회였고 여기에 양정학교 학생이던 손기정이 참가했습니다. 손기정은 신의주 출신으로 집안 형편이 어려워 보통학교를 졸업한 후 여러 일을 하며 육상 선수의 꿈을 키웠습니다. 평안북도 대표로 처음 출전한 대회에서 5,000미터 2위를 차지한 것이 계기가 되어, 스무 살이 넘은 나이에 양정학교에 입학했습니다. 1932년 손기정이 입학할 당시 양정에는 조선 마라톤 일인자였던 김은배가 졸업반이었습니다. 김은배는 권태하와 함께 1932년 LA 올림픽에 일본 대표로 참가하여 6위의 성적을 낸 이였습니다. 손기정은 1학년이던 1932년, 일본에서도 가장 권위 있는 대회인 도쿄-요코하마 역전 경주에 양정 대표로 남승룡 등과 함께 참가하여 우승을 차지하는 등 장거리 주자로서 뛰어난 성적을 냈고, 이후 권태하의 권유로 마라토너의 길을 닦기 시작했습니다. 1933년 처음으로 도전한 조선신궁 경기대회 마라톤 경주에서 우승했고, 베를린 올림픽을 1년 앞둔 1935년에는 조선 최고의 마라토너가 되어 있었습니다.[8]

 메이지신궁 마라톤 경주를 앞두고 손기정은, 선생님의 얼굴이 보이도록 일정한 거리로 앞서가며 응원해 달라고 요청했고, 이에 김교신은 자동차를 타고 앞서가며 눈물과 기도로 응원했습니다. 이 대회에서 손기정은 비공인 세계신기록을 세우며 우승했습니다.

손기정이 베를린 올림픽 마라톤 경주에 나선 것은 이듬해인 1936년 8월 10일입니다. 그날 오전 6시 반 김교신은 라디오 중계에 귀를 기울이고 있었습니다. 양정학교 재학생인 손기정이 1위로, 졸업생인 남승룡이 3위로 들어오자 감격의 눈물을 흘렸습니다. 손기정의 마라톤 우승 소식을 전해 듣고 함석헌이 엽서를 보내왔습니다. "양정의 그 집과 그 운동장이 세계 1등의 마라톤 선수를 내었다면 우리 조선이 영원의 경주장에서 용자勇者의 관을 쓰게 될 것을 믿음이 더 두터워 갑니다." 김교신도 <성서조선> 1936년 9월호 권두문으로 「손기정 군의 세계 마라톤 제패」를 수록하여 축하했습니다. 손기정의 우승 소감을 인용하여 마라톤의 승패는 체력과 작전에 있는 것이 아니라 정신의 겸허함에 있음을 보여 주었다고 했습니다. 낮은 자를 높이시는 하나님을 떠올렸습니다.[9]

1936년 11월 정신작흥주간 때의 일입니다. 정신작흥주간은 일제가 조선인들의 정신을 통제하고 황국신민화를 강요하기 위해 실시한 운동의 일환이었습니다. 양정학교에서는 정신작흥주간 마지막 날 행사로 전교생 마라톤 대회를 열었습니다. 홍제천 백사장에서 출발하여 구파발을 왕복하는 3킬로미터 구간을 달렸습니다.

출발점에 선 오백 명 학생들이 금방이라도 달려나갈 기

세로 출발 신호를 기다리고 있었습니다. 학생 시절 마라톤 선수였던 김교신은 끓어오르는 기운을 참지 못하고 웃통을 벗고 나섭니다. 출발 신호와 함께 학생들 사이에 섞여 달리기 시작했습니다. 11월 공기가 찬데 저 멀리 북한산 연봉連峰이 올려다보였습니다. 학생들과 숨을 부딪치며 달리는 그 순간이 더없이 행복했습니다. 아, 이 한강 물이, 저 북한산이 올림픽 우승자를 키워 냈으니 이보다 장쾌한 일이 어디 있을 것인가! 이날 전교생 마라톤 대회에서 김교신은 500여 명 중 22위로 들어왔습니다. 7, 8년 만에 뛴 것으로는 괜찮은 성적이라고 스스로 만족했습니다.

손기정은 종종 북한 산록으로 김교신을 찾아왔습니다. 졸업을 앞두고 진학 길이 막히자 손기정은 김교신을 찾아와 우울한 심사를 털어놓았습니다. 일제에 불온의 낙인이 찍혀 진학할 수 없게 된 것입니다. 손기정은 졸업 후 두부 장사나 하겠다고 했고, 김교신은 경성에서 두부 장사를 시작하거든 우리 집에도 두부를 넣어 달라고 했습니다.[10] 올림픽 금메달리스트였지만 식민지인에게는 영예 대신 감시가 따라왔습니다. 세월이 흐른 후 손기정은 "중처럼 머리를 박박 깎고 언제나 흰 가운을 입으신 차림"으로 "볼수록 의사도 아니고 이발사도 아니고 점점 더 높아 뵈는 그 어떤 분으로 변해 가는 분"으로 김교신을 회고했습니다. "그냥 바라만 보고 있어도, 아니 선생님이 계시다는 생각만 하고 있어도 무엇이 저절로 배워지는 것 같은 분", "옳은 일이라면 그것을 곧 직접 실천에 옮기는 분"으로 기억했습니다.[11] 손기정의 기억 속에서 김교신은 지평선을 깨트리며 종縱으로 자라는 포플러였습니다.

7장

소록도에서 온 편지

◆ **한센병이라는 은유**

　한센병은 고대로부터 인류에게 큰 고통과 공포를 가져다준 질병입니다. 한센병에 걸린 것으로 판정받으면 사회에서 격리되어야 했습니다. 중동 지역에 유행하던 한센병이 십자군 전쟁 이후 유럽에 전파되었고 중세 동안 유럽 전역으로 퍼져 나갔습니다. 근대에 와서 국가가 위생학을 통치술로 활용하기 시작하면서 한센병에 대한 대응이 달라졌습니다. 근대국가는 한센병으로부터 사회를 보호하기 위해 대규모 수용소를 설립했습니다. 조선에도 1916년 소록도 자혜의원이 설립되었습니다. 1910년대 들어 대풍자유로 만든 주사약이 보급되어 한센병 사망률이 줄어들게 되자 한센인들이 수용소로 모여들었습니다. 소록도 자혜의원은 1930년대에 와서 소록도 갱생원으로 바뀌었고 여러 차례 대규모 확장 공사를 벌였습니다. 한센병은 1950년대 이후 완치 가능한 질병이 되었지만, 1960-70년대까지도 한센병에 대한 공포는 대단히 컸습니다.

　어떤 질병은 그 시대의 은유가 되는데 한센병, 즉 '문둥

• **소록도 자혜의원.** 한센병 치료를 위한 특수 의료시설로 1916년 조선총독부령에 따라 설립되었다. (2025년 6월 21일 김교신아카데미 소록도 탐방 중 촬영.)

• **소록도 갱생원 감금실.** 소록도 갱생원은 한센인들을 규율하고 통제하는 시설이기도 했다. 감금실은 규율에 따르지 않는 이들을 통제하기 위한 공간이었다. (2025년 6월 21일 김교신아카데미 소록도 탐방 중 촬영.)

병'이 바로 그런 질병이었습니다.[1] 천형天刑이라고 할 정도였으니까요. '문둥이'는 단순히 격리의 대상이 아니라 사회로부터 '추방'되어야 할 사람들이었고, 점진적으로 치료해야 할 환자가 아니라 시급하게 '수용'하고 '격리'해야 할 위험한 사람들로 규정되었습니다. 이 경우 '위생'과 '수용'은 치유보다는 질병으로부터 사회를 보호하기 위한 것이었습니다.

한센병에 대한 공포는 김교신의 꿈 이야기에서도 드러납니다. 김교신은 1933년 2월 5일 한센병에 걸리는 꿈을 꾸었는데, 김교신의 글 「흉몽벽서대길」에서 전하고 있는 이 꿈의 내용은 다음과 같습니다.

:: 새벽에 꿈꾸다가 그 고민에 못 이겨 잠을 깨니 과연 일대 흉몽이었다. 그것은 어떤 작은 섬에 상륙하였더니 수없이 많은 나병환자들이 모여들어 이편에서도 비비고 저편에서도 부닥치더니 순간에 나의 전신이 나병에 걸리는 광경이었다. 깨고 보니, 꿈결에도 못 잊어하는 '나'라는 덩어리가 괘씸하기도 하고 통탄스럽기도 하였다. (「흉몽벽서대길」, <성서조선> 1933. 3.)

꿈이 아주 생생합니다. 잠에서 깬 김교신의 반응이 놀랍습니다. 꿈결에도 '나'라는 덩어리를 잊어버리지 못한 자신으로 인해 통탄스러웠다는 것입니다. 김교신은 이 꿈을 나름대로 해몽하면서 누가복음 12장 20절을 떠올렸습니다.

"어리석은 자여, 오늘 밤에 네 영혼을 도로 찾으리니 그러면 네 준비한 것이 누구의 것이 되겠느냐."

김교신의 반응은 질병에 대한, 그리고 인간에 대한 더 나은 생각으로 우리를 이끕니다. '나'라는 덩어리를 붙잡는 대신 오늘 밤 우리 영혼을 찾을 수 있는 절대자 앞에 선다면, 그 자리에서 인간을 이해하게 된다면, 질병과 장애에 대한 그 시대의 은유를 넘어서, 그 시대의 불안과 공포를 넘어서, 더 나은 사랑의 연대, 더 나은 신앙의 자리로 나아갈 수 있지 않을까요? 이 점에서 <성서조선>의 소록도 이야기는 지금 한국 기독교의 이야기이기도 합니다.

◆ 소록도에서 온 편지

김교신이 소록도의 한센인 문신활에게서 편지를 받은 것은 1935년 3월 16일입니다. 1935년 4월호의 편집을 이미 마무리한 시점이었습니다. 이 편지를 읽고 큰 충격을 받은 김교신은 이를 독자에게 알리기를 미룰 수 없어서 편집을 바꾸면서까지 <성서조선> 1935년 4월호에 실었습니다. 이 일을 김교신은 다음과 같이 기록하고 있습니다.

∷ [1935년 3월 16일] 편집 조판까지 마친 후에 소록도 통신을 접하였다. 이것은 주필의 일생에 가장 큰 사

변의 하나이다. 이 일을 독자들께 알리기를 지체할 수 없었다. 반도의 유력한 청년들이 복음을 요구하지 않고, 전도하기에 유리한 곳을 교권자들이 독점하고자 할진대, 우리는 애석할 것이 없이 물러나 소록도의 오천 명 친구에게 가리라. 병자라야 의약이 필요하다. (《김교신 전집 5》, 279쪽)

편지의 발신자인 문신활에 대해서는 알려진 것이 많지 않습니다. 당시 한센병에 대한 사회적 혐오가 엄청나다 보니 가족들과도 멀어지고 이름을 바꾸는 경우도 많았습니다. 이름은 믿을 신信, 살 활活 자를 썼습니다. '믿음으로 산다'는 뜻입니다. 첫 편지 이후 문신활은 <성서조선>에 꾸준히 글을 보내다가, 1938년 12월 소록도에서 생을 마감했습니다. 문신활 외에도 윤일심, 김계화 등 여러 한센인들이 편지를 보내왔습니다. 소록도 한센인들과의 서신 교류는 이후로도 꾸준히 이어졌습니다. 윤일심이 보내온 마지막 글이 <성서조선> 1942년 2월에 실렸으니 소록도 통신은 <성서조선>이 폐간되기까지 이어진 셈입니다.

김교신은 이 편지를 받은 일이 "주필의 일생에 가장 큰 사변의 하나"라고 했습니다. <성서조선>도 1935년 4월호 이후 다시 뜨거워졌습니다. 같은 호에 수록한「성서조선의 해解」에서 김교신은 '성서를 조선에, 조선을 성서 위에'라는 말로 <성서조선>의 사명을 표명했습니다. 또 일 년 반 동안

쉬던 성서연구회를 1935년 4월 중순부터 다시 시작했습니다. 1935년 4월호는 <성서조선>의 사명을 더 분명히 하고 성서연구회의 재출발을 알리고 있는데, 여기에 소록도에서 온 편지가 놓여 있었습니다.

김교신의 소록도 이야기에는 또 하나의 사건이 겹쳐 있습니다. 문신활의 편지를 받은 지 사흘 후 이번에는 양정학교 제자인 류달영이 《다미엔 전기》라는 책을 보내왔습니다. 몰로카이의 성자로 불리는 다미엔Saint Damien of Molokai은 벨기에 출신의 사제였는데 1864년 하와이로 와서 희생적인 사목활동을 펼쳤습니다. 그의 나이 스물네 살 때입니다. 1820년 무렵부터 가톨릭교회와 프로테스탄트교회가 경쟁적으로 하와이 선교에 나섰는데, 같은 시기 하와이 군도에 한센병이 무서운 기세로 퍼지고 있었습니다. 하와이 정부는 1865년 한센병 예방령을 발표하고 한센인들을 몰로카이섬 북부 해안으로 격리했습니다. 가톨릭교회는 격리지에 성당을 세우고 사제들이 격리지로 들어가 얼마간 사목을 하고 나오기도 했지만 1870년 이후 그마저 금지되었습니다. 다미엔이 몰로카이섬의 한센인 수용소에 가겠다고 지원한 것은 1873년의 일입니다.[2] 오타베 타네아끼小田部胤明가 쓴 《다미안 신부》의 한 구절을 인용해 보겠습니다.

∷ "이 땅에 들어오는 사람은 모든 희망을 버려라!"
시성 단테가 《신곡》의 「지옥편」 첫머리에 기록한 이 말은, 몰로카이의 부둣가에 그대로 들어맞는다. 이 지옥의 입구에, 아니 지옥의 밑바닥에, 다미안은 자진하여 죄수가 되어 들어왔던 것이다. "요셉아, 이 땅이야말로 네 일생의 보금자리란다!" 그는 이렇게 자기 자신에게 들려주었다. (《다미안 신부》, 성바오로출판사, 1968, 102쪽)

다미엔은 한센인들을 대상으로 헌신적인 사목을 하다가 그 자신이 한센병에 전염되었고 1889년 4월 49세의 나이로 몰로카이섬에서 생을 마감했습니다. 이 책을 읽은 김교신의 반응이 1935년 3월 19일과 20일 일기에 드러나 있습니다.

:: [1935년 3월 19일] 오늘 하와이 몰로카이섬의 나성자癩聖者 다미엔전의 송정을 받아 밤 깊어 가는 줄 깨닫지 못하고 읽다가 보니 오전 3시. 인류 중에 다미엔이 있었던 일도 고맙고, 그 전기를 저술 출판한 이가 있음도 감사요, 이런 서책을 찾아 보내 주는 사람도 갸륵한 일.

[1935년 3월 20일] 오늘도 다미엔전을 읽으면서 울다. 다미엔을 위하여 울고 나환자를 위하여 울고 스스로 나환자가 아닌 줄로 자신하는 뭇 건강한 자를 위하여 울고, 나 자신을 돌아보아 울고, 주 그리스도를 우러러보고 울고. (《김교신 전집 5》, 281-282쪽)

당시 조선에도 최흥종 목사나 방애인 선생 등 나환자와 빈민을 희생적으로 도왔던 이들이 있었습니다. 광주에서 나환자 구호 사역을 하던 최흥종 목사가 400명의 나환자들을 조직하여 조선총독부까지 몰려가 우가키 총독과 면담하여 소록도 갱생원 수용시설을 확충하도록 약속을 받아낸 것은 1932년의 일이었습니다. 전주 기전여학교 교사였던 방애인이 고아와 나환자를 돕는 일에 헌신하다 24세의 나이로 소천한 것은 1933년의 일이었습니다.

◆ 그리스도 복음 심장에서

이제 문신활의 이야기를 따라가 보겠습니다. 문신활의 편지는 <성서조선> 1935년 4월호에 「그리스도 복음 심장에서」라는 제목으로 실렸습니다. 이 편지는 그가 부산 감만리 나병원에 있던 때로부터 그곳에서 나와 소록도 수용소로 가기까지의 이야기를 담고 있습니다.

∷ 소생이 <성서조선>을 통하여 곯아졌던 생명이 소생함을 얻은 때는, 1932년에 부산 감만리 나병원에서 손양원 전도사님이 <성서조선>에서 얻은 소감으로써 설교하던 때이었습니다. 그 당시 감만리 교회에서 손양원 전도사님은 <성서조선>을 가지고 사경공부처럼

1주일간 설교한 일이 있었습니다. (문신활, 「그리스도 복음 심장에서」, <성서조선> 1935. 4.)

문신활은 1932년에 부산 감만리 나병원에 머물었는데 그곳에 손양원 전도사가 있었습니다. 해방 후 여순사건 때 아들을 죽인 인민군을 양아들로 삼은 그 손양원입니다. 손양원은 김교신보다 한 살 아래로, 1926년에서 34년까지 부산 감만리 나병원에서 전도사로 일했습니다. 아직 신학의 길로 접어들기 전이었습니다. 그는 1938년 평양신학교를 졸업하고 여수 애양원교회에서 목회하면서 한센인들을 돌보는 사역을 했습니다. 1940년에는 신사참배를 거부한 일로 수감되었다가 해방 후 풀려났습니다.

부산 감만리 나병원은 호주 선교사 맥켄지James N. Mackenzie가 세운 나환자 구호 시설입니다. 당시 조선에는 한센인들이 2만 명가량 있었고 경상남도에만 약 7천 명이 있었다고 합니다. 1900년을 전후로 부산 지역에서 선교사들의 의료 선교가 시작되었고, 감만리 나병원이 설립된 것은 1910년입니다. 맥켄지 선교사가 이 사역을 맡은 것은 1911년이었는데, 그 후 환자 수가 급증해서 1935년에는 600명을 넘어섰습니다. 맥켄지 선교사는 대단히 헌신적이었습니다. 감만리 나병원은 여러 차례 확장 공사를 했고 한센인들을 위한 예배당을 따로 지었습니다.

당시 손양원은 갓 서른이 된 전도사였습니다. 문신활이

전하는 이야기에 따르면 손 전도사가 <성서조선>을 교재로 삼아 사경공부를 했고, 이에 감화를 받아 신앙생활을 하던 한센인 성도들이 많았다고 합니다. 하지만 감만리 상애원 교회에 손양원을 시기하던 목회자가 있었고 그로 인해 손양원이 쫓겨나게 됩니다. 이후 교회에서 <성서조선>을 읽는 것도 금지했고 함께 신앙생활을 해 오던 한센인들도 흩어지게 되었습니다. 한센인들은 <성서조선>을 읽지 않겠다는 자백을 강요당했고, 이를 거부하는 이들은 교회에서 직분을 잃고 공중기도도 금지당했습니다.[3] 결국 문신활과 몇몇 한센인들은 1934년 9월 감만리 나병원을 나와 경성으로 왔다가, 10월 하순에 소록도 갱생원으로 가게 됩니다.

∷ 소생과 함께 나오게 된 신앙 동지 5인은 1934년 양 9월에, 자퇴원하고 경성으로 올라가 얼마 동안 고생하다가, 시월 하순에 나환자 모집으로 전남 소록도에 오게 되었습니다. 우리 다섯 일행은 경성 있을 때에 김 선생님을 한번 찾아보았으면 하는 소원은 간절하였습니다. 하지만 나환자의 몸으로 선생님을 찾아뵈옵기 어려워 찾지 못하고 고달픈 가슴에 애석과 비애를 품고 하염없이 솟는 뜨거운 눈물만 흘리면서 발꿈치를 돌이키고 말았습니다. 그리고 이 소록도에 와서 입원하여 교회의 내막을 살펴본 바 역시 통탄의 눈물이 없지 못하였습니다. (「그리스도 복음 심장에서」, <성서조선>

1935. 4.)

문신활과 함께 경성에 온 다섯 명의 한센인들은 김교신을 만나고 싶었지만 결국 방문하지 못했다고 합니다. 한센병에 대한 당시의 혐오를 생각하면 이들의 심정을 이해할 수 있습니다. 문신활 일행은 부산에서 경성까지, 다시 경성에서 소록도까지 갔다고 하는데 자세한 이야기는 생략되어 있습니다.

당시 한센인들은 이동에 큰 어려움을 겪었습니다. 교통편을 일반인들처럼 이용할 수 없으니 먼 길을 갈 때도 걸어가야 했습니다. 한하운 시인이 해방 후에 쓴 시 「전라도길―소록도로 가는 길」은 이 애환을 표현하고 있습니다.

::
가도 가도 붉은 황톳길
숨막히는 더위뿐이더라.

낯선 친구 만나면
우리들 문둥이끼리 반갑다.
천안 삼거리를 지나도
수세미 같은 해는 서산에 남는데

가도 가도 붉은 황톳길

숨막히는 더위 속으로 절름거리며
가는 길

신을 벗으면
버드나무 밑에서 지까다비를 벗으면
발가락이 또 한 개 없어졌다.

앞으로 남은 두 개의 발가락이 잘릴 때까지
가도 가도 천 리 먼 전라도 길.

(한하운, <신천지> 1949. 4.)

    한센인들은 곳곳에서 혐오 폭력을 마주해야 했습니다. <성서조선> 1937년 11월호에 수록된 「소록도 소식」에 이런 이야기가 나옵니다. 한 한센인이 짐을 자전거에 싣고 벌교까지 가야 했습니다. 길에 자갈이 너무 많아 자전거를 타지 못하고 끌고 갔다고 합니다. 발이 부르터서 하루에 5리, 10리씩 이동해 겨우 여수 근처까지 갔는데 오래 굶은 탓에 그만 쓰러졌습니다. 새벽에 깨어 보니 자전거도 없어지고 지갑도 없어져서 죽기만 기다려야 하는 처지가 됐다고 합니다. 또 다른 한 사람은 흐르는 시냇물을 사람들 보는 데서 마셨다가 몽둥이세례를 받기도 했고, 여수 애양원을 방문하고 돌아오는 버스에서 하차 명령을 두 번이나 받고 노숙하기도 했습니다. 한센인들은 어딜 가나 기피와 혐오의 대상이었습니다.

다시 소록도의 문신활 이야기로 돌아가겠습니다. 문신활과 같이 부산 감만리 나병원을 나와 소록도에 간 이들은 거기서도 <성서조선> 한 부를 받아 돌려보고 있었는데, 남자 병사病舍와 여자 병사가 따로 있다 보니 한 부로는 여의치 않았습니다. 문신활은 김교신에게 편지를 보내 <성서조선>을 더 받아 보고 싶으나 구독할 돈이 없으니 한두 부만 무상으로 보내 달라고 요청했습니다.

문신활의 편지는 소록도 갱생원의 역사와도 닿아 있습니다. 1932년 12월 조선나예방협회가 창설되고, 소록도 갱생원은 몇 차례에 걸쳐 대대적인 확장공사를 벌입니다. 교토제국대학 박사인 스오 마사스에周防正季 원장이 부임하게 된 것은 1933년의 일입니다. 스오 원장은 1934년에서 35년 1차 확장 공사를 벌였고, 수용인원이 4천 명으로 늘어났습니다. 문신활이 김교신에게 편지를 보내던 때는 소록도 갱생원의 1차 확장공사가 마무리될 즈음이었습니다.

소록도 갱생원은 이후 더 확장되어 수용인원이 가장 많을 때는 6천5백 명에 달했습니다. 확장 과정에서 무리한 일도 많았습니다. 한센인들에게 가마니 짜기, 벽돌 굽기 등 비인간적인 강제 노동이 부과되었고, 규율을 어긴 이들을 감금하고 심지어 강제 단종수술을 하기도 했습니다. 마침내 스오 원장은 자신의 동상을 세워 한센인들에게 절하도록 강요하기까지 했습니다. 1942년 6월 스오 원장은 한센인 이

춘상의 칼에 맞아 죽었습니다.

◆ 나환자의 편지를 받고

김교신은 <성서조선> 1935년 4월호에 문신활의 편지를 수록하면서 「나환자의 음신을 받고」라는 글을 덧붙여 실었습니다. 이 글은 김교신이 문신활의 편지를 어떤 의미로 받아들이고 있었는지 보여 줍니다. 하나는 교권자들에 대한 비판이었습니다. 김교신은 나환자들의 영적 양식을 끊으려 한 교권자들을 비판하면서 <성서조선>이 교권자에게는 이단으로 취급받고 있지만 그런 처지에서도 나환자들에게 희망을 전하는 잡지로 증명을 받았으니 큰 영광이라고 했습니다.

> ∷ 조선 기독교회의 교권자들에게서 이단시함을 받고 압수를 당하면서도, 골육이 썩어 가는 나환자에게서 희망을 전하고 환희를 일으킨다고 증명받았으니 이보다 더한 영광이 어디 있나. 무릇 영광이란 것을 알 만한 사람, 볼 만한 형제는 나의 책상에 놓인 나환자의 편지를 와 보라. [중략] 총리사가 반대하고 총회장이 훼방한다 할지라도, 우리는 나환자의 편지를 가슴에 품고 천국 길을 달려가리라. (「나환자의 음신을 받고」, <성서조선>

1935. 4.)

또 하나의 강조점은 한센인의 글에서 생명의 능력을 본 것이었습니다. 생의 절망을 경험한 이들의 글에서 기독교가 능력의 종교라는 것이 입증되고 있었던 것입니다. 김교신에게 이 편지는 '그리스도 복음 심장에서' 전해진 생명 그것이었습니다. 그래서 김교신은 성서의 구절을 떠올려 "나병이나 사망이나 다른 아무 물건이라도 우리 주 그리스도 예수 안에 있는 하나님의 사랑에서 우리를 능히 끊지 못하리라"고 했습니다. "남해안의 작은 섬 소록도는 천국을 관찰하는 나의 망원경이다. 독자도 이 안경을 쓰고 보라"고 했습니다.

1935년 5월호에 수록한 「문둥아!」라는 글은 한센인에 대한 인식이 바뀌게 되는 과정을 쓰고 있습니다. 김교신은 지금까지 자신이 한센인들을 진심으로 동정하지 않았고 오히려 세상에서 가장 유력한 청년들을 전도하여 그들을 그리스도께 헌신하도록 하려는 데 야심이 있었다고 쓰고 있습니다. 하지만 청년들이 자신의 말을 경청하지 않았고, 소록도의 나환자들이 우리의 '문둥이'가 되었다고 했습니다. 김교신이 '문둥아!'라고 부른 것은 경상도에서 가장 가까운 이들을 부를 때 쓰는 말투를 빌려 와 한센인들에 대한 사랑을 표현한 것이었습니다. 소록도 통신 이후 김교신의 사역이 더 낮은 곳으로 향하고 있음을 볼 수 있습니다.

이후 김교신과 소록도 형제들 사이에 이어진 교류는 대

단히 뜨거웠습니다. 김교신은 이 편지를 받은 후 폐간될 때까지 소록도의 몫으로 <성서조선> 15부 정도를 매달 발송했고, 여러 책자도 같이 보냈습니다. 매년 크리스마스가 되면 독자들의 후원을 받아 소록도 형제들을 위한 선물도 보냈습니다. 김교신은 소록도에서 오는 우편물은 무엇이든 받아두라고 가족들에게 당부했고, 소록도에서 편지가 오면 <성서조선> 본문이나 「성조통신」[4]에 빠짐없이 소개했습니다.

소록도와 관련된 일화도 많습니다. 하루는 김교신이 총독부에 간 길에 소록도의 형편을 알아보기 위해 이 부서 저 부서 찾아다닌 끝에 소록도 갱생원이 경무국 위생과 관할이라는 것을 알게 됩니다. 마침 그때 전조선위생협회에 참석하기 위해 상경한 스오 원장이 경성에 머물고 있다는 소식을 듣고 다음 날 그를 만납니다. 1935년 7월 소록도 갱생원의 확장 공사가 마무리될 즈음의 일입니다. 김교신은 스오 원장을 만나 소록도 지도를 펼쳐 놓고 중앙리, 남생리 등 경내를 손으로 짚어 가면서 얘기를 나누었지만 소록도 형제들의 사정을 알 수 없어 아쉬워했습니다.

1936년 12월, 김교신이 정릉리에서 자전거로 출퇴근하던 때의 일입니다. 아침 등교 길에 인쇄소에 들러 교정하다가 수업 시간이 되어 출발하려고 보니 자전거에 실어 둔 도시락이 없어졌습니다. 그날 일기에 "실로 산 눈 빼 갈 서울 풍경"이라고 쓰고 있습니다. 다음 날은 오전 수업을 오후로 돌려놓고 또 인쇄소로 가서 교정을 보다가 학교로 가려고 보니 현관 앞에 세워 둔 자전거가 사라지고 없었습니다. 택시를 잡아타고 수업 시간에 맞춰 학교로 가서 수업하고 오후에 다시 인쇄소로 가서 또 늦게까지 교정을 했습니다. 교정도 못 끝내고, 자전거는 도둑맞고, 울적한 심사로 집으로 가는 길, 시내에서 전차를 타고 종점인 동소문에 내려 다시 시외버스로 돈암정까지 가서 거기서 고갯길을 넘어가야 합니다. 동소문 종점에 내려 버스를 기다리고 있는데 황혼에 누군가 김교신을 알아보고 다가왔습니다. 그는 소록도 형제들의 안부를 묻고는 크리스마스 선물을 보내는 데 보태어 달라며 후원금을 내놓고는 아무에게도 알리지 말아 달라는 부탁을 남기고 떠나갔습니다. 김교신은 큰 감동에 휩싸여 동성학교 교정으로 들어가서 눈물을 흘리면서 감사의 기도를 올렸습니다. 이 일을 기록한 글이「동소문 안의 감격」(<성서조선> 1937. 1.)입니다. 이 글에서 김교신은 30원짜리 자전거를 잃었지만 천국이 마음속에 있음을 깨달았으니 "오늘의 수지 결산도 흑자"라고 썼습니다.[5]

김교신은 소록도를 방문하지도 문신활을 만나지도 못했습니다. 소록도 형제들이 소록도 갱생원 확장 개원 행사에 김교신을 초청한 적이 있지만, 양정학교 교사로 있으면서 매달 <성서조선>을 펴내야 했기에 이 초청에 응할 수 없었습니다. 소록도 한센인이 외출 허락을 얻어 경성으로 와서 김교신을 만난 일이 있었고, 김교신의 제자로서 경성의전을 졸업한 의사 손정균이 소록도를 방문하여 한센인 <성

서조선> 독자를 만난 적이 있습니다. 윤일심이 경성에 와서 송두용을 만나고 김교신과 통화하기도 했습니다.

<성서조선>을 매개로 한 김교신과 소록도 한센인 사이의 교류는 당시 독자들에게 큰 감동을 주었습니다. <성서조선> 동인 송두용은 이 무렵 밤새 장문의 편지를 썼고 이를 김교신에게 보내왔습니다. 격정적인 목소리로 전하는 이 편지에서 송두용은 미미하고 보잘것없는 <성서조선>이 어떻게 '성서를 조선에, 조선을 성서 위에'라는 분에 넘치는 말을 할 수 있을까 자문하면서, <성서조선>이 한센인 하나를 위로할 수 있다면 그것이 이루어진 것이라고 답했습니다.

> ∷ [1935년 7월 18일] '나는 의인을 구하러 온 것이 아니요, 죄인을 부르러 왔노라' 하고 우리 주님은 말씀하셨으니, <성서조선>이 만약 문둥이 하나를 위로할 수 있다면, 다시 더 구할 것이 무엇이랴. 사업? 그것이 무엇이냐? 너의 할 사업은, 직분은, 의무는, 또 사명은, 아마도 저 불쌍한 나병환자 한 사람을 주님께로, 하나님 앞으로 인도하는 일일 것인가 하노라. 이것이 곧 '성서를 조선에', '조선을 성서 위에'가 아니고 무엇일까. 아! 위대한 또 영원히 남아 있을 참사업이로다. 아멘.
> (《김교신 전집 5》, 356쪽)

이 편지에서 송두용은 <성서조선> 창간호의 구절을 환

기하고 있습니다. 시골로 가서 나무꾼 한 사람을 만나 위로하려고 했던 <성서조선>의 사명이 한센인과의 만남으로 이루어진 것이라고 본 것입니다. 1927년 <성서조선>을 창간할 때의 뜨거움을 떠올렸을 송두용의 흥분과 감격을 이해할 수 있습니다.

◈ **한센인의 신체 표상**

여기에서 불편한 물음을 제기해 보겠습니다. 근대 국가와 근대의 기독교가 한센인의 신체를 어떻게 표상하고 관리하려고 했는가 하는 물음입니다. 여기에는 우생학과 근대 국가, 그리고 기독교의 만남이 여러 겹의 이야기를 만들어 내고 있습니다. 소록도 한센인들의 이야기는 근대의 신화를 이루는 더 큰 이야기의 일부이기도 합니다. 근대의 신화란 서구 근대 문명이 과학과 의학, 기독교 등을 앞세워 세계를 문명화한 이야기입니다. 그것은 과학의 신화이기도 했고, 계몽의 신화이기도 했습니다. 그 안에는 한센병 같은 불치의 질병을 정복한 이야기도 포함되어 있습니다. 근대는 문명화라는 이름의 자유와 해방의 역사였지만 그 과정에 거대한 폭력이 있었습니다. 그래서 지금의 눈으로 이런 이야기를 읽으면 불편한 점이 없지 않습니다.

20세기는 우생학의 시대였습니다. '우생학eugenics'은

• **소록도 갱생원 확장 공사.** 소록도 자혜의원은 1934년 소록도 갱생원으로 명칭이 변경되었고 이후 대대적인 확장 공사를 벌였다. 이 과정에서 한센인들은 가혹한 노동을 강요받았다.

• **한센인들의 돌 운반 작업.** 스오 마사스에 원장은 한센인들을 동원하여 토목공사를 벌였고 심지어 자신의 동상을 세워 절하게 했다. 지금도 소록도 중앙공원에는 스오 원장의 동상이 서 있던 곳 아래에 한센인들이 운반한 큰 돌이 놓여 있다.

1883년 영국의 인류학자 프랜시스 골턴에 의해 명명된 근대의 신학문입니다. 1920년대 미국으로 건너간 우생학은 그 세력을 확고히 하였고, 1930년대에는 우생학에 근거한 다양한 프로그램과 법률이 제정되었습니다. 일본에서도 1920년대 중반부터 우생운동이 본격화되었습니다. 1924년 일본우생학회가 설립되었고, 1925년부터 <우생학>이라는 잡지를 발행했습니다. 1930년대 독일과 일본 등 파시즘 체제의 국가에서 우생학은 인종주의와 결합하여 단종수술, 강제 낙태 등을 합리화하는 근거가 되었습니다. 조선도 일본과 큰 시차 없이 우생학을 수용했습니다. 1922년에 발표한 이광수의 「민족개조론」에도 우생학적 인식이 투영되어 있습니다. 조선에 우생학회가 설립된 것은 1933년이고, 이듬해에 조선 최초의 우생학 잡지인 <우생>이 발간되었습니다.[6]

기독교와 우생학은 선택적 친화성을 가지고 있었습니다. 기독교 선교와 우생학의 비전은 유전적으로 결함이 있다고 판단하는 이들을 도구화하면서 근대의 서사를 작동시키는 데 공모하고 있었습니다.[7] 기독교가 선교를 사명으로 한센인을 돌본 일은 귀하지만, 근대 기독교의 목적론적 서사에서 한센인이 목적을 위한 대상이 되는 것으로 그친다면, 한센인들을 혐오의 대상으로 타자화해 온 것과는 또 다른 의미에서 한센인을 타자화한 것이라 할 수 있습니다. 소록도 수용소의 역사를 논의한 한 연구는 한센인들에게 강요되었던 가혹한 노동, 단종수술에서 단적으로 드러난 신체 혐오에 기독교적 구원론의 신체 표상이 개입되어 있었다고 비판하고 있습니다.

∷ 요컨대 소록도 수용소가 규율적 통치와 감금의 정치를 실현할 수 있었던 것은 무엇보다 나환자들의 신체 이미지를 배회하는 부랑자, 혹은 갑자기 출몰하는 '악'의 무리로 은유화한 결과이다. 이 결과 나환은 근대계몽기부터 가장 비위생적인 질병임과 동시에 비도덕적인 질병으로 인식되었던 것이다. 여기에 기독교의 신체 표상도 덧붙여졌다. 기독교적 구원론은 나환자의 신체를 고난과 수난을 몸으로 체현한 존재들로 표상하고, 그들의 고통은 신을 통해서만 구원받을 수 있다는 방식으로 재현하였다. 이러한 기독교적 신체 표상은 1930년대 이후 일제의 나환자관이 우생주의적 관점으로 치달으면서 나환자는 민족의 순수 혈통을 지키기 위하여 제거되어야 할 적으로 규정되기 시작한 것과 내적 연관성을 가지고 있다. 이렇게 볼 때, 개화기 이후 지배적인 위치를 점한 기독교는 계몽담론에 있어서는 여러 종교 가운데 하나가 아니라, 근대성 전반을 가로지르며 모든 지층에 깊은 흔적과 영향력을 행사하는 인식론적 중추의 역할을 수행했다는 점이 한층 드러난다. (한순미,「나환과 소문, 소록도의 기억」, <지방사와 지방문화> 13-1, 2010)

기독교의 구원론이 한센인들의 신체를 고난의 몸으로 표상해 왔을까요? 그래서 기독교의 신체 표상이 한센인들에게 강요된 가혹한 노동, 신체 혐오와 암암리에 결합해 있었을까요? 이런 비판을 따라 <성서조선>에 실린 한센인들의 글을 읽어 보면 곳곳에서 이 논문이 비판한 기독교의 신체 표상이 눈에 띕니다. 소록도 한센인들 중에서도 가장 고통받는 이들은 '나맹인(懶盲人)'이었습니다. 당시 소록도에 나맹인이 200여 명 있었다고 합니다. 나맹인의 신체가 고난의 몸으로 표상되는 것은 윤일심의 글 「나맹인 구락부」에 잘 드러납니다.

:: 보이지 않는 눈, 상한 다리에 피곤한 몸을 옮겨 일편단심으로 예배당에 향하는 광경을! 가다가 실족하여 넘어지면 그 자리에 쓰러진 채 기도하고 다시 가는 그 신앙이야말로 도처 '지성소'이다. 육은 불과 4척의 지팡이에, 영은 참 생명인 십자가를 의지하고 매진하는 이 믿음에는 옛날 모세를 연상케 된다. (윤일심, 「나맹인 구락부」, <성서조선> 1935. 11.)

또 윤일심의 「소록도의 걱정」(<성서조선> 1936. 6.)이라는 글은 인권유린의 상징이던 단종수술에 관한 이야기를 전해 줍니다. 당시 소록도에서 남녀가 결혼하려면 단종수술을 받아야 했습니다. 한센병이 유전된다는 잘못된 우생학적 지식에 근거한 것이었습니다. 윤일심은 이 일을 보고하면서 '남녀의 영혼이 향락으로 기울어지는 것', '수술이라는 조건 아래에서 이성을 찾는 자는 벌써 하나님으로부터 한 걸음 물러선 것'이라며 소록도의 영적 상황을 걱정했습니다. 이런 관점은 잘못된 우생학에서 비롯된 것으로 우생학이 기독교의 신체 표상에 영향을 주고 있었음을 보여 주는 예입니다.

그렇다면, <성서조선>에서 한센인들은 <성서조선>의 사명 이야기를 구성하는 타자에 불과했던 것일까요? 그렇지는 않습니다. <성서조선>에 수록된 한센인들의 글을 <성서조선>의 사명 이야기 위에서 읽지 않고 그들 자신의 서사로 읽을 때 오히려 <성서조선>과 한센인 사이의 교류가 지닌 성격이 더 잘 드러납니다. 김교신은 한센인들을 내세워 <성서조선>의 사명을 자랑하는 데 관심이 없었습니다. <성서조선>의 성공을 위한 목적론 서사에 한센인들을 동원하지 않았습니다. 김교신은 처음부터 <성서조선>의 성공에 관심이 없었고, 성공을 말하는 교계의 선배들을 향해 '사탄아 물러가라!'고 말했습니다. 그의 관심은 한센인들의 영혼에 있었으며 그들이 이 세상 가장 낮은 곳에서 보여 주는 생명의 능력을 독자들에게 전달하는 데 있었습니다. 이 점에서 김교신과 <성서조선>은 근대의 목적론 서사를 작동시켜 온 한국의 주류 기독교와 다른 곳에 서 있었습니다.

◆ 목적론 서사를 넘어서

김교신은 한센인들을 자신의 사명을 위한 도구로 여기지 않았습니다. 한센인 자신의 목소리를 있는 그대로 실어 보내는 것을 가장 중요하게 여겼습니다. 근대의 목적론적 서사 속으로 끌어들이지 않고 한센인들의 이야기를 한다면 이때 한센인의 표상은 어떤 것일까요? 중요한 것은 한센인 자신이 자신의 몸을, 자신에게 주어진 일상을 있는 그대로 귀하게 여기고 그 자리에서 예수를 따라 사는 것이라 하겠습니다. 이 점에서 한센인이든 한센인이 아닌 사람이든 차이가 있을 수 없습니다.

여기에서 한센인 자신이 예수를 따라 살았던 이야기를 해 보겠습니다. 윤일심 이야기입니다. 그의 본명은 윤재훈입니다. 소록도 갱생원의 매점 일을 보던 이로, 문신활과 가장 가까운 신앙의 동지였습니다. 그는 <성서조선>을 매달 받아서 필요한 곳으로 보내고, 성탄절 물품이 오면 그걸 적절히 배부했습니다. 1938년 말 문신활이 죽자 그는 크게 상심했습니다. 상심이 얼마나 컸던지 1939년 3월 <성서조선>에 실린 「소록도에서」라는 편지에서 그는 이제 소록도에 <성서조선> 열독자가 한 명도 없으니 더 이상 <성서조선>을 보내지 말아 달라고 부탁하기까지 합니다. 물론 그 말에 따라 김교신이 <성서조선>을 보내지 않았을 리는 없습니다. 이후에도 윤일심은 여러 차례 <성서조선>에 글을 보내왔습니다.

윤일심이 보내온 글은 대부분 간단한 보고인데, 1939년 12월호에 실린 「요양의 하루하루」라는 글은 성격이 다릅니다. 9월 초 며칠간의 일기를 담고 있는 이 글에서 윤일심은 밭갈이 하는 소를 바라보면서, 15세 소년 한센인 '또덕이'의 모습에서, 소록도 서편의 십자봉에 올라 저녁 해를 바라보면서 느낀 감상을 쓰고 있습니다. 일상적 삶과 거기에서 길어 올린 생각을 귀하게 여기고 있음을 엿볼 수 있습니다.[8] 그는 1940년 1월에도 두 차례 편지를 보내왔습니다. 받은 물품을 누구에게 어떻게 전달했는지 보고하면서, 여기서 한 걸음 더 나아갑니다. 그는 김교신이 보낸 책을 받고 그걸 소록도의 원생들이 빌려 읽을 수 있도록 자신이 가지고 있던 책과 새로 받은 책의 목록을 작성했습니다.[9] <성서조선>이나 물품을 받아 배부하는 역할에서 좀 더 적극적·주도적으로 자신의 역할을 찾아가고 있었습니다. 그는 1942년 <성서조선> 사건 때 경찰 조사를 받고 반년 동안 수감되었고, 석방된 후 소록도로 돌아갈 수 없게 되어 경성에서 삶을 마감했습니다.

이제 요한복음 9장에 나오는 이야기와 <성서조선>의 한센인 이야기를 겹쳐 읽는 것으로 소록도 이야기를 마무리하겠습니다. 예수께서 길을 가다가 선천적 시각장애인을 만났습니다. 그때 제자들이 묻습니다. 이 사람이 선천적으로 시각장애인이 된 것이 누구의 죄 때문입니까? 자기 죄 때문입니까, 부모의 죄 때문입니까? 대단히 폭력적인 물음입니다. 이 물음은 아마도 당시 종교사회의 통념에 근거한 것이었겠지요. 예수께서는 이 사람이 선천적 시각장애인이 된 것은 자기의 죄나 부모의 죄 때문이 아니라 하나님이 하시는 일을 나타내기 위함이라고 말했습니다. 시각장애인에게 실로암 못에 가서 씻으라고 했고 그렇게 해서 그는 보게 됐습니다. 여기에서 이야기가 끝났다면 이 이야기는 기적을 통한 구원 이야기가 되었을 텐데, 이야기는 더 이어집니다.

예수께서 실로암 못에 가서 씻으라고 한 날이 안식일이었습니다. 그 때문에 예수와 당시의 교권주의자들 사이에 다툼이 생겨납니다. 교권주의자들은 안식일을 어겼다는 이유로 예수를 믿는 이들을 출교하기로 합니다. 교권주의자들이 일의 자초지종을 부모에게 따져 묻자 부모는 출교당할까 두려워서, 이 아이가 우리 아들인 건 맞고 선천적 시각장애인인 건 맞는데, 어떻게 해서 보게 됐는지는 모르겠고, 아이도 이제 성인이 됐으니 직접 물어보라고 답합니다. 이 장면은 대단히 아이러니합니다. 선천적 시각장애인에게 구원은 눈을 떠서 보는 것입니다. 예수를 만나서 보게 됐으니 그는 구원받은 것입니다. 그런데 바로 그것 때문에 출교될 처지에 놓이게 된 겁니다. 이 이야기는 교리의 언어, 교권주의적 통념이 구원과 얼마나 멀리 떨어질 수 있는지 보여 줍니다. 김교신도 「크리스마스」라는 글에서 한센인과 요한복음 9장의 시각장애인을 겹쳐 떠올리면서 소록도 한센인들의 자리가 천국을 보여 주는 일을 맡은 자리라고 했습니다.

∷ 타고난 소경은 누구의 탓이냐고 질문하는 사람들을 향하여 주 예수의 대답은 "아무의 탓도 아니요, 하나님의 영광을 나타내기 위함이니라"라고 하셨거니와, 여러 '우리 문둥아' 형제자매들의 그 자리에 있음이 또한 헛된 존재가 아닐 뿐인가, 성한 이에게 천국을 보여주는 일을 맡은 자리라고 할진대 형제자매여 잠시의 세상에서 좀 더 참고 견디어야 할 것이 아닐까. (「크리스마스」, <성서조선> 1935. 12.)

조선 기독교회의 교권자들에게서
이단시함을 받고 압수를 당하면서도,
골육이 썩어 가는 나환자에게서
희망을 전하고
환희를 일으킨다고 증명받았으니
이보다 더한 영광이 어디 있나.

무릇 영광이란 것을 알 만한 사람,
볼 만한 형제는 나의 책상에 놓인
나환자의 편지를 와 보라.

총리사가 반대하고
총회장이 훼방한다 할지라도,
우리는 나환자의 편지를 가슴에 품고
천국 길을 달려가리라.

8장

북한 산록의
자전거꾼

◆ **북한 산록의 집**

　김교신이 정릉 북한 산록으로 이사하기로 마음을 정한 것은 1936년 3월입니다. 3월에 주택을 짓기 시작하여 4월 말에 완공했습니다. 5월 7일에 첫 이사를 했고 6월 21일에 마지막 짐을 옮겼습니다. 1936년 5월과 6월 사이에는 활인동과 정릉, 그리고 봉래정을 오가는 생활을 해야 했습니다.

　::　[1936년 6월 6일] 울타리 없는 집이다. 북한산성이 북편을 막았고 남한산성에 대문을 달았다. 시내의 왜소저암倭小低暗한 집에서 혼난 터라, 바라크식일망정 채광의 창은 넉넉하고도 넘치니 아침엔 늦잠 자고자 하되 밝아서 잘 수 없고, 저녁엔 피로하여 베드로의 무리처럼 쓰러져 잔다. 아침엔 꿩이 울어 기운을 돋우고 저녁엔 모기가 물어 인내력을 키우니, 속에 신앙이 있는 때는 범사가 찬송이다. 내일 집회 준비로 인하여 오늘 밤은 공덕리 서재로 돌아오다. (《김교신 전집 6》, 58쪽)

김교신은 이사가 진행되던 중 우물을 팠습니다. 물이 시원하고 물맛이 좋아 북한 산록의 자랑이었습니다. 낮 동안 시내에서 어지러운 세태와 번잡한 사무에 시달리다 산록으로 돌아와 시냇물에 몸을 씻고 우물물을 마시면 더 바랄 것이 없었습니다.

여름이 되어 양정학교 교장이던 안종원과 한말의 개화 운동가였던 오세창이 북한 산록을 방문했습니다. 안종원은 육십, 오세창은 칠십이 넘은 노인이었습니다. 당대 최고의 서예가들이기도 했습니다. 두 노인은 뒤뜰에서 우물물을 마시고는 '굴정이음 掘井而飮'을 되뇌었다고 합니다. '굴정이음'은 '목말라 물을 마시면서 그 물의 근원을 생각한다'는 말에서 유래한 것입니다. 자연과 이웃에 감사하고 가진 것에 만족하는 삶의 태도가 거기 있었습니다. 안종원이 이날 써 준 글씨는 '신무반묘우천하 안유천추괴차생 身無半畝憂天下 眼有千秋愧此生', 즉 '몸에는 한 뙈기 땅이 없어도 천하를 걱정하고, 눈에 천년 세월을 담아 이 삶을 부끄러워하노라'라는 문장이었습니다. 유가의 청빈 고결한 삶을 표현한 것이겠지만, 김교신은 이 구절에서 사도 바울의 일생을 떠올렸습니다. 김교신이 즐겨 암송하던 워즈워스의 시 구절, '소박한 생활, 드높은 이상 Plain living and high thinking are no more'에 표현된 삶의 가치이기도 했습니다.

북한 산록은 김교신의 드높은 이상이 드러난 공간이었습니다. 돈암정에서 정릉으로 가려면 고개를 넘어야 했습니다. 사람들은 이 고개를 '아리랑 고개'라고 불렀지만, 아리랑의 체념적 정서를 싫어했던 김교신은 이 고개를 '상현想峴'이라고 일컬었습니다. '생각하게 하는 고개'라는 뜻입니다. 경사가 심한 고갯마루를 자전거를 끌고 올라 뒤를 돌아보면 삼각산과 도봉산 산마루가 올려다보였습니다. 저녁에 피로한 몸으로 이 고개를 넘어오면 그날의 감사와 참회가 떠올랐습니다.[1] 집 앞으로 작은 시내가 흘렀는데, 청수천 본류로 합류하는 이 시내를 '여퇴천慮退川'이라 불렀습니다. 이 이름은 동계성서강습회에서 단테의 《신곡》을 공부하다가 '레테Lethe의 강'에서 따온 것입니다. 《신곡》 연옥편에서 영혼들이 레테를 건너면서 죄악의 기억을 씻었던 것에 착안해서, '걱정을 물리친다'는 뜻의 한자를 골라 지은 이름입니다.[2] 여퇴천 건너편에는 약사사가 있어 종소리가 새벽을 깨웠고, 여퇴천 이편 북한 산록에서는 김교신의 기도가 새벽을 깨우고 있었습니다. 전쟁의 소문으로 시국이 소란스러웠지만, 김교신은 북한 산록의 적막 속에서 가늘고 고요한 소리를 듣고 있었습니다.

:: 우리가 듣고 싶은 것은 가늘고 고요한 소리뿐이다. 약사사의 퉁소 소리와 종소리는 우리의 이 경향을 도와줌이 막대하다. 하물며 뜰에 흐르는 시냇물의 잔잔한 소리까지 적막을 도울 때의 침착함을 어찌 다 형용하랴. 때로 소쩍새가 밤의 어둠을 깨뜨리고 꿩의 날개 치

는 소리 아침 공기를 진동하게 하나 이는 다 동중動中의 정靜이다. 혹시 주위의 경개를 칭찬하는 자 있으나 마음 속에 주 그리스도를 모시는 때에만 천연의 경개도 산 것이 되는 것을 우리는 날마다 경험한다. (「북한 산록의 집」, <성서조선> 1937. 12.)

◆ **김교신, 자전거꾼이 되다**

정릉에서 양정학교까지는 30리 길이었고, 대중교통을 이용하려면 고개를 넘어 돈암정까지 걸어가서, 돈암정에서 동소문까지 버스로, 동소문에서 봉래정까지는 전차를 타고 가야 했습니다. 이 길을 매일 오가기 위해 김교신은 자전거 꾼이 되었습니다. 자전거꾼이 된 김교신의 첫 감상은 다음 과 같습니다.

∷ [1936년 5월 29일] 자전거로써 통행하면 전연 다른 서울이 전개되어 보임을 발견하다. 전차 타는 계급이 다르고, 자동차 타는 계급이 다르고, 보행하는 사회가 다르며, 자전거 도道의 사회가 또한 별것이다. 자전 거꾼 대부분은 몸을 천한 직업에 두고 남에게 봉사하는 층의 인사들인 것을 인식할 때 며칠 사이에 이 사회에 들어서게 될 자신을 돌아보아 인생행로에서 한 계급 승

급이나 한 듯이 못내 자랑스러워하다. (《김교신 전집 6》, 58쪽)

몸 쓰는 이들 속에 있게 된 것을 못내 자랑스러워했지만 자전거꾼이 된다는 것은 굴욕을 감내해야 하는 일이었습니다. 교통 순사에게 고함과 욕설을 듣는 경우가 한두 번이 아니었습니다. 학생들을 인솔하여 전람회를 관람하러 갔다가 자전거꾼 복장 때문에 들어가지 못한 일도 있었습니다. 자전거꾼은 어딜 가나 괄시를 받아야 했습니다.

1936년 10월 말 맑은 가을날 아침이었습니다. 여느 날처럼 자전거를 타고 동소문 내리막을 달려 내려오는데 불현듯 머릿속에 '자전거 신학'이라는 말이 떠올랐습니다. 평소 '신학'이라는 말을 잘 쓰지 않았고, 전도자로서나 성서연구자로서도 '소인素人'을 자처했던 김교신이 '신학'이라는 말을 쓴 것은 의외이지만, '자전거'와 '신학'이라는 어울리지 않는 단어를 결합한 것은 오히려 그럴 만한 일이었습니다. 김교신이 '신학'이란 말을 쓴다면 그것은 일상과 동떨어진 것이 아니고 학자들의 전유물은 더더욱 아니었습니다. 후일에 '자전거 신학'을 문장으로 표현하는 날이 있으면 매우 흥미 있겠다는 생각에 종로를 지나 봉래정으로 오는 내내 유쾌했습니다.[3] 김교신이 '자전거 신학'을 글로 발표하지는 못했지만, 「나의 자전거」(<성서조선> 1937. 1.)에서 그의 '자전거 신학'을 짐작할 수 있습니다.

「나의 자전거」는 반년간 타던 자전거를 잃어버린 후에 쓴 글입니다. 첫 자전거를 도난당한 것은 1936년 12월 3일의 일입니다. 12월호 교정이 늦어 수업 시간을 오후로 미뤄 놓고 출근길에 인쇄소부터 들러 교정을 하고 학교로 가려고 보니 인쇄소 앞에 세워 둔 자전거가 사라지고 없었습니다. 이 글은 "자전거를 잃고 나니 자전거가 나의 팔다리의 한 부분이었던 것을 절실히 깨달았다"라는 문장으로 시작하여 자전거 타기의 유익을 말합니다.

우선 자전거를 타면서 대중교통을 이용할 때의 경쟁을 피할 수 있었습니다. 당시 경성의 대중교통 여건은 열악했습니다. 식민지 근대화로 경성의 인구는 급격히 늘어나 1930년 40만이 채 안 되던 것에서 1938년이 되면 70만을 넘어섭니다. 1938년 동소문을 철거하고 돈암정까지 전차 선로를 연장하는 등 대중교통을 확충했지만, 인구 증가 속도를 따라가지 못했습니다. 돈암정에서 전차를 타고 시내로 들어가려면 극심한 경쟁을 이겨 내야 했습니다. 자전거는 가고 멈추는 것을 스스로 할 수 있으니 누구와도 경쟁할 필요가 없었습니다. 대중교통을 이용하면 1시간 10분 걸리는 거리를 자전거로는 경쟁하지 않고도 35분 만에 달릴 수 있었습니다.

점차 자전거 타기에 익숙해지면서 주변 풍경과 사물의 움직임이 모두 정물로 보이게 됨을 깨달았습니다. 집에서 출발하면 학교에 도착할 때까지 경성의 도심은 하나의 터널에 불과했습니다. 자전거 위에서는 앞길을 볼 수밖에 없었고 눈이 단순해지자 생각도 단순해졌습니다. 서울의 모든 '추잡한 것, 악착스러운 것, 부허浮虛한 것, 괴이한 것'은 보이지도 않고 볼 필요도 없었습니다. 질주하는 자전거 앞을 교통신호가 막아서는 경우가 간혹 있었지만, 이때는 모든 신경을 한 점에 더욱 집중해야 했습니다.

자전거꾼이 된다는 것은 그 사회에서 낮은 자리에 처하는 것이었습니다. 김교신은 자전거를 "타는 것 중에 가장 겸비한 것", 즉 나귀에 비유했습니다. 자전거를 타고 다니면서 예루살렘에 나귀를 타고 입성하던 예수를 떠올렸습니다.

> :: 자전거는 현대의 나귀다. 경성부 내의 교통정리 정책으로 보아도, 전차에 궤도가 있고 자동차에 지정된 도로가 있고 짐 싣는 마차가 또한 지정된 길을 다니되, 오직 자전거만은 이쪽저쪽으로 남는 길로 몰리는 무시를 당하고 있다. 또한 자전거꾼의 대다수는 사회에 봉사하는 계급의 미천한 사람들이다. 타는 것 중에 가장 겸비한 것을 타고, 심부름꾼, 배달부들과 반열을 같이 하여 달음질하려면 나귀로 입성하시던 주 그리스도를 자주 생각하게 된다. 나의 자전거는 나로 하여금 한층 더 넓은 사회에 호흡하게 하였다. (「나의 자전거」, <성서조선> 1937. 1.)

• **김교신의 정릉 자택.** 왼쪽이 1936년 봄 이사하기 전 지은 집이고, 오른쪽이 1937년 봄 김교신이 손수 지은 서재이다. 서재는 햇빛과 공기를 잘 받아들이기 위해 창을 크게 내었고 소음을 줄이려고 문과 창을 이중으로 했다. 지하실도 채광이 되도록 설계했다.

• **정릉 자택에서 모친과 부인, 6남매와 함께.** 뒷줄 김교신 좌우에 서 있는 학생들은 자택에 기숙했던 학생들이다. 뒤쪽에 김교신이 타고 다녔던 자전거가 보인다.

김교신은 아침에는 정릉에서 돈암정 내리막을 내려와 동소문에서 종로를 거쳐 봉래정까지, 저녁에는 그 길을 되짚어 달렸습니다. 학교에서 인쇄소로, 총독부로, 가끔 병원에 문병 갈 때도, 물건을 사러 본정에 갈 때도, 연회가 있어 조선호텔에 갈 때도, 학생들을 인솔해 조선신궁으로 갈 때도 언제나 자전거였습니다. 무릎 아래가 달라붙는 골프바지 차림이었습니다. 지인의 추천으로 고글을 쓰기도 했고, 겨울에는 귀마개를 했습니다. 비 오는 날이 아니면 사시사철 자전거를 타고 달렸습니다. 일본의 무교회 신도이자 유명화가 이시카와 미츠야가 경성을 방문하여 김교신을 만나고 나서, 그의 무교회 잡지에 김교신을 만난 인상을 기록했습니다.[4] 그의 눈에 비친 김교신은 모던한 바지를 입고 자전거를 타는 중년 사내였습니다. 자전거꾼 김교신은 경성의 풍경에 이채를 더하는 존재였습니다.

◆ **창조와 자립의 생활**

김교신이 홍제외리에 있던 김주항의 농장을 처음 찾은 것은 1935년 1월 5일의 일입니다. 그해 동계성서강습회를 마치던 날이었습니다. 김주항은 오산학교 출신으로 춘원에게서 배웠고 이찬갑과도 친분이 있었습니다. 이날 방문도 이찬갑의 안내에 따른 것이었습니다. 김주항은 미국인 여성

아그니스 데이비스 김과 결혼하고 홍제외리에서 농장을 운영하고 있었습니다.

　김교신이 김주항의 농장을 다시 찾게 된 것은 1937년 2월입니다. 춘원의 글「창조의 생활」이 계기가 되었습니다. 춘원의 필치로 그린 김주항 부부의 홍제외리 농장에서의 삶은 창조적 생활, 사랑의 생활이었습니다. 김주항과 아그니스 데이비스 김의 결혼은 선교사들의 반대를 무릅쓰고 이루어진 것이었습니다. 춘원에 따르면 김 부인의 종교는 '행하는 종교'인 데 반해 선교사 무리의 종교는 '말뿐인 종교'였으니 이런 반대는 당연했습니다. 부인은 오직 인류는 모두 하나님의 아들이라는 것을 말 그대로 믿고 김주항에게 일생을 허락한 것이었습니다.

∷　서재에는 석유상자 등속으로 손수 만든 책상에 내외분의 헌책들이 끼어 있고, 그래도 유성기와 레코드가 있고, 헌 나무 교의 몇 개가 있다. 서쪽 창으로는 수색 방면의 들과 산들이 보였다.
"백만 원 경치라고 내가 부르지요."
부인은 이렇게 말하였다.
이 창으로 내다보이는 밭 한 뙈기, 손바닥만 한 논 몇 뙈기, 그리고 북창으로 보이는 산기슭 하나, 이것으로 두 내외가 농사를 지어서 자작자급하는 것이라고 한다.
부엌을 보았다. 밥 짓는 열과 빵 굽는 오븐 열을 이용하여 물을 끓여서 딴 불 안 때고 더운물을 쓸 장치는 부인 자신의 고안이라고 하는데, 뚜껑을 여니, 김이 모락모락 났다. 벽에 붙어서 찬장들이 있는데, 다 널조각으로 손수 만든 것들이요, 빨래하는 사기그릇은 미국서 부인이 하숙하던 집에서 내버리는 것을 얻어 가지고 온 것이라고 하며, 좁은 부엌이언마는, 모든 스페이스를 경제적으로 써서 편리하게 만들어 놓았다. (「창조의 생활」, 《이광수 전집 14》, 삼중당, 1966, 341쪽)

이어서 지하실 풍경, 뒷문 밖 외양간, 햄 만드는 나무통, 손수 만든 베틀 등을 그려 놓고 있습니다. 모든 것이 장난감 같았습니다. 창조의 기분이 넘치는 집이었습니다. 집을 떠나면서 방문자들은 한목소리로 "오늘 처음 사랑이라는 것을 보았소"라고 말했다고 합니다. 그들이 그 집에서 본 것은 창조의 생활, 진리의 생활, 사랑의 생활이었습니다.

김교신이 춘원의 글을 읽고 김주항의 농장을 다시 방문한 것은 춘원이 다녀간 지 사흘째 되는 날이었습니다. 몇 년 전에 왔을 때와 달리 본관과 축사가 새로 들어서 있었고 경작지도 크게 확장되어 있었습니다. 춘원의 글로도 다 쓰지 못한 창조의 생활이 거기 있는 것을 보고 김교신은 놀랐습니다.

두 달 후 김교신은 김주항의 '창조의 생활'을 본받아 손수 서재 건축에 나섰습니다. 4월 27일부터 한 달 동안 돌을 쌓아 벽을 세우고, 5월 30일에 목수의 조력을 얻어 지붕을 만들었습니다. 6월 8일에는 목수를 들어서 창호와 마루 공사를 했습니다. 공사를 마치고 서재에 책을 옮긴 것은 6월 12일이었습니다. 한 달 보름 동안의 역사였습니다. 태어나 처음으로 5평 남짓한 전용 서재를 사용하게 되었다고 기뻐했습니다.

∷ 돌로 지었으나 돌집이라기보다 석굴이라고 하는 편이 바른 연상을 줄 것이다. 형型도 없고 식式도 따르지 않은 까닭이다. 창을 크게 하고 여러 개 만든 것은 일광과 공기를 넉넉히 받아들이고자 함이요, 출입구를 이중으로 하고 유리창을 이중으로 한 것은 집 안의 아이들 전쟁 소리, 동네의 과잉 라디오 소리, 유행가 곡조 등의 모든 세상의 음파를 거부하려는 심산이었으나 목적을 완전히 이루지는 못하였다. 그러나 하늘에서 오는 것은 주는 대로 받고 인간에서 보내는 것은 모조리 거부하고자 하는 고집이 표현된 것이다. (「성조소감」, <성서조선> 1937. 7.)

김교신은 경제적 독립을 중요하게 여겼습니다. 경제적 독립 없이는 신앙생활도 없다고 했습니다. 불의한 현세에 선인이 실직하기도 하고 의인이 굶주리는 일도 있지만, 그럼에도 불구하고 30세에도 경제적으로 독립하지 못한 사람은 성령을 논하지 말고 성서를 말하지 말라고 했습니다. 육체와 분리하여 영혼이 살 수 없는 것처럼 경제적 독립을 하지 못한 신앙도 살지 못한 신앙이라고 했습니다.

◆ 북한 산록의 결혼식

1938년 10월 17일은 김교신의 장녀 진술 양의 결혼식 날이었습니다. 신랑은 용인 사람 조성진이었습니다. 10월 15일 주례를 맡은 함석헌이 장녀와 함께 상경했습니다. 16일에는 성서연구회에서 함석헌이 마태복음 11장을 본문으로 삼아 "실實 있는 인생"이라는 제목으로 강화했습니다. 그날 저녁 하객들이 속속 북한 산록으로 모여들었습니다.

10월 17일은 쾌청한 가을날이었습니다. 새벽에 일어난 김교신은 "새벽 5시의 우리 마당에는 오리온좌로써 차일을 치고 천랑天狼으로써 등을 달고 북한 연산連山으로써 병풍을 두른 것 같다. 인생이 무엇이관대 그 머리 위의 하늘이 저다지 찬란하고 그 좌우의 산령山嶺이 이다지 엄숙한고"[5]라고 썼습니다. 그 새벽 결혼하는 장녀를 위해 기도회를 열었습니다. <성서조선> 독자인 박정수 여사가 사회를 보고 잠언 31장으로 권면했습니다. 정오가 되어 결혼식을 거행했습니다. 함석헌이 마태복음 19장을 본문으로 삼아 '결혼의 의의'라는 주제로 설교했습니다.

∷ 오늘 이 결혼식은 현 사회에서 유례없는 결혼식입니다. 지금 결혼식이라고 하기만 하면 누구나 곧 부민관이나 어느 교회당의 크고 화려하게 꾸민 식장과 예복 화관의 성장盛裝과 수십백의 군중이 요정에서 떠드는 성대한 잔치를 생각하지마는 오늘 여기는 그런 것은 아무것도 없습니다. 그리고 있는 것은 오직 엄숙하게 솟은 북한산과 맑게 흐르는 앞 시내와 고요하고 깨끗한 이 가정뿐입니다. 이런 식을 택한 이유는 주인 김 선생이 몸소 말씀하신 대로 오늘 두 분의 인생의 새출발을 될수록 엄숙한 가운데 뜻있게 하도록 하기 위하여서입니다. [중략]

그러면 결혼은 무엇 때문에 합니까. 나는 하나님의 맘성을 배우기 위하여서라고 생각합니다. 인생의 모든 일의 목적은 구경究竟 여기서 벗어나지 않습니다. 결혼 생활은 그중에서도 최고의 공과工課입니다. 결혼 생활은 때로는 행복스러워 보일 수도 있고 때로는 고통스러워 보일 수도 있습니다. 그러나 언제나 변치 않는 중심적 의미는 하나님의 사랑을 배우는 일입니다. [중략]

지금 우리 조선은 하나님의 뜻을 알아 행하자는 믿음으로 되는 깨끗한 가정을 요구하기 긴절緊切합니다. 참조선의 생명은 사회 길거리에서도 바랄 수 없고 학교에서도 바랄 수 없습니다. 가정에서밖에 유지되고 갱생될 길이 없습니다. 실례를 들어 말하면 언어 같은 것입니다. 이것을 위하여 깨끗한 가정은 절대적으로 요구되고 있습니다. 이런 때에 신앙으로 자라난 두 분의 새 출전을 맞게 된 것은 이런 만신滿身에 창이瘡痍를 입은 우리에게 얼마나 힘이 되고 희망이 되는 일인지 모르겠습니다. 바라건대 여기서 맺어지는 두 분의 결혼 위에 거룩하신 하나님의 축복이 풍성하시기를 원합니다. (함석헌,「결혼의 의의」, <성서조선> 1938. 12.)

하객들은 이날 결혼식은 사회자의 설교로 보나 신랑신부의 자연스러운 조선 의복 차림으로 보나 유례를 보지 못한 것이라고 입을 모았습니다. 김교신은 남들과 다르게 하려고 한 것이 아니라 꾸밀 줄 모르는 성격으로 분수에 맞게 한 것뿐이라고 했습니다. 딸을 떠나보내 섭섭하지 않느냐고 묻는 이에게 이 결혼은 육으로 낳은 딸과 영으로 낳은 아들의 결혼이니 누구도 타인이라는 느낌이 없고, 영으로 낳은 아들은 더욱 신뢰할 만하여 불안이 전혀 없다고 대답했습니다. 예식을 마친 후 김교신이 직접 사진을 촬영했습니다. 정성스러운 글로 축전을 보내온 이도 있었습니다. 북한 산록의 결혼식은 참 조선인의 자연스러운 예식이었습니다.

::
축 혼인
새로운 집일수록 더럼 더욱 타옵니다

날마다 쓸고 닦아 티끌 없이 하옵시면
임께서 가까이 오시와 함께 계시오리다
석곡초부 石谷樵夫
(《김교신 전집 6》, 457쪽)

◆ 가정에 천국을 비추라

김교신은 부인 한매와 함께 홀어머니를 모시고 살았고, 모두 8남매를 낳았습니다. 양정학교 교사 월급으로 <성서조선>을 간행하고 남은 것으로 대가족이 생활해야 했기에 극도로 청빈하게 살았습니다.

젊어서 과부가 된 모친을 김교신은 지극히 사랑하고 연민했습니다. 모친의 말에는 무조건 순종했습니다. 어느 여름날, 오전에는 집필하고 오후에는 무, 배추를 파종하고 계사 수리도 했습니다. 계사 수리한 것이 매우 잘되었다는 모친의 칭찬을 받고 김교신이 아이처럼 기뻐하자 자녀들이 "어린애처럼 좋아하시네!"라며 아버지를 놀렸습니다. "사십이 넘어도 어머님 앞에는 어린이요, 환갑이 지나도 하나님 앞에서는 모든 기독자가 어린이"라고 했습니다.

한번은 모친이 함흥에 다녀오는 길에 강아지를 한 마리 안고 왔습니다. 푸러리라는 이름의 강아지였습니다. 푸러리가 집 나간 후 며칠이 되도록 집에 돌아오지 않았습니다. 온 가족이 구역을 나누어 찾으러 다녔으나 찾지 못했습니다. 닷새째 되던 날 아침 저 멀리 동구에 뛰어오는 개를 보고 아이들이 소리쳤습니다. 저기 푸러리 온다! 과연 푸러리였습니다. 온 가족이 푸러리를 안고 함께 기뻐했습니다. 푸러리는 새벽마다 기도처까지 따라와서 기도하는 주인을 지켜 주었습니다. 푸러리가 분만하자 이 충직한 개가 낳은 강아지를 분양받으려는 지인들이 많았습니다. 강아지 수보다 분양받으려는 이가 많아 분양받지 못해 울고 간 부인도 있었습니다. 김교신이 강아지 한 마리에 1원씩 받고 분양하려는 방안을 냈지만, 강아지를 누가 돈 받고 파느냐는 모친의 만류에 뜻을 접었습니다.

북한 산록에서는 아이들도 자기 힘에 맞게 일해야 했습니다. 밭에 물 주는 일, 풀 뽑는 일, <성서조선> 봉투 붙이는 일 등에 온 가족이 힘을 합했습니다. 1937년 9월에는 임시로 집안일을 돕던 식모가 일할 곳을 찾아 떠났습니다. 식모가 나가게 되자 부엌간 출입이 자유로워지고 '제 일은 제 손으로' 한다는 평소 생각에 철저하게 되었다며 기뻐했습니다. 아이들도 방 청소, 마루 청소를 분담했습니다. "부엌간 비상시국을 극복할 배치가 즉일 성립되었다"고 호기를 부렸습니다. 며칠 후에는 장남이 신장염으로 입원하면서 부인이 집을 비우자 김교신이 장녀, 차녀 등과 함께 부엌일을 맡게 되었습니다. "오늘 아침에는 장녀, 차녀를 주력으로 3녀를 보조병으로 하는 신군단을 편성하여 이를 독려하면서 조반을 지어 학생들과 교사가 모두 정각대로 등교하다. 아직도 제4녀는 예비역으로 늦잠 자고 누웠으니 우리의 취사 진지는 가위可謂 안심이로다"라며 익살을 부렸습니다.

실내 청소를 분담한 아이들에게 노동에 대한 보수를 주기로 약속했고, 한 달이 지나 정산할 때가 되었는데, 미취학 아동이던 넷째가 평소 심부름을 많이 하는데 보수를 받지 못하는 걸 할머니께 항의했고, 그걸 듣던 네 돌이 채 안 된 장남이 자기도 한 구역을 맡겠다고 제의하여, 북한 산록에는 일하지 않고 먹는 이는 곧 돌이 되는 유아 한 사람만 있게 되었습니다. "이리하여 하나님의 무한한 은총으로써 우리 집은 천하의 낙원이다. 세상에 아무 지위도 부러운 것이 없다. 진실로 만족이요 감사요 찬송이다. 원컨대 능히 노역에 견디며 노동을 기뻐하는 자녀를 세상에 제출하고지고."⁶ 하루는 아침에 아이들 잠을 깨우다 묘안을 냈습니다. 찬송가를 크게 부르는 것이었습니다. 아이들이 하나씩 둘씩 깨어나는 대로 찬송가 합창에 참여했습니다. 북한 산록의 아침은 천사들의 찬송으로 가득 찼습니다.

부인에 관해 쓴 글은 많지 않지만, 김교신은 가정 내에서 겪는 여성들의 고단함에 대해 연민을 가졌습니다. 1939년 6월에 발표한 「가정생활」이라는 글에 당시 여성들에 대한 마음이 잘 드러나 있습니다. 이 글에서 김교신은 가정에서 성도로 생활하는 것이 얼마나 어려운 일인지 말했습니다. 신앙이 독실한 한 젊은 자매의 이야기를 듣고 가부장제

가족에서 가장의 태도에 대해 성찰했습니다. 이 여성은 가정생활 10년에 5남매를 낳아 기르느라 가정 이외의 세계를 모르고 지내 왔다고 합니다. 심신이 허약해지고 보니 며칠이라도 좋고 일주일이라도 좋으니 집을 떠나 생활해 보는 것이 소원이라는 것입니다. 이 여성의 말에 김교신은 출가한 맏딸을 떠올렸고, 마흔이 넘도록 가정에만 있어 온 부인을 생각했습니다. 부인에게 '가고 싶은 때 가고 싶은 데로 가라'고 선언했다고 합니다. 가장 약한 자의 뜻이 이루어지는 곳이 천국이라고 했습니다.

:: 권리 없어 보이는 자의 권리를 존중하며 약한 자의 항의에 몸서리쳐 순종하기까지 우리 신앙의 도정은 아직 전도요원하다 할 수밖에 없다. 가장 약한 자의 정당한 의지가 장해 없이 이루어지는 곳이 천국일까 한다. 우리의 가정에 천국을 비추어라. (「가정생활」, <성서조선> 1939. 6.)

◆ **나의 천막직**

<성서조선>을 간행하는 일에서도 김교신은 자립을 추구했습니다. 어느 독지가가 <성서조선> 간행 비용 일체를 부담하겠노라고 했지만 이를 거절했습니다. <성서조선>의

비용은 독자가 모두 부담하는 날까지 그 주필인 자신이 "천막장이 노릇"하여 감당하겠다고 했습니다. "조선 같은 빈핍한 땅에 났다가 친척과 친구에게 신세 끼치지 않고 간다면 그것이 조선을 위한 최대 사업"이라고 했습니다.[7]

    1940년 3월 양정학교를 사직한 후 김교신은 전도자로 일선에 나서고자 했지만 여의치 않았습니다. 목장 경영에 참여하기 위해 만주를 오가기도 했으나 사업 터전을 잡지 못했던 것 같습니다. 양정학교 사직 후 1년 반은 지난 반생 동안 경험한 것보다 더 큰 파란을 겪은 시간이었다고 했습니다. 이렇다 할 수입원이 없는 상태에서 <성서조선>을 간행하면서 대가족을 부양하자니 어려움이 많았을 것입니다. 김교신은 1940년 9월부터 6개월간 경기중학교에서 임시교사로 근무했고, 얼마간 휴지기를 거쳐 1941년 10월부터 다시 송도중학교에서 교직을 이어 가야 했습니다.

    이 무렵 김교신의 사정은 김중면이 쓴 글 「제의」(<성서조선> 1941. 5.)를 통해 짐작해 볼 수 있습니다. 김중면은 김교신의 양정학교 두 번째 담임반의 제자로, 1938년 3월 졸업식 후 사은기념품을 전달하는 자리에서 「증정문」을 낭독하여 김교신을 감격하게 한 이입니다. 1941년 초 김중면은 곧 수원고등농림학교를 졸업하면 갑산공립농업학교로 부임하게 되어 있었습니다. 그가 김교신의 자택을 방문한 것은 1941년 2월 18일의 일입니다. 그는 김교신과 저녁 식사를 하면서 스승의 심경을 듣고 안심이 되는 한편 경제적으로 곤란을 겪고 있는 것이 마음에 걸렸습니다. 자신이 <성서조선> 출판의 경제적 부담을 나누어 지는 것이 좋겠다는 생각을 품고, 독자들에게도 후원을 요청하는 글을 써서 다시 김교신을 찾은 것은 3월 중순입니다. 마침 김교신이 집에 없어 글만 두고 돌아갔는데, 처음 이 글을 본 김교신은 게재하지 않기로 마음먹습니다. 하지만 첫 월급을 받은 김중면이 자신의 몫을 보내와 혼자서라도 자신의 '제의'를 실행하려 하자, 김교신도 마음을 바꾸어 김중면이 쓴 글을 <성서조선>에 수록했습니다. 이렇게 발표된 글이 「제의」입니다. 하지만 이 「제의」는 실효를 거두지 못했습니다. 김교신의 예상대로 이 제의에 응한 사람은 극소수에 불과했습니다.

<성서조선> 1941년 7월호는 통권 150호이면서 창간 14주년 기념호로 간행했습니다. 이 기념호는 「제150호(만 14주년)」, 「한 가지 의혹」, 「나의 '천막직'」 등 짧은 권두문을 여러 편 수록하고 있습니다. 이 글들은 모두 <성서조선>을 간행해 온 소회를 담고 있어서 이 무렵 김교신의 심경을 잘 보여 줍니다.

김교신은 「한 가지 의혹」에서 만 14주년 통권 150호를 간행할 때까지 생활비는커녕 인쇄 실비도 충당하지 못하는 잡지를 내는 것이 하나님의 뜻에 합한 일인가 자문했습니다. 실제로 이런 형편을 이유로 잡지 폐간을 종용하는 이들도 있었습니다. 하지만 김교신은 사도 바울의 말을 떠올려,

"우리도 '밤과 낮으로 노동하여' 아무에게도, 특히 기독교도에게 누를 끼치지 않고서 복음전파하기를 지원하는 자"라고 했습니다. 「나의 '천막직'」에는 다음과 같이 썼습니다.

> ∷ 근일에 김중면 군의 「제의」가 있었으나 거기 응하는 자는 내가 예언했던 대로 아브라함이 소돔 고모라를 위하여 하나님께 간구하였던 최후 할인으로 결정된 의인의 수에도 미치지 못했다. 고로 우리는 무슨 모양으로든지 밤낮 '천막'을 제조 판매하여야 할 자이다. 이 일만은 원컨대 다른 아무보다도 다소 사람 사도 바울을 본받고자 한다. (「나의 '천막직'」, <성서조선> 1941. 7.)

1941년 7월 6일 <성서조선> 14주년 기념 집회를 북한산록 김교신의 자택에서 열었습니다. 집회에 참석하겠다는 전보가 원근 각지에서 날아들었고 당일 아침부터 독자들이 속속 모여들었습니다. 아침까지 내린 비로 여퇴천이 맑고 풍부하게 흘렀습니다. 계우회 사건으로 수감되어 있다가 석방된 함석헌이 참석하여 로마서 11장을 읽고 전 인류를 위한 조선의 사명에 대해 강론했습니다. 김교신은 <성서조선> 초기 동인들의 전도 여행을 떠올리면서 1941년 여름 만주와 함경도를 돌아보는 전도 여행을 하겠다고 독자들에게 알렸습니다.

권리 없어 보이는 자의 권리를 존중하며
약한 자의 항의에 몸서리쳐 순종하기까지
우리 신앙의 도정은 아직 전도요원하다
할 수밖에 없다.

가장 약한 자의 정당한 의지가
장해 없이 이루어지는 곳이 천국일까 한다.
우리의 가정에 천국을 비추어라.

9장

무교회,
전적 기독교

◆ **신사참배 강요**

　일제가 조선의 학교에 신사참배를 강요하여 처음 이 문제가 불거진 것은 1924년 10월의 일입니다. 충남 강경공립보통학교에서 신사참배에 반대한 기독교인 학생 26명이 결석했고, 참석 학생 중 40여 명이 참배를 거부하는 사태가 발생했습니다. 이 일로 교사 김복희가 휴직했고 학생들 6명이 자퇴하거나 정학 처분을 받았습니다. 이듬해 5월에도 강경공립보통학교에 다니던 한석준이라는 학생이 기독교 신앙을 이유로 신사참배를 거부하고 자퇴했습니다. 1930년 5월 안동고등여학교에서도 이와 유사한 일이 일어났습니다.[1]

　1930년대 들어 이 문제는 또 다른 국면으로 접어들었습니다. 1931년 일제가 만주사변을 일으킨 이후 신사참배가 강요되었고 이를 거부하는 기독교 신자들에게는 처벌이 뒤따랐습니다. 1932년 3월 춘기황령제와 그해 9월 만주출정 전몰전사 위령제 때 평양의 기독교계 학교에 신사참배가 강요되었고, 기독교계 학교는 이를 거부했지만 다행히 핍박이 본격화되지는 않았습니다. 일본에서도 문제가 불거졌습니다. 1932년 4월, 야스쿠니신사에서 축제가 열렸는데 이 때 도쿄 지역 학생들의 집단 참배가 거행되었습니다. 도쿄 조치대학 등 가톨릭계 학교의 학생들이 이를 거부하자 당국의 핍박이 가해졌습니다. 김교신이 관련 보도를 접한 것은 1932년 10월 22일의 일이었습니다. 이날 일기에 신문 보도를 전하면서, "일본도 한심한 일이다"라고 간단히 썼지만, 더 큰 핍박이 예고되어 있었습니다.

일제가 신사참배 거부에 대해 직접적인 제재를 가한 것은 1935년 11월입니다. 1935년 11월 14일 평안남도 지사 야스다케 타다오安武直夫는 도내 공사립중등학교 교장회의를 소집하고 모든 학교가 신사참배할 것을 명령했습니다. 이에 대해 숭실학교 교장 조지 매큔George Shannon McCune을 비롯한 몇몇 선교사들이 이를 거부했고, 이 일이 첨예화되어 1936년 1월 매큔 교장이 파면되었으며 기독교계 학교는 폐교되었습니다. 함석헌이 김교신에게 엽서를 보내와 신사참배 문제를 거론한 것은 이 무렵의 일입니다.

:: [1935년 11월 29일] 신문에 기독교학교 신사참배 문제가 중대화한다고 긴장됩니다. 우리가 순교의 시대를 당하는가 봅니다. (《김교신 전집 5》, 425쪽)

신사참배가 강요된 것과 함께 검열로 인한 어려움도 점차 가중되고 있었습니다. 함석헌은 이 엽서와 함께 「성서적

• **조선신궁**. 1925년 10월에 완공된 조선신궁은 국가제사를 수행하고 신사참배를 강제한 식민지 조선의 대표적인 신사였다. (사진 출처: 문혜진, 《경성신사를 거닐다》, 민속원, 2019, 140쪽)

• **조선신궁 권학제**. 조선신궁은 완공 직후부터 학생들에게 교과서를 배포하는 의례로 권학제를 실시했다. 일제는 1931년 이후 학교에서 신사참배를 강요하여, 1938년에는 제3차 조선교육령에 따라 기원절, 천장절, 메이지절 등 국가에서 정한 기념일에 신사참배 등 학교의례를 실시하도록 했다. (사진 출처: 위의 책, 175쪽)

입장에서 본 조선역사」마지막 연재분 교정지를 보내왔으나, 이 원고는 통째로 삭제되었습니다. <성서조선> 1935년 12월호 표지에 함석헌의「조선역사」14장 "고난의 의미"와 15장 "역사가 지시하는 우리 사명"이 표기되어 있지만 실제로는 두 면이 백지로 간행되었습니다.

◆ 〈성서조선〉의 신사참배 인식

이후 김교신은 일제의 신사참배 강요와 이에 대한 기독교계 학교의 대응을 따라가면서 전해 주고 있습니다. <성서조선> 1936년 1월「성조통신」이 전해 주는 보도는 다음과 같습니다.

> :: [12월 1일] 평양서 신사참배 문제가 확대되어 십만 학생을 수용하는 미션학교는 전부 폐교될 운명이라고 보도되다.
> [12월 4일] 평양 모 전문학교에 대하여 '신사참배는 하지 않더라도 교내에서 행하라'라는 학무국 전보가 있어서 '기旗행렬과 경의를 표하기로 되었다'고 보도.
> [12월 6일] 신문지에 의하면 평양 기독교학교에서는 지난 4일에 "교내에서 식전을 거행하고 경의만 표하고 신사참배에는 불참, 제등과 기행렬에는 종전대로

참가"하였다고 하며, 경남 노회에서는 "신앙 존중의 견지에서 신사참배 불능"이라는 결의를 하였다고.

[12월 7일] "참배 여부를 결정할 장로교 평양노회 금지"라고 보도. 경찰에서 종교 집회를 금지하기는 처음 있는 일 운운. (《김교신 전집 5》, 426-428쪽)

김교신과 <성서조선> 독자들은 신사참배 문제를 어떻게 받아들였을까요? 1935년 말 동계성서강습회 자리에서 이 문제가 공론화되었습니다. 1935년 12월 30일 동계성서강습회 첫날 저녁이었습니다. 이날의 대화는 류달영이 쓴 「제4회 동계성서강습회에서」에서 확인할 수 있습니다.

:: 연기와 티끌이 가득한 서쪽 하늘에 녹슨 초승달이 떨고 있소. 밤에는 성조사에 모여 흉금을 헤치고 각자가 평소에 의심하던 바를 토론하였소. 주로 우상숭배, 제사, 신사참배에 관한 문제였소. 우상의 구분에 들어가서는 확연한 구별을 정하기는 어려우나 결국은 신도 각자의 신앙에 의한 양심에 비추어 판단할 것이라고 믿소. 절과 숭배와는 저절로 구별이 설 줄 알며 조선에서 늘 문제가 되어 오는 제사는 서양사람들이 생각하는 것과 같이 보고 싶지는 않소. 이는 우상숭배라기보다 자기를 사랑하던 부모 조부모의 기일을 기념하는 형식이라고 생각하오. 그러나 내 이 형식이 좋다고 고집하는

것은 단연코 아니오. 또 권력이 우리의 믿음을 시험할 때는 우리에게는 오직 순교가 있을 따름이오. (류달영, 「제4회 동계성서강습회에서」, <성서조선> 1936. 2.)

이날 토론에서 제사와 우상숭배, 신사참배 등이 주제가 되었습니다. 참석자들은 제사 문제에 대해서는 비교적 유연하게 접근하고 있었습니다. 우상숭배 문제는 결국 성도 각자의 양심에 따라 판단할 문제이며, 제사는 부모 조부모의 기일을 기념하는 것이니 꼭 우상숭배로 볼 일은 아니라는 것입니다. 신사참배 문제를 제사 문제와 연장선에서 보았던 것인지 다른 차원으로 받아들였던 것인지는 분명하지 않습니다. 조선 무교회가 신사참배 문제를 조직적으로 대응할 문제로 여기지는 않았던 것으로 보입니다. 이날 대화는 자유로운 의견 교환이었을 뿐 어느 한쪽으로 입장을 정하려는 것은 아니었습니다. 이후에도 무교회가 신사참배 문제에 대해 조직적·공개적인 입장을 드러낸 적은 없습니다. "권력이 우리의 믿음을 시험할 때는 우리에게는 오직 순교가 있을 따름"이라는 말에서 이날 논의의 분위기가 엄숙했음을 짐작할 수 있습니다.

<성서조선> 1936년 1월호에 수록된 김교신의 「신년의 전망」과 「기독교도의 각오」, 함석헌의 「순교의 정신」 등은 신사참배가 강요되는 상황에 대한 즉각적인 반응이었습니다. 김교신과 함석헌은 조선 기독교에 박해의 시대가 닥쳐

왔으며 그 종국에는 '순교의 형장刑場'이 기다리고 있을 것이라고 했습니다.

◆ **신앙은 강철 같은 것**

신사참배가 강요되는 상황에서 조선의 무교회는 독자적인 무교회론을 정립해야 했습니다. 이 일에 먼저 나선 이는 함석헌이었습니다. 함석헌은 1936년 초 <성서조선>에 「순교의 정신」(1936. 1.), 「무교회 신앙과 조선」(1936. 2.), 「무교회」(1936. 3-4.)를 잇따라 발표하여 무교회론을 정립했습니다.

이 글들은 하나의 흐름으로 이어져 있습니다. 지금 조선에 밀어닥친 상황은 종교개혁 이후 국가와 종교 사이에 설정된 질서가 혼돈에 처하게 된 것이므로 다시 프로테스트 protest 해야 한다는 것이 함석헌의 인식이었습니다. 이것이 조선의 사명, 무교회의 사명이라는 것이었습니다. 「순교의 정신」이 신사참배 강요에 대한 즉각적인 반응이었다면, 「무교회 신앙과 조선」은 이런 상황에서 조선 무교회의 사명을 논한 것이었고, 「무교회」는 무교회의 이론을 정립하고자 한 시도였습니다.

「순교의 정신」에서 함석헌은 숭실학교장 매큔이 당한 일에 동정을 금할 수 없고, 다시 그것을 자기 일로 생각할 때 불안과 공포를 느낀다고 하면서도 이 일을 세계사적 사건으로 조망하고 있습니다. 매큔이 복음 전도의 사명으로 조선에 온 것은 실상 맘몬의 배를 타고 온 것이었는데, 이 배가 세계대전을 만나 파선하게 되면서 국가와 종교 사이의 질서에 대변동이 일어나게 되었다는 것입니다. 여기에서 함석헌은 묻습니다. 만일 정치적·조직적 박해가 일어나게 된다면 조선의 기독교인은 어떻게 할 것인가? 이 물음 앞에서 함석헌은 '순교의 정신'을 말하고 있습니다.

:: 그러므로 우리는 이때 순교의 정신으로써 스스로 굳세지는 것밖에 길이 없다. 신앙은 강철과 같은 것이다. 버티다 못 버티면 부러지는 것이 신앙이다. 연철같이 좌로 구부리면 좌로 구부러지고 우로 구부리면 우로 구부러지는 것은 신앙이 아니다. 신자는 진리를 생명으로 한다. 어떤 곤란이 있어도 진리를 지키는 것이요 그 주장을 관철할 수 없는 경우는 스스로 희생이 됨에 의하여 그 진리인 것을 증명하는 것이다. 이 정신을 '순교의 정신'이라 한다. 기독교는 순교의 종교다. 순교에 의하여 일어난 종교요 순교의 정신을 가지는 자만이 믿을 수 있는 종교다. (「순교의 정신」, <성서조선> 1936. 1.)

「무교회 신앙과 조선」은 이런 세계사적 전환기에 무교회의 사명은 무엇이며 조선의 사명은 무엇인지 논의하고 있습니다. 무교회자는 "조선의 구원이 없이 우리 자신의 구원을 생각하지 못하는 자"라고 했습니다. 조선의 구원과 자신의 구원을 일체화한 이 사상은 김교신의 <성서조선> 창간사부터 함석헌의 「성서적 입장에서 본 조선역사」, 그리고 이 시기 김교신과 함석헌의 무교회론 등 <성서조선> 전체에 흐르고 있는 큰 사상입니다. 함석헌은 이 사상에 기대어 지금 조선에 닥친 이 박해의 시대에 조선의 사명을 말하는 것으로 나아갑니다. 이 조선의 사명은 「조선역사」 마지막 연재분에서 말하려 했으나 삭제되어 발표되지 못했던 것을 다시 언급한 것이었습니다. 함석헌의 「조선역사」는 해방 후 노평구가 간행한 무교회 잡지 <성서연구>에 1946년 11월 창간호부터 1950년 2월 21호까지 재수록되어 삭제된 내용을 확인할 수 있습니다. 재수록된 마지막 연재분의 문장과 「무교회 신앙과 조선」은 조선의 사명을 같은 목소리로 말하고 있습니다. 그것은 조선이 세계의 불의를 짊어진다는 사상이었습니다.

> :: 우리의 사명은 여기 있다. 이 불의의 짐을 원망도 않고 회피도 없이 용감하게 진실하게 지는 데 있다. 이는 막연하게 감상적으로 하는 말도 아니요 억지의 곡해도 아니요 역사가 지시하는 것이다. 그것을 짐으로써 우리 자신을 구하고 세계를 구하여야 한다. 불의의 결과는 그를 지는 자 없이는 없어지지 않는다. 세계를 위

하여 이것을 져야 한다. 우리가 이것을 자진하여 택한 것은 아니다. 섭리가 이를 우리에게 지웠다. 지는 편으로 하면 괴롭고 불명예의 짐이지만, 그 뜻으로 하면 한없는 영광의 짐이다. (「성서적 입장에서 본 조선역사」, <성서연구> 1950. 2.)

∷ 이런 말을 하면 우리의 무식을 웃는 사람이 있을 것입니다. 광신이라고 욕할 것입니다. 정치적으로 세상적으로 생각하면 그런 것입니다. 어림없는 망상입니다. 그러나 신앙으로 하면, 사실입니다. 그리스도를 믿는다고 하고, 조선 사람의 손에 세계의 운명이 달렸다는 신념을 가지지 못하면 저의 신앙은 껍질이요 죽은 것입니다. 그러면 왜 그러냐. 우리는 세계의 불의를 지기 때문입니다. 우린 세계 사람에게 버림을 당한 자들이기 때문입니다. (「무교회 신앙과 조선」, <성서조선> 1936. 2.)

◈ **무교회, 전적 기독교**

1936년과 1937년 사이 김교신은 조선과 일본의 무교회가 이전과 다른 상황에 처했음을 알았습니다. 김교신은 당시 조선과 일본의 무교회가 처한 상황에 적극적으로 개입하면서 무교회론을 재정립했습니다.

신사참배가 강요되는 상황에서 김교신은 무교회가 맞서 싸워야 할 대상을 새롭게 설정해야 했습니다. 김교신은 <성서조선>에 「나의 무교회」(1936. 9.), 「나의 기독교」(1936. 10.) 등을 발표하며 무교회를 비판하는 이들에 맞서 대담한 주장을 합니다. 조선에서는 무교회가 성공할 수 없으니 교회에 와서 협력하라고 충고하는 이들을 향해 "나는 우치무라가 아니고 영웅도 아니지만" 그래도 "나는 나"라는 걸 인식해야 한다고 했습니다.

김교신은 무교회를 향한 두 가지 오해를 바로잡고자 했습니다. 하나는 우치무라가 무교회주의를 가르친 줄 아는데 그것은 잘못이라는 것입니다. 자신이 우치무라에게서 배운 것은 무교회주의가 아니라 '성서'였고 '복음'이었다고 했습니다. 또 하나, 기성 교회를 공격하는 것이 무교회주의의 사명이라고 오해하는 이들이 있지만 '나의 무교회'는 그렇지 않다는 것입니다. 「나의 기독교」에 드러난 목소리도 비슷합니다. 자신은 "예수 믿는 사람이지 결코 무교회를 신봉하는 자가 아니"라고 하면서, 교회에만 구원이 있다고 고집하는 이들이 있다면 그를 향해 '교회 밖에도 구원이 있다'고 프로테스트할 뿐이라고 했습니다. 교회가 옳은 길을 벗어난 것을 보고 바른 기독교를 말하려다 보니 '무교회'라는 말을 사용할 뿐이지, '무교회' 자체는 '교회'와 마찬가지로 아무런 생명도 없고 애착할 것이 없다는 것입니다.

이 글을 발표하자 김교신을 비판하고 나선 이가 있었습

니다. 바로 최태용 목사입니다. 최태용은 김교신보다 앞서 우치무라 간조에게 배운 이로, 김교신도 그를 무교회 선배로 예우했었는데, 그가 서른다섯 살에 늦깎이 신학도가 되었고, 목사가 된 후에는 복음교회라는 교단을 설립하여 교단의 감독이 되었습니다. 그는 우치무라에게 무교회를 배운 것이 아니라 성서를 배웠다는 김교신의 말은 "영리한 말"이긴 해도 "오해에 기인한 것"이고 "오만한 태도"이며 "무교회주의에 대한 괴이한 반성"이라고 비판했습니다. 최태용은 무교회주의는 "교회와의 대립 항쟁에만 그 존재 이유가 있는 것"이라고 주장했습니다.

김교신은 「대립 항쟁의 대상」, 「우리의 입장을 건드리지 말라」(1936. 11.) 등에서 최태용의 비판에 답했습니다. 무교회주의가 교회와 맞서 싸우는 것을 목적으로 하는 소극적인 신앙이 아니라는 것이 그 핵심이었습니다.

∷ 무교회주의의 본령은 소극적으로 대립 항쟁함에 있지 않고 적극적으로 진리를 천명하며 복음에 생활하는 데 있다. 때로 항쟁이 없지 못하나 이는 진리가 현현하며 생명이 성장하는 길에 장애물을 봉착한 때의 일시적 불가피의 현상이다. '무교회'라고 해서 기독 '교회'만이 그 항쟁의 대상이 아니다. 무교회자는 개념에 사는 학자가 아니요, 현실 세계에 생활하는 산 사람인 고로 그 시대 그 사회의 현실에 착안하여 싸운다. (「대립 항쟁

의 대상」, <성서조선> 1936. 11.)

한편, 이 무렵 김교신은 조선의 무교회자로서 일본 무교회의 상황에 개입하여 무교회론을 전개했습니다. 일본 무교회 잡지 <성서강의>의 주필 야마모토 타이지로山本泰次郎가 김교신에게 조선의 무교회에 대해 글을 써 달라고 요청했고, 이 요청을 받아들여 김교신이 발표한 글이「조선의 무교회」(<성서강의> 1937. 4-5.)였습니다. 이 글은 두 번으로 나누어 발표되었는데, 전반부는 '우치무라 간조 논쟁'에서 쓴 글을 중심으로 과거 10년간의 조선 무교회의 활동을 정리한 것이고, 후반부는 우치무라 사후 그저 '무교회'만 외치고 있는 일본 무교회를 향해 쓴 글이었습니다. 이 글 후반부에서 김교신은 일본 무교회를 향해 무교회 간판을 철거하라고 일갈하여 일본 무교회자들의 반향을 불러일으켰습니다. 김교신의 글이 <성서강의>에 실린 것은 1937년 5월의 일이고, 그달 <성서조선>에도 같은 취지의 글을 발표했습니다.「무교회 간판 철거의 제의」라는 글이 그것입니다. 이 글에서 김교신은 무교회가 교회와의 대립 항쟁에 그 존립 이유가 있다고 말하는 이들을 비판하면서 '무교회주의는 곧 전적 기독교'라는 대담한 주장을 펼칩니다.

:: 교회 만능을 주창하는 자, 교회 밖에 구원이 없다고 단언하는 자 즉 '교회주의자'에게 대하여 '교회 밖에

도 구원이 있다'고 프로테스트한 것, 구원은 교회 소속 여부의 문제가 아니라 신앙의 문제라고 정정한 것이 루터의 프로테스탄트주의요, 또한 우치무라 간조 선생의 무교회주의이다. 그러므로 로마 천주교회가 교회주의에 타락하지 않았다면 루터의 '프로테스탄티즘'이 생길 필요가 없었고, 신교 교회가 교회지상주의로 기형화하지 않았다면 무교회주의가 생길 필요가 없었다. 무교회주의는 일명 '전적 기독교'이다. (「무교회 간판 철거의 제의」, <성서조선> 1937. 5.)

김교신이 말한 '전적 기독교'의 의미는 무엇이었을까요? 위 인용문의 맥락을 두고 보면 '전적 기독교'라는 말은 무교회주의의 존재 이유와 관련되어 있었습니다. 즉 무교회주의는 교회와의 대립 항쟁에 존재 이유가 있다는 식의 주장에 대해 무교회주의는 그런 것이 아니라고 한 것입니다. 루터의 프로테스탄티즘이 가톨릭교회의 타락 때문에 생겨난 것처럼, 우치무라의 무교회주의도 교회가 교회지상주의로 기형화했기 때문에 생겨났다는 것입니다. 무교회주의는 교회와의 대립 항쟁에 목적이 있지 않고 기형화된 기독교를 온전하게 하기 위한 것이라는 주장입니다.

'전적 기독교'는 당시 일본 무교회에서 일어난 논쟁에 개입하는 과정에서 주창한 것이었습니다. 당시 일본 무교회는 우치무라 사후에 여러 논쟁에 휘말려 있었습니다. 신앙이냐 행위냐, 예언이냐 복음이냐를 두고 노선의 분화가 진행되고 있었고, 상대 비전론과 절대 비전론을 두고 논쟁이 일어나고 있었습니다. 김교신이 보기에 이런 논쟁은 기독교 신앙의 핵심을 벗어난 것이었고 그 시대의 긴급한 상황에서 보더라도 적절하지 않았습니다. 비전론을 두고 보더라도 '절대'도 '상대'도 머리카락 하나의 차이일 뿐, 당시 상황에서 비전론을 말하는 이는 그리스도를 위해 미움을 받는 자라는 점에서 모두 귀한 존재들이라고 했습니다. 김교신이 일본 무교회를 향해 무교회 간판을 철거하라고 한 것은 무교회에 대한 부정이 아니라, 무교회가 맞서 싸울 대상을 분명히 하라는 촉구였습니다.

김교신이 보기에 이런 상황에서 구원이 교회 밖에 있느냐 안에 있느냐 하는 논쟁도 한가한 것이었습니다. 순교의 시대가 목전에 와 있는데 구원이 교회 안에 있느니 밖에 있느니 할 때가 아니라는 것입니다. 이 무렵 한 교역자가 편지를 보내와 '교회 밖에도 구원이 있다'는 말은 당연하지만, 교회 안에도 구원이 있으니 교회를 지나치게 비판하지 말아달라고 했습니다. 김교신은 '교회 밖에도 구원이 있다'는 말을 당연하게 여기는 이들과 교회 문제로 논쟁할 필요가 없다고 했습니다.

:: [1937년 7월 1일] 교회 외에 구원이 없다$_{Extra\ ecclesiam\ nulla\ salus}$고 함은 로마 가톨릭교회의 황금률이다.

이 말을 사용하는 자는 모두 가톨릭파요 거짓말하는 자요 가증한 자요 멸망을 면치 못할 자이다. 도전자 없을진대 우리는 기독교도끼리 싸우기를 원치 않는다. 오직 무슨 의도로서든지 "교회 외에 구원이 없다"고 떠드는 무리를 향하여서는 우리 무교회자로서의 화살 한 대를 날리지 않을 수 없다. 단 근래의 세태가 날로 변전하여 태평 시절과 같이 내부적 분쟁을 일삼을 수 없는 정세를 느낌이 절실. (《김교신 전집 6》, 248쪽)

김교신은 교파 근성에 사로잡힌 이들을 비판하면서도 시대가 달라져 싸움의 대상도 달라졌음을 감지하고 있었습니다. 일제 파시즘의 압력이 가중되는 상황에서 교회 '안'이니 '밖'이니 하는 내부적 분쟁에 매달릴 때가 아님을 알았습니다. 이제 무교회의 적은 기독교 교회 안에만 있지 않았습니다. 가이사의 것을 가이사에게, 하나님의 것을 하나님께 돌리는 것마저 거부당하는 상황에서 무교회는 전장을 옮겨 '모든 진리의 적을 향해 새롭게 선전 포고'해야 했습니다. 무교회는 무교회 안에서 다툴 것도 아니고, 교회를 상대로 싸울 것도 아니며, 모든 진리의 적을 향해 순교를 각오하고 싸워야 했습니다.

∷ 무교회자가 대립 항쟁하는 대상이 하나 있다. 그는 '무릇 진리를 거스르는 자를 향하여 선전 포고'하는 일

이니, 그 대상자는 시대와 장소를 따라 변한다. 오늘날 우리 기독교도의 앞에 진리를 거역하는 역할을 메고 대립한 자는 심히 강대한 괴물이다. 여호와를 경배하면서 가이사의 것은 가이사에게 주되 하나님의 것은 하나님 아버지께만 바치고자 하는 무리는 모조리—교회의 안에 있거나 밖에 있거나 힘을 다하여 싸워야 할 시대를 당하였다. 순교의 피를 뿌려야만 진리의 종교를 판별하게 된 세태이다. 이런 세대인 고로 구원이 교회 안에 있다, 밖에 있다 하는 논쟁에는 우리는 흥미를 잃었다. 그리스도를 위하여 박해를 감당하는 자, 그대의 무덤을 우리가 예비하고자 하거니와 또한 우리 시체가 보이거든 그대가 찾아가라. (「무교회 간판 철거의 제의」, <성서조선> 1937. 5.)

김교신의 목소리는 대단히 비장하고 결연합니다. 이 글을 쓴 지 두 달 후 일제는 중일전쟁을 일으켜 동아시아 전체를 전쟁의 소용돌이로 끌어들였습니다. 김교신과 <성서조선>은 물론이고 일본 무교회도 이 전쟁의 광란에서 벗어날 수 없었습니다. 우치무라 간조의 제자로서 당시 도쿄제국대학 교수로 있었던 야나이하라 다다오矢内原忠雄가 「국가의 이상」(<중앙공론> 1937. 9.)을 발표해서 중일전쟁을 비판한 것은 예외적인 사례였습니다.

◆ **신사참배에 관한 물음**

1937년 7월 중일전쟁 발발 후 신사참배를 강요하는 분위기는 그 공기부터 달라졌습니다. 조선의 각급 학교에 신사참배가 강요되었는데, 1937년 9월 6일 애국일에 신사참배를 하지 않았다는 이유로 광주 수피아여학교와 숭일학교, 목포의 정명여학교와 영흥학교가 폐교 처분되었고, 전주 신흥학교와 기전여학교는 자진 폐교했습니다. 김교신이 재직했던 양정학교는 기독교계 학교가 아니었으니 국가 행사 때마다 조선신궁이나 노기신사 등에 가서 참배했습니다.

1937년 말과 38년 초 시국은 삼엄했습니다. <성서조선>은 폐간 위기를 가까스로 넘겼으나, 그해 동계성서강습회는 결국 열지 못했습니다. 장로교 평북노회가 신사참배를 결의한 것은 1938년 2월 9일이었고, 이후 다른 노회에서도 신사참배 결의가 잇따랐습니다. 그 무렵 김교신은 뜻밖의 방문을 받습니다. 1938년 3월 16일 일기는 이 일을 다음과 같이 기록하고 있습니다.

∷ [1938년 3월 16일] 등교하여 2시간 수업. 의외에 모 씨 내방. 현하現下 평양 장로교회의 사정을 일러 줌에 듣고 동정과 통탄을 불금하다. 또한 실제 문제에 대한 나의 의견을 구하므로 솔직히 소신을 답하다. 그리고 장로교회 총회의 결의는 어떤 기독자든지 존숭 실천할

것임을 부언하다. (《김교신 전집 6》, 356쪽)

    이 짧은 기록은 많은 이야기를 생략하고 있습니다. 이날 모 씨가 김교신에게 알려 준 "평양 장로교회의 사정"이란 신사참배를 결의한 일이었고, 그가 의견을 구했다는 "실제 문제"는 신사참배를 수용할 것인지에 관한 물음이었습니다. '평양 장로교회의 사정'을 말하고 '실제 문제'에 관한 의견을 구한 것으로 보아 방문한 이는 장로교인이었을 것입니다. 이에 대해 김교신이 소신을 솔직히 답했다고 했지만, 그것이 무엇이었는지는 드러나 있지 않습니다.[2]

    당시 상황으로 돌아가 이날 김교신과 방문객이 나눈 대화를 재구성해 보겠습니다. 수업하고 나오는데 찾는 사람이 있습니다. 장로교인 한 사람이 학교로 김교신을 찾아온 것입니다. 김교신으로서는 뜻밖의 방문이었습니다. 박물실로 가서 두 사람이 마주 앉았습니다. 간단한 인사를 주고받은 후 방문자가 어렵게 말을 꺼냅니다. 김 선생, 장로교 총회 소식을 혹시 들었소? 그가 꺼낸 이야기는 평북노회의 신사참배 결의에 관한 것이었습니다. 신사참배가 종교가 아니고 국가 의식이라니? 지금까지 신사참배가 우상숭배라며 거부해 온 것을 완전히 뒤집은 결정 아니오? 그의 목소리가 높아졌습니다. 김교신도 괴로움을 금할 수 없었습니다. 조선과 조선 기독교의 운명을 생각하고 깊이 탄식했습니다. 방문자가 다시 묻습니다. 선생은 장로교 총회의 결정에 대해 어떻게 생각하시오? 총회가 신사참배를 결의했으니 신사참배를 해도 아무런 문제가 없을까요? 무거운 침묵이 흐릅니다. 김교신이 답합니다. 형제님, 신사참배의 자리를 피할 수 있으면 피하십시오. 신사참배 자리에 가더라도 감시의 눈을 피할 수 있으면 고개를 숙이지 않는 것도 방법입니다. 이 모든 일을 지혜롭게 하십시오. 하지만 감시의 눈이 있어 피할 수 없다면 고개를 숙이더라도 그것 자체가 우상숭배가 되는 것은 아닙니다. 전쟁에서 죽은 자는 신이 아니고 아무것도 아닙니다. 피할 수 없어 고개를 숙여야 한다면 아버지의 나라가 속히 오게 해 달라고 기도하십시오. 단, 국가 의식에 참례하는 일이 아니고서는 신사에 가서 신도의 종교의식을 행하는 것은 금해야 합니다. 당신은 장로교인이니 총회의 결의를 존중하고 따르는 것이 마땅한 일일 것입니다.

이 대화는 김교신이 다른 곳에서 했던 말과 행동에 비추어 재구성한 것입니다. 여기에 몇 가지 논란이 있을 수 있습니다. 신사에 가서 고개를 숙이는 행위가 우상숭배인지 여부에 대해서는 당시에도 논란이 있었습니다. 당시 총독부는 신사참배는 국가의례일 뿐이라고 했으나 국가의례로서의 신사참배와 종교로서의 신도가 명확히 구분되는 것은 아니었습니다. 김교신이 신사참배를 하지 않았다는 증언, 궁성요배 때 고개를 숙이지 않았다는 지인들의 증언이 있습니다.[3] 한편 김교신은 모험주의자도 아니었고 고지식한 원칙주의자도 아니었습니다. 식민주의자들의 칼을 받아 유익하게 쓸 줄 아는 지혜와 용기가 있어야 한다고 했습니다. 신앙은 개인의 양심에 속한 일이라고 여겼습니다. 장로교인에게 장로교 총회의 결의에 따르라고 한 것을 교회주의에 대한 승인으로 받아들일 것은 아닙니다. 질문한 이의 입장에서 지혜롭게 행할 방법을 말해 준 것입니다.

여러 논란을 무릅쓰고 이 두 사람의 대화를 재구성한 것은 신사참배 문제를 이들이 공유한 그 시대의 고통으로 이야기하기 위함입니다. 신사참배를 기억하는 것은 무엇보다도 그 고통의 자리에 함께 서는 일이어야 할 것입니다.

◆ 신사참배를 어떻게 기억할 것인가?

한국 기독교가 신사참배 문제로 고통을 겪은 지 100년이 다 돼 가지만 이 문제는 여전히 다루기 힘든 환부로 남아 있습니다. 신사참배 문제에 관한 담론은 신사참배를 했느냐 하지 않았느냐의 이분법 위에 놓여 있습니다. 당시 상황 자체가 양자택일을 강요했기에 이분법이 작동되는 것을 피하기 어렵습니다. 하지만 오늘에 와서 신사참배를 어떻게 기억할지는 또 다른 문제입니다. 이분법에 근거한 담론은 신사참배를 수용한 쪽과 거부한 쪽 모두에게 부정적인 효과를 낳고 있습니다. 신사참배를 거부한 교단은 이 역사를 근거로 자기 교단의 정당성을 내세우고 '자기의self-righteousness'로 삼습니다. 신사참배를 수용한 교단은 과거의 배교 행위를 정죄하고, 이 과오를 공개적으로 회개함으로써 도덕적 우위를 확보하려고 합니다. 신사참배를 수용한 근본주의 교단이 죄책감과 수치심으로 인해 해방 후 반공주의와 결합했다는 데서 신사참배와 반공주의의 함수관계를 찾아야 한다는 목소리도 있습니다.[4]

'수용이냐 거부냐'라는 이분법에 바탕을 두고 신사참배를 현재화할 경우 세속 권력과 기독교와의 관계를 대결 모델로 바라보게 되어 기독교에 관한 왜곡된 생각을 낳게 됩니다. 기독교는 종종 세속 권력이나 다른 종교를 악으로 규정하면서 자신을 악한 세력에 의해 박해받는 왜소한 집단으로 상상합니다. 이런 기독교의 자기 이해는 현재 우리나라의 시민사회 내에서 기독교가 갖는 위상에 비추어 보면 터무니없습니다. 또 지금처럼 다원화된 사회에서 일어나는 일들은 대부분 '신앙이냐, 불신이냐'라는 이분법으로 해결하기 어려운 문제들입니다. 이분법적 물음은 삶의 복잡성을 소거하고 세계를 납작하게 만듭니다.

신사참배를 기억하는 더 나은 방식은 그 시대의 고통에 다가가는 일일 것입니다. 신사참배가 강요될 무렵 조선은 그 존립마저 위태로웠습니다. 1937년 7월에 발발한 중일전쟁은 이후로도 지루하게 이어졌고 이에 따라 식민지의 일상이 전쟁으로 총동원되었습니다. 일상에서조차 조선어 사용이 금지되었고 삶의 단계와 계절의 순환을 기념하는 의례마

저 일본인의 낯선 의례를 강요받고 있었습니다. 그것은 조선이라는 종족 공동체, 조선인이라는 정체성에 가해진 폭력이었습니다.

1939년 7월 7일에는 중일전쟁 2주년을 기념하는 행사가 열렸고 여기에는 조선신궁 참배도 포함되어 있었습니다. 김교신이 남긴 이날의 기록에도 그 행간에 고통이 아로새겨져 있습니다.

:: [1939년 7월 7일] ○ 학교에서는 학기 고사도 중지하고 학과는 물론 쉬고, 오전 8시에 지나사변 2주년식을 거행하고, 교사와 교정과 학교 근린을 청소하고, 출정군 유족에게 위문품을 진정하고, 정오에 1분간 묵도하고, 오후 1시에 조선신궁에 참배함으로써 학교로서의 오늘 일반 행사를 마치다. 다시 오후 5시부터 생도 대표 30명과 직원 5-6명이 경성운동장에 모이는 다른 식에 참렬하게 되었다. [중략] ○ 오늘은 일채-宋주의의 날이라고 시내 음식점과 요리업자 등이 일제히 휴업했다더니 그 까닭인가, 신궁 광장에도 특등 '파마'와 극도로 화장한 유類다른 여성들이 단연 과반수를 차지한 듯이 보이다. ○ 저녁에는 견우와 직녀가 유달리 빛나 보이는 듯하다. (《김교신 전집 7》, 104-105쪽)

김교신은 중일전쟁 2주년을 기념하는 날의 공식 일정

을 자세히 기록한 후 다시 그날 신궁의 분위기를 전하고 있습니다. 그날 시내 음식점이 일제히 휴업했는데 "유^類다른 여성", 즉 유흥업계에 종사하는 여성들이 파마를 요란하게 하고 극도로 화장한 모습으로 신궁에 몰려나왔다는 겁니다. 그런 여성들이 과반수를 차지한 듯이 보였다는 것은 과장이겠지만, 이런 풍경을 기록한 것은 중일전쟁 2주년 공식 행사를 조롱하고자 한 의도가 있었던 것으로 보입니다. 이날 일기는 "저녁에는 견우와 직녀가 유달리 빛나 보이는 듯하다"라는 문장으로 마무리됩니다. 식민지 전시 체제를 살아가는 것은 더없이 괴로운 일이었지만 그는 영원한 것에 눈을 고정하고 있었습니다. 그날 하루의 고통으로 충분했습니다.

로마 천주교회가 교회주의에 타락하지 않았다면
루터의 '프로테스탄티즘'이 생길 필요가 없었고,
신교 교회가 교회지상주의로 기형화하지
않았다면 무교회주의가 생길 필요가 없었다.

무교회주의는 일명 '전적 기독교'이다.

10장

심히 강대한
괴물 앞에서

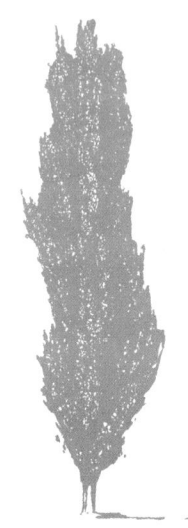

◆ 중일전쟁

1937년 7월 7일 베이핑北平(현 베이징) 서남쪽 루거우차오에서 일본과 중국 사이에 군사 충돌이 일어났습니다. 중일전쟁의 발단이 된 사건입니다. 7월 10일과 12일 호외는 루거우차오 사건의 형세가 점점 급박해 감을 알리고 있었습니다. 이 와중에 헬렌 켈러가 조선을 방문하여 "나의 유일한 소원은 세계 평화와 동포애"라고 손짓으로 외쳤습니다. 7월 13일 경성 부민관 강당에서는 1,800여 좌석을 메운 사람들이 헬렌 켈러의 강연을 들었습니다. 7월 14일에는 "축 출정"이라고 써 붙인 기행렬로 경성 시내가 요란했습니다. 북한산록에까지 전쟁이 들이닥친 것은 1937년 7월 15일 아침입니다.

:: [1937년 7월 15일] 북한 산록의 청아하고 한적한 이른 아침의 경개景概를 창밖으로 바라보면서 못내 감사한 생각으로 예언서의 원고를 쓰는 때에, 학교로부터 비상소집 오토바이 문 앞에 와서 독촉하는 폭음이 서재

에 앉은 사람을 놀라게 한다. 쓰던 원고와 기타 가질 것도 채 다 갖지 못하고 불안한 가슴으로 등교. 학기시험 중도임에도 불구하고 시험 중지. 지방 생도는 오늘내일 중으로 귀향하도록 하고, 여비 미리 준비 안 된 자에게는 학교에서 대여. (《김교신 전집 6》, 255쪽)

상황은 급박하게 돌아갔습니다. 학교는 일제히 휴교에 들어갔고 학생들은 학기말 시험을 중지하고 귀향해야 했습니다. 이틀 후 함석헌이 엽서를 보내와 오산의 휴교를 전하면서, "하나님이 이 시대를 어떻게 하시려는지요, 답답합니다"라고 심사를 토로했습니다. 김교신은 이날 일기에 "하나님의 교안校案에 순종하면서 우리는 기도의 공동전선에 서 있다"[1]라고 썼습니다.

중일전쟁은 식민지의 일상을 바꾸어 놓았습니다. 등화관제령이 내려진 경성 시내는 가로등을 켜지 못해 캄캄했습니다. 방공훈련으로 학교와 관청에 울리던 사이렌도 중단되었고 방공 단원들이 골목마다 지키고 서서 적기의 공습이 임박했음을 알리고 있었습니다. 8월 말이 되어 학생들은 학교로 돌아왔지만, 전쟁은 아직 끝나지 않았습니다. 학생들은 수시로 경성역에 나가 출정군을 환송해야 했고 기행렬에 참가하여 용산역부터 남산까지 경성 거리를 걸어야 했습니다. 신문은 매일 전황을 보도하고 있었지만, 어제 뉴스를 복사하여 오늘 내보내는 듯 매일 같은 뉴스를 보도하고 있었습니다. 김교신은 신문 구독을 중지하고 외국에서 발행되는 잡지를 통해 전황을 가늠해 보았습니다.

소위 '비상시국'에 처하여 비상한 신앙의 태도가 필요했습니다. 중일전쟁이 일어나기 두 달 전 김교신은 무교회자의 싸움은 "진리를 거스르는 자를 향하여 선전 포고하는 일"이라고 하면서, 오늘날 진리를 거역하고 대립한 것은 "심히 강대한 괴물"이라고 썼습니다.[2] 김교신과 조선 기독교는 '심히 강대한 괴물' 앞에 서 있었습니다. 그것은 조선 기독교인의 신앙의 양심을 막아서고 민족의 생존마저 위협하고 있던 일제 파시즘 체제였습니다. 중일전쟁이 발발하자 김교신은 「비상시국에 처한 신앙 태도」(<성서조선> 1937. 10.)에서 "내일을 기약할 수 없는 인생이라 할진대 오늘이라는 오늘 하루를 옳게 용감하게 천추에 한없는 하루 생애를 완성할 것이 아닌가"라고 썼습니다.

◆ **〈성서조선〉 1937년 10월호**

<성서조선>도 환난의 한가운데로 들어서 있었습니다. 1937년 9월 말과 10월 초 사이 김교신의 일기는 이 시기의 삼엄하고 긴장된 분위기를 생생하게 보여 줍니다. 이 시기 일기에는 드러내어 말할 수 없는 사연들이 행간에 많이 담겨 있습니다.

9월 29일 전 교직원들이 오전 6시 10분까지 경성역으로 집합했습니다. 비상시국을 맞아 교직원 비상소집이 있었던 것으로 보입니다. <성서조선>이 출판 불허가 처분을 받게 되어 수업 후에는 이 일로 총독부와 경찰서 등 관청과 인쇄소를 분주히 뛰어다녀야 했습니다. 저녁에 북한 산록에 돌아와 시냇물에 울분을 씻고 시편에서 위로를 얻었습니다. "내가 음식 먹기도 잊었으므로 내 마음이 풀같이 시들고 말라 버렸사오며 나의 탄식 소리로 말미암아 나의 살이 뼈에 붙었나이다"(시 102:4-5). 가족예배에서는 골로새서 3장을 읽고 바울 선생에게 교훈을 얻었습니다. "그러므로 너희가 그리스도와 함께 다시 살리심을 받았으면 위의 것을 찾으라. 거기는 그리스도께서 하나님 우편에 앉아 계시느니라"(골 3:1). 땅에 있는 것을 위하여, 시대 문제로 인하여 상심할 필요 없다고 마음을 다잡았습니다.

　9월 30일에는 새벽에 일어나 아침밥을 짓고 나서 다시 시편을 펼쳤습니다. "아버지가 자식을 긍휼히 여김같이 여호와께서는 자기를 경외하는 자를 긍휼히 여기시나니 이는 그가 우리의 체질을 아시며 우리가 단지 먼지뿐임을 기억하심이로다. 인생은 그 날이 풀과 같으며 그 영화가 들의 꽃과 같도다"(시 103:13-15). 이날 김교신은 도道 경찰부의 전화를 받고 경무국에 다녀온 후 <성서조선> 폐간을 결심했습니다. 10월 1일 새벽에 산에 올라가 기도했습니다. 폐간을 작정하고 나니 10년 동안의 피로가 일시에 몰리는 듯하여 오후 내내 낮잠을 잤습니다. 발송 준비하던 걸 멈추고 휴간 통지서를 썼습니다. 10월 2일에는 주문했던 발송용 봉투 1천 매가 도착했으나 무용지물이었습니다.

 10월 3일에는 성서연구회에서 강의했습니다. 송두용이 성서연구회에 참석해 집회를 마친 후에도 밤늦게까지 담화를 나누었습니다. 송두용을 전송하고 혼자 어두운 고갯길을 되짚어 오는데, 저 어둠 너머 웅혼하게 서서 이 왜소한 인간사를 내려다보고 있는 북한산을 바라보며 속으로 외쳤습니다. '아! 나는 대지에 사는 자로다. 참으로 나는 서울이라는 도시에 거주하는 자가 아니요 지구에 서식하는 자로다.' 시국의 어둠은 하루하루 짙어 가고 있었지만 김교신은 자신이 드넓은 세계 안에, 큰 빛 가운데 있다는 보편의 감각을 놓치지 않고 있었습니다. 10월 4일에는 야나이하라 다다오의 글 「국가의 이상」을 읽고 세상에 태어난 보람을 느꼈습니다.

 10월 6일은 애국일이라 수업 후에 조선신궁과 경성신사에 참배했습니다. 이날부터 조례 때마다 '황국신민서사'를 낭독했습니다. 휴간 통지를 받은 독자들이 위로의 편지를 보내왔으나, 위로가 되지 않았습니다. "장자長子를 잃은 자에게는 장자를 도로 돌려주는 것밖에"³ 달리 위로가 있을 수 없었습니다. 이웃의 노파가 준 월계수가 꽃 두 송이를 피워 거기에서 위로를 받았습니다.

 1937년 10월 8일과 13일 새벽 꿈에 우치무라 간조를 만났습니다. 8일에는 출판 허가가 나지 않아 도 경찰부와 경무국 도서과에 불려다녔고, 13일에 뒤늦게 10월호 출판 허가가 났습니다. 출판 허가가 나자마자 인쇄소로 달려가 이미 교정을 끝내 두었던 판을 재교정했고 16일에야 인쇄가 완료되었습니다. 10월호 마지막 장에 발행일이 늦어진 사정을 알렸습니다. 앞으로 더욱 순전한 종교잡지가 되겠으며 현실 세계에 관해서는 논하지 않겠다고 했습니다. "오직 주 그리스도와 그 십자가만을 알고자 합니다. 우리 피차에게 유익한 일인가 합니다."4

휴간의 위기는 넘겼지만 이것으로 끝이 아니었습니다. 10월호가 다시 문제가 되어 10월 21일에는 도 경찰부의 호출을 받았고, 다음 날 2시간 넘도록 취조를 받아야 했습니다. 취조를 받고 서류를 작성하는 도중 틈을 이용하여 에베소서 6장 14절에서 16절까지를 헬라어로 암송했습니다. "그런즉 서서 진리로 너희 허리 띠를 띠고 의의 호심경을 붙이고 평안의 복음이 준비한 것으로 신을 신고 모든 것 위에 믿음의 방패를 가지고 이로써 능히 악한 자의 모든 불화살을 소멸하고 구원의 투구와 성령의 검 곧 하나님의 말씀을 가지라."

◆ 가타야마 데츠에게 보낸 편지

1937년 말 <성서조선>은 폐간과 속간의 기로에 서 있었습니다. 1938년 1월 1일과 1월 14일 김교신은 일본 무교회 동지 가타야마 데츠에게 두 차례 편지를 보내 <성서조선>의 검열과 속간에 대한 사정을 토로했습니다. 가타야마는 청년 시절 김교신과 함께 희랍어반에서 공부했던 이로 당시 일본 육군사관학교 교수로 재직하고 있었습니다. 김교신이 가타야마에게 보낸 편지는 일본 무교회 지도자들에게 전해지기를 바라고 썼다는 점에서 공적 성격을 지니고 있습니다. 가타야마에게 쓴 편지는 1937년 말 일제의 검열과 관련된 내밀한 사정을 보여 준다는 점에서 이 무렵의 <성서조선>을 읽는 데 참조점이 될 뿐만 아니라 식민지 시대 검열제도를 이해하는 데에 소중한 자료입니다.

가타야마에게 보낸 첫 번째 편지에는 <성서조선>을 폐간하기로 결심한 저간의 사정이 들어 있습니다. 이 편지에 따르면 그동안 삭제 처분을 받은 일은 수도 없이 많았고 불허가 처분도 열 차례가 넘었다고 합니다. 불허가 처분을 받게 되면 문제가 된 부분을 빼고 검열을 다시 받아야 했습니다. 1937년 한 해에만 세 차례나 불허가 처분을 받았고, 특히 1938년 신년호는 두 번이나 불허가 처분을 받았습니다. <성서조선>을 속간하려면 황국신민서사를 게재해야 했고 권두 첫 페이지에는 시국 관련 글을 실어야 했습니다. 김교신은 이 일을 가타야마에게 자세히 알립니다.

:: 제108호(1938년 1월 1일부 발행호)의 편집을 끝내고

출판허가원을 조선총독부 경무국에 제출한 것은 1937년 12월 15일 오전 9시 반. 같은 날 오후 경무국으로부터 전화로 신년호의 권두 한 페이지에는 '황국신민서사' 그 1과 2를 게재하라는 지령을 받았습니다. 잡지 내용에 '치안방해'의 문구가 있어 삭제된다면 몰라도 적극적으로 관리의 간섭으로 편집하지 않으면 안 되는 정도라면 도리어 폐간하려고 결심은 했습니다만, 돌이켜 생각하니 조선에 유일한 성서 잡지라는 점도 있어 결국 자신을 꺾고 지령대로 서사를 게재하기로 결심한 것입니다.

그런데 수일 후 위 신년호의 원고 전부가 '불허가' 처분된 것을 알게 되었습니다. 경무국에 출두해서 그 이유를 물으니 아래 다섯 곳이 시국 인식의 부족, 치안 방해가 된다는 것입니다. 그래서 다음과 같이 정정해서 다시 출판허가원을 제출했습니다. (《김교신 전집 7》, 382-383쪽)

이렇게 정정 명령을 받은 대목 다섯 군데를 일일이 기록해 두었습니다. 모두 사소한 시비였습니다. 김교신의 말을 빌리자면 '바보 같은 관리의 장난'이었습니다. 조선에서는 돼지가 되지 않고서는 합법적인 출판이 불가능하다고도 했습니다. 편지 마지막 대목에서 김교신은 가타야마에게 <성서조선>을 도쿄에서 발행할 수 있을지 그 가능성을 타진합니다.

    이 편지를 보낸 후 출판 검열의 분위기가 다소 누그러졌습니다. 가타야마에게 보낸 두 번째 편지는 관리들의 태도가 바뀌어 <성서조선>을 속간할 수 있게 되었음을 알리고 있습니다. 1937년 말 연거푸 <성서조선> 출판 불허가 처분을 받자 김교신은 <성서조선> 폐간을 결심하고 선금을 납부한 독자들에게 남은 금액을 되돌려주었는데, 뒤늦게 1938년 신년호를 펴내게 되자 돌려준 구독료를 다시 납부해 달라는 안내문을 실어야 했습니다. 첫 편지를 받은 가타야마가 자신이 도쿄에서 발행 사무를 대신하겠노라고 자청했지만 당장은 그럴 필요가 없게 됐습니다. 김교신은 두 번째 편지에서 혹시 나중에라도 도쿄에서 발행하게 될까 해서 필요한 사항을 꼼꼼히 기록했습니다. 이 편지 내용 중에는 황국신민서사를 게재하라는 방침을 따르기로 한 내면의 사정을 토로한 대목이 있어 주목됩니다.

    :: <성서조선> 건은 어제 아침 엽서대로 이번에는 '황국신민서사'를 게재할 것과 본문 중 수 개소를 삭제하는 것뿐으로 발행이 허가되었습니다. 여기까지 퇴각했습니다. 그러나 하나님의 것을 하나님께 바치기 위해서는 가이사의 것을 철저히 가이사에게 돌려야 할 것을 야마모토 형의 신년호의 글에서 배웠습니다. 나 자신 가급 자진해서 사회정치 문제는 건드리지 않기로 결심

했습니다. [중략]

하여간 굳이 관리를 흥분시키는 것 같은 기사는 안 쓸 작정이며, 성서대로 말할 수 있는 것을 최대의 자유로 알고 감사할 것임. 만일 전쟁, 신사 문제, 현실 총독 정치를 성서로써 증명, 찬동하는 등을 강요당할 경우가 온다면 폐간 또는 발행인 변경 등의 방법을 강구할 것임. (《김교신 전집 7》, 386쪽)

김교신이 보기에 황국신민서사를 게재하는 일은 하나님의 것을 하나님께 바치기 위해 가이사의 것을 철저히 가이사에게 돌려야 하는 일에 속한 것이었습니다. 하지만 이 범위를 벗어나는 일, 즉 "전쟁, 신사 문제, 현실 총독 정치를 성서로써 증명, 찬동"하도록 강요한다면 다른 방법을 강구할 것이라고 했습니다. 이 편지는 황국신민서사를 게재하는 조건으로 1938년 신년호를 발행하기로 했다고 쓰고 있지만, 실제로 1938년 신년호에는 황국신민서사가 게재되지 않았습니다. <성서조선>에 황국신민서사가 게재된 것은 그로부터 1년 후인 1939년 신년호에서였습니다.

◆ 〈성서조선〉 1939년 1월호

일 년 후 <성서조선>에 다시 환난이 닥쳐왔습니다.

1938년 말 김교신은 도쿄로 가서 무교회 동지들을 만났습니다. 경성을 떠나기 전 독자들에게 휴간 통지서를 보냈습니다. 도쿄에 간 김교신은 무교회 동지들을 일일이 찾아다니면서 <성서조선> 속간 문제를 상의했습니다. 일본 무교회 동지들의 의견도 속간과 폐간으로 갈렸으나 이 과정에서 김교신은 속간하기로 마음을 정했습니다. 도쿄에서 돌아온 김교신은 총독부와 관청을 뛰어다닌 끝에 출판 허가를 받아 뒤늦게 1939년 신년호를 간행했습니다. 독자들은 휴간된 줄 알았던 <성서조선>을 받고 우선 반가웠지만, 반가움도 잠시, 첫 장을 펼쳐 보고 놀랄 수밖에 없었습니다. <성서조선> 1939년 1월호 표지 안쪽에 황궁 사진과 함께 황국신민서사가 실려 있었던 것입니다.

김교신이 황국신민서사를 <성서조선>에 게재한 일을 어떻게 봐야 할까요? 이 일을 판단하려면 다음 두 가지 측면을 동시에 고려해야 합니다.

하나는 식민지 말기의 상황입니다. 황국신민서사란 무엇이었을까요? 1936년 미나미 지로南次郎가 총독으로 부임하면서 황국신민화 정책을 내세웠습니다. 조선인들도 황국신민으로서의 의무를 다하라는 정책을 시행한 것이었습니다. 총독부가 황국신민서사를 제정하여 의례 때마다 낭송하게 한 것은 1937년 10월이었습니다. 황국신민서사는 '우리는 황국신민이다, 충성으로써 군국에 보답하련다', '우리 황국신민은 서로 신애협력하여 단결을 공고히 하련다', '우리

• 〈성서조선〉 **1939년 1월호.** 1939년 1월호를 속간하려면 황국신민서사를 게재해야 한다는 지침이 내려왔다. 김교신은 독자들에게 휴간 통지서를 보낸 후 도쿄로 가서 일본 무교회 지도자들을 만나 이 일을 상의했고, 결국 황국신민서사를 게재한 〈성서조선〉을 간행하게 된다. 〈성서조선〉 표지 안쪽 면에 황궁 사진과 함께 황국신민서사를 수록했다.

황국신민은 인고단련 힘을 길러 황도를 선양하련다' 등의 내용을 담은 맹세문이었습니다. 이 서사는 포섭과 배제의 이중성을 내포하고 있었습니다. 황국신민인 일본인들은 이 서사를 암송할 필요가 없었습니다. 이 서사를 암송하지 않아도 이미 황국신민이었으니까요. 일본 식민지 내에서도 조선인들에게만 강요되었습니다. 조선인들은 황국신민이 아닌데 이 서사를 반복함으로써 '황국신민-되기'를 수행해야 했던 것입니다. 물론 '황국신민-되기'는 허구였습니다. 일본인과 조선인 사이에 큰 차별이 있었고 서사를 반복해서 암송한다고 해서 황국신민이 되는 것은 아니었습니다.

황국신민화 정책은 식민지인의 일상을 촘촘하게 규율하고 있었습니다. 정신작흥 주간이니, 성지봉체 주간이니, 무슨무슨 주간이 수시로 정해져 있었습니다. 메이지절, 일본육군창설일 등 일본의 경축일을 지켜야 했습니다. 매월 6일은 애국일로 지켰습니다. 전쟁이 길게 이어지면서 방공훈련이다, 등화관제다 해서 조용할 날이 없었습니다. 식민지 학교의 수업은 군사훈련으로 채워져 학교는 점차 병영이 되어 갔습니다. 식민지의 국가의례에서 황국신민서사는 상시로 낭송되고 있었습니다. 김교신도 이런 상황에서 예외일 수 없었습니다. 김교신은 식민지 체제가 불의한 체제라는 점을 분명히 했지만, 식민지의 교사로서 국가 의식에 참여해야 했습니다. 이 상황을 그는 '하나님의 것을 하나님께 바치기 위해서는 가이사의 것은 철저히 가이사에게 돌려야 할 것'이라는 말로 정리하고 있습니다.

또 하나는 김교신의 내면입니다. 김교신이 황국신민서사를 게재하면서까지 <성서조선>을 간행해야 했던 이유, 그 내면의 사정을 따라가야 합니다. 우선「무교회 간판 철거의 제의」에서 보여 주었던 그의 상황 인식을 염두에 두어야 합니다. 그는 무교회가 "진리를 거스리는" "심히 강대한 괴물"과 대립 항쟁하고 있음을 알고 있었고, 이 싸움은 그리스도를 위하여 박해당하는 일임도 알았습니다.

1939년 초의 일기를 통해 김교신의 내면을 엿볼 수 있습니다. 1939년 2월 20일 일기는 독자의 편지 두 편을 소개합니다. 황국신민서사를 게재하면서 간행을 이어 가자 독자들 사이에서도 의견이 나뉘었습니다. 김교신은 누구보다 고뇌가 깊었을 것입니다. 이날 일기는 "확연히 알려지는 날에는 좌우를 맺고 끊을 힘을 나에게 주실 줄 믿는다"라는 말로 마무리됩니다. 며칠 후 3월호 교정을 보던 김교신은 모 관청의 호출을 받습니다. 폐간의 때가 되었음을 직감하고 달려갔는데 뜻밖의 말을 전해 듣습니다. 출판 조건이 완화된 것입니다. 1939년 3월부터 그해 말까지 <성서조선>은 황국신민서사를 싣지 않고 간행될 수 있었습니다.

1939년 3월 14일의 일기는 다음 문장으로 시작합니다. "새벽 남천에는 화성과 하현달이 나란히 하였고 금성은 아직 지평선 위에 솟을락 말락 한데 북한은 엄숙히 솟았고 우주는 정숙히 침묵하다." 장엄한 우주에 대한 경탄, 그 앞에

선 지극히 유한한 존재의 겸비, 김교신은 이 감각을 붙들고 있었습니다. 새벽 5시가 되자 약사사 스님의 목탁 소리가 들려왔습니다. 원고가 급해 초조한 마음으로 책상 앞에 앉아 보았지만, 글이 안 되자 일어나 산록의 기도처를 찾아 기도하기 시작했습니다. 그날의 기도는 이러했습니다. "주 예수여, 당신을 사랑하기보다 더 사랑하는 것이 있을진대 내 입에서 설교를 끊으시옵소서. 그 나라보다 더 연모하는 생활이 땅 위에 있을진대 한 줄 원고도 이루지 못하게 하옵소서. 땅의 것을 생각지 말고 위의 것을 생각함이 절실하옵거든, 주여, 그때 다음 달 호의 원고를 쓰게 허락해 주옵소서." 기도를 마치고 내려오니 도쿄에서 귀성하는 이, 도쿄로 가서 사업하겠다는 이가 차례로 방문했습니다. 이들의 앞길을 마음으로 축복해 주었습니다. 그리고 이렇게 쓰고 있습니다. "세상 일은 풀과 같고 들의 꽃과 같아서 때가 오면 찬란하되 또한 얼마 못 되어서 조락凋落한다. 우리 <성서조선> 발간의 일만은 하나님의 긍휼을 입어 부침浮沈과 성쇠盛衰의 변전變轉 없이 가늘지라도 길고 길게 꾸준히 걷고자 한다."

◆ '히니쿠ひにく'의 글쓰기

가타야마에게 보낸 편지와 실제 <성서조선>에 일어난 일을 대비해 살펴보면 이 시기 검열이 어떻게 작동하고 있

었는지 짐작해 볼 수 있습니다. 식민지 기간 내내 검열 체제가 작동하고 있었고, 큰 흐름으로 보면 중일전쟁 이후, 그리고 태평양 전쟁 이후 단계적으로 통제가 강화되는 추세에 있었습니다. 하지만 검열관과 잡지 편집자 사이의 상호작용이라는 관점에서 보면 검열은 자의적이었습니다. 잡지 편집자가 상대하는 실무자는 조선인이었고, 이들 위에 일본인 검열관이 있었습니다. 조선인 실무자는 대개 지나치게 엄격했고 사소한 문제로 시비를 하는 경우도 많았습니다.[5] 하지만 검열관과 잡지 편집인 사이의 상호작용이 반복되다 보면 비공식적인 관행이 생겨날 여지가 있었고 서로 양해하는 영역이 생겨나게 마련이었습니다. 이 비공식의 영역에서 검열관의 재량이 발휘될 수 있었으며, 필자는 이 범위에서 글쓰기의 곡예를 감행할 수 있었습니다. 김교신이 '히니쿠ひにく'의 글쓰기를 통해 일제의 통치를 우회적으로 비판했던 것은 바로 이 자리에서였습니다. '히니쿠'는 '풍자'로도 번역할 수 있겠지만, 조롱, 비꼼 등으로 이해하는 것이 적절합니다.

    1938년의 5월의 일입니다. 어떤 이가 김교신을 찾아와 말했습니다. 당신이 쓴 글에는 히니쿠가 많고 특히 「성조통신」은 처음부터 끝까지 '히니쿠 덩어리'이니 어찌 된 일이냐, 성서 잡지를 낸다는 이가 그런 삐뚤어진 문장을 쓰면 되느냐는 것이었습니다. 이 말을 들은 김교신은 깜짝 놀랐습니다. 범사에 단정하고자 애쓰고 모자 하나 비뚤게 쓴 사람을 보고도 불안하게 여겼던 자신이 히니쿠로 사물을 보고 히니쿠로 글을 쓴다는 게 이상하게 생각되었던 것입니다. 돌아와서 <성서조선> 5월호 「성조통신」을 다시 읽어 보고는 또 한 번 깜짝 놀랄 수밖에 없었습니다. 실제로 자신이 쓴 글이 히니쿠 덩어리였음을 알게 된 것입니다. 김교신은 「히니쿠의 대가」라는 글에서 다음과 같이 쓰고 있습니다.

> ∷ 심상한 생각으로 날마다 봉착하는 신변 사건을 되도록 단정한 필치로써 기록하노라고 무의식중에 했던 일이 의식적으로 어떠한 각도에서 검토할 때에 나 자신의 눈에도 과연 '히니쿠'의 덩어리임에 틀림없어 보이니 놀라지 않을 수 없었으며, 특히 문장만을—'히니쿠'적이 아닌 인간이—히니쿠적으로 표현하였다는 것이 아니라 나의 관찰, 사상, 생활 등 나의 존재 전체가 일개 '히니쿠의 덩어리'인 것을 발견하고 자인식한 때의 놀람과 당황함은 더욱 절실하였다. 나의 '히니쿠'란 것은 일부러 히니쿠적 문자를 엮으려 하여 쓴 것이 아니요, 모든 사물을 히니쿠적으로 보고 듣고 사유하고선 그대로 단적으로 기록하여 된 '히니쿠'이니 그 병근病根이 상당히 깊었다 할 것이며 따라서 깊이 탄식하지 않을 수 없었다. (「히니쿠의 대가」, <성서조선> 1938. 6.)

1939년과 40년 사이 히니쿠의 글쓰기는 더욱 가팔라졌습니다. 기말시험을 끝낸 학생들은 1939년 7월 21일부터

30일까지 열흘 동안 근로보국대에 동원되었습니다. 김교신은 학생들의 근로보국 작업을 감독하는 한편 틈틈이 몸을 피해 <성서조선> 교정을 보느라 바빴습니다. 근로보국 일주일째인 7월 27일 미나미 총독이 양정학교를 방문했습니다. 이 일을 김교신은 다음과 같이 기록하고 있습니다. 김교신의 글에 그려진 근로보국 작업은 '보여 주기식' 행사의 극치였습니다.

> ∷ [1939년 7월 27일] 오늘은 미나미 총독 각하가 우리 근로보국대의 작업상황을 순시한다고 해서 범사에 변경을 가하여 잘 보이고 칭찬받도록만 애써애써 일하다. 생도의 반수씩 교대 작업하던 것도 오늘만은 총원 일제히 숨쉴 때도 없이 일하는 모양을 보이고 상반신은 일제히 나체로 레뷰-. (《김교신 전집 7》, 114쪽)

김교신은 식민지 학교에서의 근로보국 작업, 그리고 그것을 순시하는 미나미 총독과 대비하여 웃통을 벗어부치고 칭찬받도록만 애써 일하는 학생들의 모습을 그리고 있습니다. 이 대조를 통해 병영이 된 학교의 모습을 우회적으로 비판한 것입니다.

1940년 4월에서 6월 사이 유럽은 전쟁의 광기에 휘말려 들고 있었습니다. 독일은 덴마크와 노르웨이에 이어 네덜란드와 벨기에를 침공했습니다. 6월 10일에는 이탈리아가 참전했고, 13일에는 독일군이 파리에 입성했습니다. 1940년 6월 9일 성서연구회에서 김교신은 누가복음에 따라 원수를 사랑하라는 교훈을 공부했습니다. 온 세계가 증오와 적대의 명령으로 달려가고 있는 상황에서 이런 성서연구 자체가 아이러니가 아닐 수 없었습니다. 김교신은 성서를 연구하는 일이나 글을 쓰는 것이 모두 '히니쿠'의 일이라고 했습니다. 시국이 기울어지는 것에 비례하여 '히니쿠'의 글쓰기도 긴장이 높아지고 있었습니다.

◆ 윤리학이 멈춘 시대

김교신이 황국신민서사를 게재하면서까지 <성서조선>을 간행하기로 했던 선택을 디트리히 본회퍼와 견주어 보면 어떨까요? 본회퍼는 김교신과 동시대를 산 독일의 신학자입니다. 김교신보다 다섯 살 아래였고, 김교신보다 2주 먼저 하늘의 부름을 받았습니다. 김교신이 본회퍼를 알았는지 알 수 없지만, 칼 바르트가 히틀러에게 경의를 표하지 않았다는 이유로 교수직에서 밀려나게 되었다는 사실은 보도를 통해 알고 있었습니다.

본회퍼도 자신을 위장해야 하는 자리에 있었습니다. 1940년 6월 14일 히틀러의 독일군이 파리를 점령했습니다. 본회퍼의 제자이자 동료인 에버하르트 베트게는 자신이 저

술한 본회퍼 전기에서 이날 본회퍼의 모습을 다음과 같이 전해 줍니다.

> :: 우리가 햇빛을 즐기는 동안, 갑자기 카페의 확성기에서 트럼펫 팡파르를 울리며 "프랑스가 항복했다!"는 특보를 내보냈다. 테이블 주위의 사람들은 흥분을 가라앉히지 못한 채 껑충껑충 뛰고, 더러는 의자 위에 올라섰다. 그들은 팔을 뻗으며「만유 위에 뛰어난 독일」과「깃발을 높이 들어라」를 불렀다. 본회퍼는 팔을 들어 올려 의례적으로 히틀러식 경례를 했다. 내가 넋이 나간 표정으로 우두커니 곁에 서 있자, 그는 "자네 미쳤나? 팔을 들어 올리게!"라고 속삭인 다음 이렇게 말했다. "우리는 다른 많은 일에 목숨을 걸어야 하네. 이 어리석은 경례는 목숨을 걸 일이 아니란 말일세!" (에버하르트 베트게,《디트리히 본회퍼》, 복있는사람, 2014, 962-963쪽)

독일의 파리 입성 보도를 접하고 김교신도 기록을 남겼습니다. 김교신은 유럽의 상황을 예의주시하면서 이 일들이 조선에 미칠 영향을 가늠해 보고 있었으나 자신이 보고 생각한 것을 그대로 쓸 수는 없었습니다. 1940년 6월 15일 김교신의 일기는 또 한 번 '히니쿠'의 글쓰기를 감행하고 있습니다.

∷ [1940년 6월 15일] ○ 독일군이 13일 심야에 파리 입성했다고 보도. ○ 동소문경찰관 파출소에는 광견이 횡행하니 주의하라고 고시. 특히 셰퍼드와 불독이 미친 모양이다. (《김교신 전집 7》, 251쪽)

본회퍼의 이중생활은 김교신보다 더 아찔한 거리를 건너뛰어야 하는 상황이었습니다. 본회퍼는 《나를 따르라 Nachfolge》에서 산상수훈을 본문으로 삼아 급진적 제자도, 평화주의 윤리학을 정초定礎했습니다. 《나를 따르라》에서 그는 이렇게 쓰고 있습니다. "예수를 따르는 이들은 평화를 이루는 사람으로 임명받는다. 예수께서 그들을 부르셨을 때, 그들은 평화를 발견했다. 예수께서 그들의 평화이심을 깨달은 것이다. 이제 그들은 평화를 얻는 것은 물론이고 평화를 이루기도 해야 한다. 이를 위해 그들은 폭력과 폭동을 포기한다. 폭력과 폭동은 그리스도의 대의에 조금도 도움이 되지 않는다. 그리스도의 나라는 평화의 나라다."[6] 그로부터 몇 년 후 본회퍼는 히틀러 암살 작전에 가담했다가 체포되어 1945년 4월 9일 종전을 한 달 앞두고 처형되었습니다.

평화주의자였던 본회퍼는 어떻게 암살자가 될 수 있었을까요? 그의 히틀러 암살 시도를 어떻게 보아야 할까요? 《디트리히 본회퍼―평화주의자와 암살자 사이에서》(매튜 D. 커크패트릭, 비아)의 저자는 흥미로운 해명을 시도합니다. 인간이 정초한 윤리나 질서로 설명하기 어려운 상황이 있는

데, 그런 상황에서 윤리학은 하나님의 관계적 속성을 충분히 고려하지 못하고 하나님의 명령을 제한할 수 있다는 것입니다. 나치라는 거대한 괴물과 마주한 상황이라면, 이 역사의 모순 앞에서 자신의 운명을 걸어야 하는 상황이라면 어떨까요? 이런 상황이라면 하나님과의 직접적인 관계에서 윤리학에 반하는 결정을 하게 될 수 있을까요?

김교신과 본회퍼의 선택은 표면적으로는 상반된 것처럼 보입니다. 본회퍼가 평화주의의 윤리에 위배되는 것처럼 보이는 결정을 하면서까지 나치 정권에 저항한 반면, 김교신은 황국신민서사를 게재하라는 지침을 수용함으로써 원칙을 포기한 것처럼 보입니다. 하지만 '심히 강대한 괴물'과 마주하고 있었다는 점에서 김교신과 본회퍼가 서 있던 자리는 같았습니다. 김교신의 히니쿠의 글쓰기와 본회퍼의 나치식 경례에서 보듯, 이들은 여러 방식으로 자신을 위장해야 했습니다. 겉으로 드러난 행동과 그 이면의 진실이 다를 수밖에 없었습니다. 이 특수한 역사의 자리에서 내린 신앙의 결단을 일반적인 윤리학으로 판단하기는 어렵습니다. 이들은 백척간두에서 한 걸음을 더 내디뎌야 하는 순간에 서 있었습니다.

김교신은 "하나님의 것을 하나님께 돌리기 위해 가이사의 것은 가이사에게 돌려야 할 것"이라는 예수의 가르침에 근거한 원칙을 견지하고 있었고 황국신민서사를 게재하는 일도 이 범위 내에 있다고 판단했습니다. 이 경우 어디까지 '가이사의 것'이고 어디서부터 '하나님의 것'이라고 판단할 수 있는 기준이 정해져 있을 리 없습니다. 전시 총동원 체제에서 '가이사'의 권력은 절대화되어 있었고, 신앙의 자유는 극도로 제한되어 있었습니다. '하나님의 것을 하나님께' 돌리려는 김교신의 자리는 매우 협소할 수밖에 없었습니다. 이 협소한 자리에서 김교신은 하나님 앞에 단독자로 서 있었습니다. 세상 일은 풀의 꽃과 같아서 얼마 못 가 시들지만 <성서조선>은 하나님의 긍휼을 입어 가늘지라도 길게 꾸준히 걷고자 했습니다. 불가항력의 상황을 만나 폐간되기 전까지는 사람으로서 할 수 있는 일을 하는 것이 <성서조선>의 사명이라고 여겼던 것입니다.

본회퍼는 《옥중서신―저항과 복종》에서 자신이 서 있던 시대를 "딛고 설 땅이 없는" 시대라고 썼습니다. "악의 거대한 가장무도회가 모든 윤리적 개념을 연타하여 뒤죽박죽 상태로 만들어 버렸다"고 썼습니다. 이런 시대를 버티려면 자신의 이성과 원칙, 자신의 덕행을 기준으로 삼지 않아야 했습니다. 하나님과의 전적인 결속에서 이루어지는 복종, 그것을 위해 모든 것을 기꺼이 희생할 수 있는 사람만이 이런 시대를 버틸 수 있습니다.

:: 누가 버티는가? 자신의 이성, 자신의 원칙, 자신의 양심, 자신의 자유, 자신의 덕행을 최후의 척도로 삼지 않는 사람만이 버틴다. 그는 하나님에 대한 믿음과 그

분과의 전적인 결속 속에서 이루어지는 복종 행위와 책임 있는 행위로 부름받아, 이 모든 것을 기꺼이 희생하는 사람이다. 자신의 온 생애를 하나님의 물으심과 부르심에 대한 응답이 되게 하려고 애쓰는 책임감 있는 사람만이 버틸 수 있다. 이런 책임감 있는 사람들은 어디에 있는가? (디트리히 본회퍼, 《옥중서신—저항과 복종》, 복있는사람, 2016, 28쪽)

세상 일은 풀과 같고 들의 꽃과 같아서
때가 오면 찬란하되
또한 얼마 못 되어서 조락凋落한다.

우리 <성서조선> 발간의 일만은
하나님의 긍휼을 입어
부침浮沈과 성쇠盛衰의 변전變轉 없이
가늘지라도 길고 길게 꾸준히 걷고자 한다.

11장

정진
또 정진

◆ 양정 12년

황국신민화 정책에 따라 제3차 조선교육령이 시행된 것은 1938년 3월입니다. 조선어 과목이 선택과목으로 바뀌어 사실상 조선어 교육이 폐지되었고, 얼마 후에는 학교에서 조선어 사용이 금지되었습니다. 김교신이 양정학교를 사직한 것은 그로부터 2년 후인 1940년 3월입니다. 1928년 4월에 부임했으니 만 12년을 양정학교 교사로 재직했습니다. 1928년부터 33년까지, 그리고 1933년부터 38년까지 두 차례 담임을 맡았습니다.

두 번째 담임반 학생들이 졸업하던 1938년 3월 3일은 김교신의 교직 생활에서도 가장 감격스러운 날이었습니다. 아침에 일찍 일어나 늘 하던 대로 냉수마찰을 하고 졸업생 50명의 이름을 부르며 이들의 장래를 주 예수께 부탁하는 기도를 올렸습니다. 평소보다 일찍 등교하여 졸업식을 준비했습니다. 의례적인 졸업식을 마친 후 졸업생들이 담임 교사에게 사은 기념품을 증정하는 순서가 있었습니다. 김교신은 카메라를 기념품으로 받았습니다. 여기에 뜻밖의 순서가 기다리고 있었습니다. 사은 기념품을 증정한 후 김교신의 담임반 학생 대표가 나와 '증정문'을 낭독한 것입니다. 그 문장과 낭독하는 태도가 너무나도 곡진하여 그 자리에 모인 학생과 교사 모두 울음바다가 되었습니다. 교사로서 5년간 열의를 다해 가르친 교훈을 학생의 입을 통해 다시 듣게 되었으니 놀랍고도 뿌듯한 경험이었을 것입니다. 김교신은 「양정 10년」이라는 글에 이 '증정문'을 옮겨 놓았습니다. '증정문'에서 학생 대표는 선생님의 가르침을 떠올리며 신의, 야망, 우애, 정의 등을 말했습니다.

:: 신의! 다른 이로부터 신임을 받는 인간이 되라고 우리 선생이 외치신 것은 실로 우리들이 제1학년 여름방학을 맞는 날이었다. 선생은 어릴 적 자기 모친에 대해 신의를 깨뜨린 일이 있음을 참회하시며 교실에서 손수건을 적시셨도다. 우리 이를 목도하였음이여! 아, 그날 이래 심중에 굳게 잡고 놓치지 않는 노력이란 실로 신의 있는 사람 되는 것이로다. 신의! 이것이 있다면 인간은 왜 천국이 아니겠는가! 평화향平和鄕이 못될 것인가! 선생이여, 우리들은 다 신의를 위해 목숨을 버릴 것임이니이다. 원컨대 마음을 놓으시기를! (「사은기념품증정문」, <성서조선> 1938. 4.;《김교신 전집 1》, 68-69쪽)

하지만 제3차 조선교육령이 시행된 이후 학교는 더 이

상 머물 곳이 아니었습니다. 1939년에는 담임 순번이 아닌데도 갑자기 담임을 맡게 되었지만, 김교신은 이미 학교를 떠날 결심을 하고 있었습니다. 1939년 4월 10일 입학식에서 6년 전 입학식을 떠올리면서 격세지감을 느꼈습니다. 1933년 입학식에서 김교신은 교단에 올라 자신의 교육 방침을 연설했습니다. 하지만 1939년 입학식에서는 학생들의 이름을 부르는 것 외에는 발언권이 주어지지 않았습니다. 교사의 교훈이 사라진 자리에 전체주의만 남았습니다. 1939년 5월 22일에는 배속장교 제도를 창설하여 학교에서 교련을 시행한 지 10주년 기념이라고 해서 경성 시내 남자 중학교 이상 학생 전원이 연합 분열식을 거행하였는데, 이를 위해 나흘간 전교생이 용산 연병장에 나가 교련을 했습니다. 그 후로도 학생들은 무슨 주간, 무슨 행사마다 수시로 근로 작업에 동원되거나 군사 훈련을 해야 했습니다. 전쟁이 장기화되면서 학교는 점차 병영이 되어 갔습니다.

 1940년 3월 양정학교를 떠나면서 느낀 송별의 감상을 <성서조선> 1940년 4월호에 실었습니다. 박물실의 짐을 정리하면서 이번에는 짐을 자신의 손으로 정리할 수 있었지만 다음 사직, 즉 세상을 떠날 때는 짐도 못 꾸리고 떠나야 할 것이니 그때를 준비해야 할 것이라고 했습니다. 그러면서도 이번의 떠남은 그리스도를 위하여 새로운 길을 떠나는 것이어서 작별의 슬픔 저편에 "출가하려는 처녀의 가슴"과 같은 느낌이 있다고 했습니다. 무교회 전도자로 나선 그에게 또 다른 길이 기다리고 있었습니다.

◆ **《최용신 소전》 간행**

시대의 어둠이 짙어 한 치 앞을 내다볼 수 없는 상황에서도 김교신의 분투는 대단했습니다. 1939년과 40년 김교신은 두 개의 일을 해냈습니다. 하나는 《최용신 소전》을 간행한 일이고, 다른 하나는 야나이하라 다다오의 조선 집회를 주관한 일입니다.

최용신의 활동이 세상에 알려진 것은 그의 죽음 직후인 1935년 1월 <조선중앙일보> 기사를 통해서였습니다. 최용신은 1909년 원산에서 태어나 루씨여학교를 졸업하고 경성여자신학교에서 수학했습니다. 1931년 10월 경성여자기독교청년연합회YWCA의 파견을 받아 수원 샘골로 와서 농촌활동에 투신하다 1935년 1월 스물여섯의 나이로 요절했습니다.

1939년 신년 벽두에 열렸던 동계성서강습회에서 최용신에 관한 대화가 있었습니다. 그 자리에 모인 이들은 최용신 전기를 써서 그 고귀한 삶을 후세에 전하는 것이 동시대를 살아가는 이의 도리라고 여겼습니다. 최용신 전기 집필자로 류달영을 추천했습니다. 류달영은 김교신의 양정학교 첫 담임반의 제자로 졸업 후 수원고등농림학교로 진학하였고 그 무렵 개성 호수돈여학교의 교사로 있었습니다. 당시 수원고농 조선인 학생들은 민족의식이 높아 개척사 모임, 상록수 운동 등으로 몇 차례 검거 사건이 일어나기도 했습니다. 류달영도 수원고농 재학 중 상록수 운동에 참여하여 야학 활동을 했고 그 무렵 수원 샘골에서 농촌활동을 하던 최용신을 만난 적이 있었습니다.[1] 류달영으로서는 최용신 전기를 쓸 이유가 많았던 셈입니다.

    이 일에 김교신과 류달영 두 사람이 쏟은 열정은 대단했습니다. 김교신은 1938년 여름부터 정릉리 교풍회장을 맡아 북한학원을 운영하고 있었습니다. 북한학원의 교사를 초빙하는 일부터 운영 사무 일체를 맡으며 가끔은 교사를 대신해 수업을 하기도 했습니다. 그 무렵 최용신의 동생 용경이 언니가 하던 학원을 맡아 운영하고 있었는데 김교신이 샘골을 방문해서 최용신의 동생 용경을 만나 언니에 관한 자료를 받아 류달영에게 전달했습니다. 용경이 북한학원을 찾아와 야학 운영과 관련하여 대화를 나누기도 했습니다.

    류달영은 샘골을 답사하면서 마을 사람들을 인터뷰했고, 최용신의 고향인 원산에 가서 가족들을 만나고 루씨여학교에 방문해 문집에 실린 글을 찾아내기도 했습니다. 류달영은 집필에 대단한 공력을 기울였습니다. 류달영이 원고 초고를 들고 김교신을 찾아온 것은 1939년 8월 16일이었습니다.

∷ [1939년 8월 16일] 류달영 군이 탈고된 최용신 양의 전기를 품고 내방하여 반가움을 측량할 수 없다. 지난 동계 집회 때에 그 전기 출판의 간절한 요구를 류 군에게 부탁했던 이래로 군은 자료 수집과 현지답사를 마친 후에도 이미 썼던 원고를 찢어 버리기 대여섯 차례, 격렬한 교무도 일단락된 금 8월 1일 이후로는 때로 새벽 2-3시까지 거의 밤낮을 연이어 펜을 달린 결과로 이 한 편 300여 매를 이루었다 한다. 군은 마치 큰 병을 치른 사람처럼 창백한 얼굴로 이 원고 뭉치를 들고 왔다.
(《김교신 전집 7》, 120-121쪽)

류달영의 초고를 받은 김교신은 눈물로 원고를 읽었습니다. 최용신의 생애 자체가 눈물을 자아내는 생애였다는 것이 김교신의 첫 독후감이었습니다.

《최용신 소전》은 가상의 여학생에게 주는 편지 형식의 이야기입니다. 류달영은 첫 장에서 최용신과의 만남을 쓴 후 다시 최용신의 생애로 돌아가 그의 유년시절과 학생시절, 그리고 샘골에서의 헌신적인 활동을 차례로 기록했습니다. 예배당을 빌려 학생들을 가르치기 시작한 이야기, 오전반, 오후반, 야학까지 한 사람이라도 더 가르치려고 애썼고 야학을 마치고도 이웃 마을인 야목리까지 가서 아이들을 가르친 이야기, 한가윗날 발표회를 열어 춤과 노래, 연극 공연을 했고 이를 본 사람들이 모두 놀라 그날 샘골학원 건

• 호수돈여학교 교사 시절의 류달영과 김교신.
1940년 양정학교를 사직한 김교신이 1941년
과 42년 사이 송도중학교에서 교편을 잡게 되
어 두 사람은 개성에서 한 시절을 함께 보냈다.

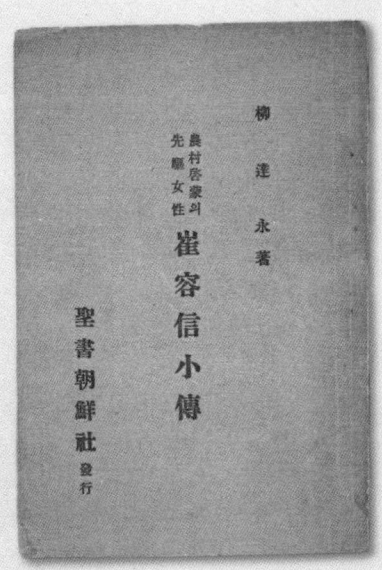

• 《최용신 소전》. '농촌계몽의 선구여성'으로
최용신을 소개하고 있다. 김교신이 쓴 서문이
책 앞부분에 수록되었다.

• **루씨여자고등보통학교 시절의 최용신.** 최용신은 1924년 루씨여고보에 입학하여 1928년 졸업했다. 졸업 당시 발표한 「교문에서 농촌에」라는 글에서 보듯 최용신은 루씨여고보 시절부터 농촌문제에 관심을 가지고 있었다. (사진 출처: 최용신기념관 홈페이지)

• **샘골학원 낙성식.** 최용신은 샘골학원 건축을 위해 직접 공사현장에서 일하는 등 비상한 열정을 보였고, 마침내 1933년 1월 15일 샘골학원을 완공했다. (사진 출처: 최용신기념관 홈페이지)

축 발기회를 결성한 이야기, 최용신과 마을 사람들의 헌신적인 노력으로 학원을 건축한 이야기 등은 모두 감동적이었습니다.

《최용신 소전》 발간은 <성서조선> 독자들이 힘을 모아 이루어 낸 일이었습니다. 집필 계획이 알려지자 비용을 부담하겠다는 독지가가 있었지만 김교신은 이 일은 자력으로 해야 마땅하다고 생각하여 거절했습니다. 발간 작업이 구체화되면서 이 일을 공동출자 형식으로 하자는 제의가 있었고 김교신도 이 제안을 받아들여 독자들의 참여를 요청했습니다. <성서조선> 1939년 9월호에 실린 「협동사업의 제의」라는 글에서 김교신은 "선을 행하는 향락"을 독점하지 않고 "참여할 기회를 널리 제공하는 것"이니 뜻있는 이들은 참여하라고 참여를 독려했고, 이후 출자에 참여하겠다는 독자들의 편지가 속속 도착했습니다. 그해 12월 13일 류달영에게 쓴 편지에 김교신은 찬조자의 명단과 함께 책을 전해야 할 곳, 책을 전할 때 주의할 일을 꼼꼼히 써 보냈습니다. 찬조자는 스물아홉 명, 찬조금은 적게는 1원부터 많게는 20원까지였습니다.

1939년 11월 중순 《최용신 소전》 조판이 시작되었지만 물자 부족이 심각하여 인쇄에 어려움을 겪었습니다. 11월 18일에 교정지가 나왔는데, <성서조선> 교정과 《최용신 소전》 교정이 겹쳐 일을 감당하기 어려웠습니다. 주변에 도움을 요청해 봤지만 아무도 도울 수 있는 사람이 없어서 교정지를 보퉁이째 싸 들고 집으로 와서 밤늦도록 교정을 봐야 했습니다. 11월 28일에는 류달영이 교정을 위해 상경했고, 12월 2일에는 김병제가 한글 교정을 보고 교정지를 보내왔습니다. 한글 교정을 맡은 김병제는 당시 배재학교 교사로, 해방 후 월북하여 북한 언어학계의 거두가 된 이입니다. 1939년 말이면 일제의 조선어말살 정책이 시행되고 있을 때였습니다. 이런 시기에 김교신은 조선어로《최용신 소전》을 내면서 당대 최고의 한글학자에게 교정을 부탁했던 것입니다. 김병제는 교정지를 보내면서 감격 가운데 읽느라고 철저한 교정이 되지 못했을까 염려했습니다.

《최용신 소전》에 대한 독자들의 반응은 대단히 뜨거웠습니다.《최용신 소전》의 발행일은 1939년 12월 15일이었는데, 하루 전에 제본되어 나온 70부를 협성신학교에 보냈습니다. 12월 15일 발행일에는 하루 만에 초판 1천 부가 매진되었습니다. 그날 1천 부를 배달 또는 우편 발송하는 일을 김교신이 혼자 처리했습니다. 발행일에 초판이 매진되자 다음 날인 12월 16일 두 번째 1천 부가 나왔고 이날도 김교신은 책을 발송하고 배달하느라 바빴습니다.《최용신 소전》은 독자들의 사랑을 받아 일 년 만에 3쇄를 찍었습니다. 1940년 11월 16일에 인쇄가 완료되었고, 한 달 뒤인 12월 14일에는《최용신 소전》300부를 궤짝에 넣고 자전거에 실어 경성역까지 운반했다며 근력을 자랑했습니다.

◆ 《최용신 소전》을 쓴 이유

1935년 8월 <동아일보> 창간 15주년 기념 장편소설 공모에 최용신을 모델로 한 소설인 심훈의 《상록수》가 당선되었습니다. 최용신이 소천한 지 반년이 지난 뒤였습니다. 1935년 5월 <중앙>에 노천명이 「샘골의 천사 최용신 양의 반생半生」이라는 글을 실었는데, 이 글을 읽은 심훈이 50일간 밤낮으로 글을 써 완성한 작품이 《상록수》입니다.[2]

김교신이 《상록수》를 읽은 것은 1939년 2월 19일입니다. 김교신의 독후감에는 실망스러움이 드러나 있습니다.

∷ [1939년 2월 19일] 소설 《상록수》 읽기를 마치다. 학원 경영에 참고될까 해서 큰 희생이나 하듯이 아까운 시간을 들여 통독하였다. 끝이 될수록 감동이 깊었다. 최 양 같은 선생이 있다면 학원 경영도 매우 쉬운 일일 듯하다. 그러나 소설의 여주인공 최용신 양의 신앙이 그 정도뿐이었는지 혹은 작가 심 씨의 사상이 그 정도에 지나는 것이 없었는지는 알 수 없으나 요컨대 「일하러 가세」라는 찬송가 외에는 아무 깊은 것도 높은 것도 없어 보인다. (《김교신 전집 7》, 29쪽)

김교신은 소설 독자는 아니었습니다. 그는 허구적 양식보다 사실 자체를 더 중요하게 여겼습니다. 청년 시절부터 소설보다 전기 읽기를 즐겼고, 학생들의 일기를 읽으면서도 큰 감동을 받았습니다. 소설 독자가 아닌 김교신이 '큰 희생이나 하듯이 시간을 들여'《상록수》를 읽은 데는 실용적인 목적이 앞섰던 것으로 보입니다. 동계성서강습회에서《최용신 소전》을 집필하기로 한 터이기도 했고, 또 당시 김교신 자신이 교풍회장으로서 북한학원을 경영하고 있었으니《상록수》에서 참고할 만한 것이 있으리라 여긴 듯합니다.

김교신의 실망은《상록수》가 최용신의 신앙의 깊이를 드러내지 못했다는 것이었습니다. 실제로《상록수》는 박동혁과 채영신 두 남녀 주인공을 설정하여, 한편으로는 두 주인공의 농촌활동 이야기를, 다른 한편으로는 두 사람의 연애담을 그린 소설이기에, 채영신의 기독교 신앙을 깊이 있게 그리지는 않습니다. 김교신과 류달영이《최용신 소전》을 간행해야 했던 이유도 여기에 있었습니다.

김교신은《최용신 소전》의 서문에서, 이 책 17장 '그의 생활의 열쇠'에서 전기 기자의 예민한 감각이 잘 드러났다고 칭찬했습니다. 이 장에서 류달영은 최용신의 묘비명에 '농촌사업가'라고 되어 있는 데 불만을 제기하면서 그의 열성적인 사업의 근원에 신앙이 있었음을 말하고 있습니다. 최용신이 노트에 쓴「새벽 종소리에 따라 올리는 기도」를 인용하여 그를 기도의 사람, 실행하는 믿음의 사람으로 그려 냅니다.

∷   나는 그의 생활의 열쇠를 찾은 것이었다. 용신 양의 '새벽 기도'. 이것은 확실히 이상한 힘으로 활동한 그 아름다운 생활의 원동력이었던 것이다. 양은 함부로 여러 사람 앞에서 독실한 믿음의 모양을 보이고자 하는 바리새교인이 아니었다. 그런 고로 사람들은 먼저 믿음의 사람이라고 생각하기 전에 농촌사업에 신기할 만치 열성 있는 젊은 여성이라고 보게 된 것이었다. 그녀는 기도의 사람이었다. 위에서 가르치시는 대로 주저 없이 실행하는 믿음의 사람이었다. 그의 믿음을 모르고는 그를 안다고 할 수 없으며 그의 기도의 생활을 모르고는 그의 생애는 영원히 풀지 못하는 수수께끼가 되고 말 것이다. (류달영, 《최용신 소전》, 성서조선사, 1939, 92쪽)

최용신을 신앙의 사람, 기도의 사람으로 보아야 한다는 것은 《상록수》가 그린 '농촌사업가 채영신'이 아니라 조선 기독교 신앙인의 한 사람으로 보아야 함을 말한 것이었습니다. 이 대목에서 <성서조선>과 《최용신 소전》이 최용신을 어떻게 드러내고 기념하고자 했는지 알 수 있습니다.

1920년대 중반 이후 조선의 농촌운동은 사회주의 계열의 운동과 기독교계 단체의 운동으로 크게 양분되어 있었습니다. 기독교계 농촌운동이 농촌계몽에 초점을 맞추고 대체로 그 범위를 벗어나지 않은 데 반해, 사회주의 계열의 운동은 토지 문제, 소작 문제 등 농촌경제의 구조를 문제 삼았습니다.《상록수》가 그린 박동혁과 채영신의 농촌활동도 이 대비를 보여 주고 있습니다.《상록수》의 저자는 채영신의 기독교 농촌활동보다 박동혁의 사회주의 계열의 농촌활동에 무게를 두고 있었습니다.[3]

이 시기 YWCA의 농촌사업은 '농민보건', '농민협동', '농민교육', '농촌부업' 등 여러 분야가 망라되어 있었지만 실제로 YWCA가 실행한 주된 활동은 아동과 부녀자 교육이었습니다.[4] 최용신의 활동도 이러한 계몽활동의 하나였습니다. 이후 기독교계 농촌사업도 농사강습회를 개최하는 등 경제 문제를 포함하는 것으로 점차 바뀌었으나, 1937년 중일전쟁 이후 일제의 탄압으로 농촌활동은 중단됩니다. 김교신과 류달영이《최용신 소전》을 집필하던 1939년은 더 이상 농촌활동이 가능하지 않은 때였습니다.

이런 상황에서도 김교신과 류달영이《최용신 소전》간행에 이토록 열성을 다했던 이유는 무엇일까요? 그 힘은 어디에서 나온 것일까요? 그것은 류달영이 최용신을 신앙의 사람으로 본 데서 드러나듯, 현상 너머를 바라보게 하는 신앙의 힘이었습니다. 더 이상 농촌운동을 할 수 없었고 <성서조선>의 운명도 경각에 달려 있었지만, 이런 고난도 신앙의 눈으로 보면 의미 있는 것이었고 거기에서 견딜 힘을 얻을 수 있었습니다.

《최용신 소전》을 눈물로 읽은 독자들이 독후감을 보내왔습니다. 한 독자는 이 책 마지막 장의 권면에 불만을 표시

했습니다. 저자는 가상의 독자인 조선 여성을 향해 최용신의 농촌계몽의 생애를 반드시 모방할 필요는 없다고 말하면서 "어느 곳에서 무엇을 하든지 튼튼한 믿음 안에 딸로서, 아내로서, 어머니로서 직분을 충실히 하면 족할 것"이라고 썼는데, 이는 최용신의 생애에 비추어 볼 때 너무 평범한 권면이 아니냐는 불만이었습니다. 이 문장은 개정판에서 "용감히 몸을 바쳐 이 역사의 산 제물이 되자", "억척스러이 우리의 활로를 우리 스스로 열어 가자"라는 문장으로 바뀌었습니다.

◆ 야나이하라 다다오의 성서 집회

일제가 중일전쟁을 일으킨 후 일본 무교회 내에서 첫 비판의 목소리는 야나이하라 다다오에게서 나왔습니다. 식민정책학을 전공하여 20대 중반의 나이에 도쿄제국대학 교수가 된 야나이하라는 1937년 9월 <중앙공론>에 발표한 「국가의 이상」이라는 글에서 일본의 군국주의를 비판했습니다.

「국가의 이상」에서 야나이하라는 현실 국가의 태도가 혼미해져 있을 때 국가의 이상을 생각해야 한다고 했습니다. 이상을 생각하는 것은 현실도피가 아니라 오히려 현실을 가장 힘있게 비판하기 위한 비약이라고도 했습니다. '국가는 무엇을 위해 존재해야 하는가?'라는 물음은 객관 정신으로 파악해야 하는데, '정의'가 바로 국가의 기본이며 국가를 넘어서 존재하는 객관 정신이라고 했습니다. '국가의 이상'은 곧 '정의'라고 선언한 것입니다. 야나이하라는 파시즘으로 달려가는 현실의 국가와 기독교 신의 나라 사이에서 예언자적 목소리를 내고 있었던 것입니다.

> ∷ 무비판은 지식의 결핍에서 오는 것이 아니다. 이상의 결핍, 정의에 대한 감각의 상실에서 온다. 직관의 빈곤, 계시의 고갈에서 온다. 그래서 국가 비상시일수록 철학과 종교의 임무가 특히 중요함을 깨닫는다. (「국가의 이상」, <중앙공론> 1937. 9.)

당시 전쟁에 대한 일본 무교회의 입장은 일치되어 있지 않았습니다. '복음'을 위해 '예언'을 포기하겠다는 목소리가 공공연히 나오고 있었습니다. 이 와중에 도쿄제대 교수인 야나이하라가 비판적인 목소리를 내고 나선 데는 큰 용기가 필요했습니다. 야나이하라 다다오는 이 글을 발표한 것이 빌미가 되어 도쿄제대 교수직에서 물러나야 했지만 야만의 시대에 양심을 지킨 지식인으로 남았습니다. 일본 패전 후 그는 복직되었고 후에 도쿄대학 총장을 지냈습니다.

이 무렵 김교신은 일본 무교회의 사정에 관심을 갖는 한편 조선의 무교회는 어디로 갈 것인가라는 물음을 놓지 않았습니다. 김교신이 야나이하라 다다오의 「국가의 이상」을 읽은 것은 1937년 10월 4일이었습니다.

> ∷ [1937년 10월 4일] 모 씨로부터 야나이하라 교수의 논문을 보내어 주어서 일독하니 세상에 나왔던 보람이 있는 듯하다. 귀한 것은 의로운 사람이다. 이 세대에 이런 '사람'이 있어! (《김교신 전집 6》, 290-291쪽)

야나이하라 다다오의 경성집회 계획이 구체화된 것은 1940년 3월 말의 일입니다. 이 무렵 김교신은 열두 해 동안 재직하던 양정학교를 사임했습니다. 사임 다음 날 곧바로 도쿄로 건너가서 3월 26일 야나이하라를 만났습니다. 야나이하라의 뜻은 확고했습니다. 명목상으로는 경성기독교청년회가 집회를 주관했지만 모든 일정을 실질적으로 주관한 이는 김교신이었습니다. 김교신은 <성서조선> 1940년 8월호에 「진주를 탐구하라」는 글을 써서 야나이하라 집회에 참여하라고 독려했고, 이 집회에 참석하기 위해 지방에서 올라오는 이들의 숙소를 준비했습니다. 집회 기간 중 김교신의 집에 머물렀던 이들은 새벽에 따로 기도회를 열었습니다.

야나이하라는 경성집회 전에 평양과 함흥에서 먼저 집회를 열었습니다. 야나이하라가 평양에 도착한 것은 1940년 8월 28일 오전 8시였습니다. 야나이하라를 평양에서 맞기 위해 김교신은 하루 앞서 경성을 출발, 평양에서 하루를 묵었습니다.

> :: [1940년 8월 28일] 오전 8시에 야나이하라 선생 일행이 평양에 도착하다. 박물관과 고총 등 시찰하시는 틈에 신양리예배당에서 우리 독자들께 에베소서 제2장 강화. 탁아소 2층에서 오찬을 함께 하고 대화하다. [중략] 오늘 모인 일로 인하여 물으러 오는 이, 불려 가는 이들이 많이 생겨서 미안 천만. 방공연습 제2야夜라고 해서 캄캄하여 외출도 부자유하므로 오늘밤 11시반 차로 경성을 향하여 출발하다. (《김교신 전집 7》, 282-283쪽)

야나이하라는 평양에서 1박 후 함흥으로 옮겨 거기서도 집회를 열었습니다. 야나이하라의 경성 집회는 1940년 9월 9일부터 13일까지 닷새 동안 진행되었습니다. 시국이 삼엄했던 탓에 공개적으로 모집하지 않았는데도 예상 인원의 두 배가 넘는 140여 명이 참석했습니다.

> :: [1940년 9월 9일] 오늘 저녁 7시 반부터 시내 장곡천정 청년회에서 야나이하라 다다오 선생의 로마서 강좌가 개강되다. 개강 벽두에 마태복음 제13장을 낭독하게 하고 선생 왈 "로마서 강의는 일종의 비유를 말하는 것이니 귀 있어 들을 자는 들으라"고. 강의도 비유요, 잡지도 비유로 써서 아는 자에게만 알게 하는 세대

가 되었다. ○ 오늘부터 임시로 경기공립중학교에 조력 겸하여 몸을 의탁하다. (《김교신 전집 7》, 289쪽)

야나이하라는 불온한 지식인으로 낙인찍혀 있었습니다. 그의 조선행에 당국의 감시가 뒤따랐음은 물론입니다. 한편 야나이하라의 경성집회가 시작된 그날부터 김교신은 경기중학교에 출근하게 되었고, 집회가 진행되던 중 함석헌은 계우회 사건으로 수감되어야 할 처지였으니, 김교신과 <성서조선> 그룹으로서는 그야말로 백병전을 치르겠다는 각오였습니다.

야나이하라가 신변의 위험을 무릅쓰면서까지 조선에 와야 했던 이유는 무엇이었을까요? 그가 로마서 강의를 비유로 말해야 했던 이유는 무엇이었을까요? 이 두 물음에 대한 답은 하나로 모입니다. 바울이 로마서에서 이방인의 구원을 말했던 것처럼 야나이하라는 조선인의 구원, 조선 민족의 구원을 선포해야 한다는 사명에 이끌리고 있었던 것입니다. 김교신이 이 집회에 그토록 매달려야 했던 이유도 거기에 있었습니다.

◆ 하나님께 제소하다

중일전쟁 이후 <성서조선>을 간행하는 일은 극심한

고통이었습니다. 이 무렵 김교신은 자신의 심사를 하나님께 토로하는 글을 싣고 있습니다. 「제소와 패소」(1939. 10.), 「춘몽」(1941. 5.) 등이 그것입니다.

「제소와 패소」에서 제소자는 <성서조선>의 종간을 직감하고 하나님께 두 가지 문제를 호소합니다. 첫 번째 제소는 다음과 같습니다. 제소자는 지금껏 하나님이 온갖 감언이설로 자신을 속여 십수 년간 잡지를 만들게 했지만 잡지를 읽는 이가 아무도 없었다고 따집니다. 그러자 하나님은 네가 손해 본 것이 얼마인지 가져와 보라고 합니다. 그때 제소자가 답합니다. 손해 본 것이 없습니다. 그렇게 하고도 남은 것이 열두 광주리입니다. 두 번째로 제소자가 따져 묻습니다. 일주일에 6일을 일하고 또 일요일에도 성서를 가르쳐 왔지만, 그렇게 십수 년 동안 피리를 불어도 춤추는 이가 없었다는 것입니다. 십수 년을 하루도 쉬지 않고 피를 뽑아 주고 살점을 나눠 주었지만 들으러 온 이가 없었다는 것입니다. 그러자 하나님이 묻습니다. 그래서 네가 얼마나 약해졌으며 얼마나 수명이 줄었느냐? 제소자가 대답합니다. 하나님을 믿기 전에는 허약하던 것이 그 후에는 병으로 누워 본 일이 없고 동년배보다 더 건강합니다. 이렇게 제소는 패소로 끝나게 됩니다. 1939년 말이면 종간될 것이라 여겼던 <성서조선>은 그 후로도 2년 반 동안 간행을 이어 갔습니다.

1940년부터 <성서조선>은 사회적인 문제를 다루지 못하게 됐습니다. 이 무렵 김교신은 우치무라 간조의 전집을 조선어로 번역 출간하기로 허락을 받아 우치무라의 글을 <성서조선>에 번역 수록하고 있었는데, 우치무라의 글도 사회적인 내용을 담은 것은 수록하지 못하게 됐습니다.

이 무렵 <성서조선>이 처한 어려움을 보여 주는 단적인 예는 「성조통신聖朝通信」의 폐지였습니다. 「성조통신」은 김교신의 공적 일기로서, 1935년까지 「성서통신」이라는 제목으로 편집인의 감상, 성서연구회 보고 등을 기록해 왔습니다. 1936년 김교신이 정릉으로 이사하면서 「성조통신」으로 제목을 변경하고 점차 김교신의 일상까지 기록하는 것으로 성격을 바꾸었습니다. 1934년 이후 비중이 점차 커져서 어떤 호에는 10쪽에 걸쳐 실리기도 했습니다. 1938년 말부터는 「성조통신」도 집중 검열의 대상이 되어 삭제되는 경우가 생겼고, 1941년 3월호에 와서 결국 폐지되었습니다. 시대 상황을 말하지 않고 성서와 신앙을 다룬다는 것은 반쪽 복음일 수밖에 없다는 걸 김교신은 누구보다 잘 알고 있었지만, 이렇게까지 퇴각하더라도 성서 잡지를 낼 수 있는 데까지 내야 한다고 생각했습니다.

1941년 이후 <성서조선>은 침묵으로써 그 시대의 고통을 말하고 있었습니다. 표지 안쪽에는 「총후생활과 사치품銃後生活と奢侈品」이라는 제목으로 시국 관련 글이 수록되었습니다. 권두문을 일본어로 쓴 경우도 많았습니다. '지어생紙魚生'이니 '자녀손子女孫'이니 하는 필명을 써서 필자를 감춘 글도 많습니다.

「춘몽」(<성서조선> 1941. 5.)은 이 시기 김교신의 고통을 토로한 글입니다. 어느 봄날의 꿈 이야기입니다. '나'가 백악산록을 오르다가 송림 사이를 거니는 노인을 만났습니다. 도가道家의 어느 이야기에 나올 법한 풍모를 지닌 노인이었습니다. 그가 스스로 조선 기독교의 장로라 소개하며 너는 누구냐고 묻습니다. '나'는 '7의 21배 호수까지 <성서조선>을 발간하는 사람'으로 자신을 소개했습니다. 그리고 이어지는 대화에서 '나'는 잡지용지가 통제되고 국책 관련 글을 쓰도록 강요받고 있어 <성서조선>을 속간하기 어렵다고 토로합니다. 노인이 묻습니다. 용지가 부족하고 국책 관련 글을 써야 한다면 면수를 줄여서 낼 수 없느냐는 것입니다. 24면이 안 되면 12면으로, 12면도 안 되면 6면으로 줄이면 어떠냐는 것입니다. 6면으로 줄어들게 된다면 차라리 폐간하겠다고 하니 노인이 말합니다. 6면이 아니라 엽서 한 장만 한 용지만 허가가 나더라도 그 한 장에 24면에 담을 글을 쓸 수 있도록 공부할 일이라는 것입니다. '나'는 범사가 욕심이었음을 깨닫고 문장을 더 수련하겠다고 말하려는데 그 순간 노인은 사라지고 없습니다. '나'는 그 자리에 엎드려 현재의 문장을 48분의 1로 압축한 명문을 쓸 수 있게 힘을 달라는 기도를 올렸습니다. 잠을 깨고 보니 밭갈이한 소처럼 전신이 땀에 젖어 있었습니다.

 오랜 전쟁으로 용지 부족이 심각했습니다. 표지를 제본할 마분지가 없어 온 경성 시내 문구점을 뒤져야 했습니다.

1941년 12월 태평양 전쟁이 발발하자 식민지의 일상 전체가 전쟁의 소용돌이 속으로 휩쓸려 들어갔습니다. 출판물과 같은 미디어는 더욱 엄격하게 통제되었습니다. <성서조선>의 운명이 경각에 달려 있었습니다.

◆ 정진 또 정진

김교신은 「산상수훈 연구」 연재를 마친 후부터 10년에 걸쳐 성서 개요 작업을 지속했습니다. 성서 각 권을 개관하고 문단을 나누어 대지*를 꼼꼼히 작성하는 무미건조한 작업이었습니다. 1937년 9월 「말라기서 대지」를 발표함으로써 구약 대지를 완료하였고, 신약 대지는 1941년 6월 「데살로니가 전서 대지」와 「데살로니가 후서 대지」까지 작성했으나 미완으로 끝났습니다.

「산상수훈 연구」 이후 이에 견줄 만한 성서연구를 집필하지 못하다가 1939년에 와서 「골로새서 강의」를 연재했습니다. 1939년 1월 22일부터 골로새서 강의를 시작하여 5월 28일 제14강으로 마무리했습니다. 「골로새서 대지」를 <성서조선> 1939년 2월호에 수록했고, 3월부터 「골로새서 강의」를 연재하여 1941년 4월까지 총 14회로 마무리했습니다. 그 후에도 1941년 7월부터 「데살로니가 전서 강의」를 연재하여 성서연구를 이어 가던 중 1942년 3월 '<성서조선>

사건'으로 <성서조선>이 폐간됨에 따라 연재가 중단되었습니다.

그의 성서 개요 작업은 10년을 이어 온 대장정이었고, 「골로새서 강의」는 그의 공생애 후반기에 이룩한 성서 연구의 백미라 할 만합니다. 그가 교사와 잡지 주필 노릇을 하느라 시간에 쫓기면서도 긴 세월을 한결같이 성서연구에 매진할 수 있었던 힘은 무엇이었을까요?「성서 연구의 목적」(<성서조선> 1932. 3.)에서 이를 엿볼 수 있습니다. 이 글은「산상수훈 연구」연재를 마친 직후 성서 개요 작업을 시작하기 전에 쓴 글입니다. 이 글에서 김교신은 "성서를 공부하는 것은 사람이 사람다운 생활하기 위하여, 또 그 생활하는 능력을 얻기 위해서"라고 했습니다. 날마다 살기 위하여 살 힘을 얻기 위하여 성서를 공부한다면 성서에서 얻을 것이 무한부진無限不盡할 것이라고 했습니다.

골로새서를 강의하던 1939년 초의 성서연구회는 뜨거웠습니다. 이 무렵 성서연구회는 명륜정에 있던 송두용의 자택 2층에서 모였습니다. 1939년 2월 5일에는 골로새서 1장 13-23절 '그리스도론'을 강의했습니다. 그날 일기에 김교신은 "실로 위대한 문자다. 아무리 설명해도 다 할 수 없는 문자다"라고 썼습니다. 명륜정 성서연구회는 모임 시작 30분간 성구 암송을 했는데, 참석자 중에는 골로새서 1장 13-23절 '그리스도론'을 조선어와 독일어로 유창하게 암송하는 이도 있었고, 골로새서를 단번에 암송하는 이도 있었습니다. 2월 12일에는 골로새서 1장 24절부터 2장 4절까지 강의하고는 "캐면 캘수록 무진장의 보고이다"라고 썼습니다. 이날 강의의 연재분에서 김교신은 "그리스도를 믿는 일은 다만 찬송가를 부르며 기도드리는 일뿐이 아니라, 그리스도의 부족한 고난을 함께 짐으로써 그의 죽음과 부활까지 함께 체득하는 일"이라고 했습니다. "쓴 잔을 나눈 자 아니고는 영광의 자리를 함께할 수 없다"라고 했습니다. 그는 그리스도를 따르는 길이 십자가의 길, 부활의 길임을 알았습니다.

1939년 이후의 <성서조선>은 그 자체로 하나의 묵시록이었습니다. 김교신과 함석헌, 야나이하라 등 그 시대의 예언자적 지성들은 한 시대의 종말을 내다보면서 비유로 말하고 있었습니다. 그들의 삶 자체가 하나의 비유였습니다. 그 시대의 종말과 함께 거기서 죽기로 예정된 것 같은, 그런 삶을 살고 그런 죽음을 죽는, 그런 생이 있습니다. 그래서 그의 삶에서 일어나는 사건이 사건 자체로만 해석되지 않고 그것이 시대적 의미와 함께 해석되는 시대, 그런 시대를 묵시록의 시대라고 할 수 있을 것입니다. 그런 삶을 살고 그런 죽음을 죽은 이, 그래서 그의 삶과 죽음을 통해 그 시대를 증언한 이를 향해 그 시대의 예언자라고 부를 수 있을 것입니다. 그 시대의 예언자 김교신은 자기 시대가 종말로 치닫고 있음을 감지하면서 자신의 삶의 마지막을 향해 달려가고 있었습니다. 이 묵시록의 시대에 김교신은 성서에서 힘을 얻어 살아가야 함을 알았습니다. 기도를 통해 자아를 죽여야 함을 알았습니다. 1939년 5월에 발표한 「정진 또 정진」에 김교신은 다음과 같이 썼습니다.

> ∷ 기독교는 타력종他力宗이다. 신자의 자력으로 되는 것이 아니라, 예수 그리스도의 공로를 힘입어서 구원 얻는다는 것이다. [중략] 기도는 필요한 것을 기구祈求하는 일뿐이 아니라, 그보다도 성령의 소금으로써 생생한 자아를 절여 죽이는 역사役事이다. 소금으로써 김장을 절이듯이, 몽매 중에 갱생한 자아를 새벽 첫 시간에 또 한 번 매장하는 일이다. 예수 믿는 일의 최대사는 이 자아를 죽이는 일인 고로 실로 북한산을 옮기기보다 더 어려운 일이다. (「정진 또 정진」, <성서조선> 1939. 5.)

기독교는 타력종 他力宗이다.
신자의 자력으로 되는 것이 아니라,
예수 그리스도의 공로를 힘입어서
구원 얻는다는 것이다.

기도는 필요한 것을 기구 祈求하는 일뿐이 아니라,
그보다도 성령의 소금으로써
생생한 자아를 절여 죽이는 역사 役事이다.

예수 믿는 일의 최대사는
이 자아를 죽이는 일인 고로
실로 북한산을 옮기기보다 더 어려운 일이다.

12장

부활의 봄을 노래하다

◆ 〈성서조선〉 사건

어렵게 발행을 이어 오던 〈성서조선〉은 1942년 3월 '〈성서조선〉 사건'으로 폐간되었습니다. 당시 송도중학교 교사로 가 있던 김교신은 이 사건으로 체포되어 일 년간 수감되었습니다.

〈성서조선〉 1942년 3월호 권두문에 「부활의 봄」, 「조와弔蝸」 등이 수록되어 있었는데 이 글들이 폐간의 빌미가 되었습니다. 「조와」는 혹독한 추위를 견디고 살아남은 개구리들을 보면서 갱생의 희망을 전한 글입니다. 「조와」 전문을 인용해 보겠습니다.

:: 작년 늦은 가을 이래로 새로운 기도터가 생겼었다. 층암이 병풍처럼 둘러싸고 가느다란 폭포 밑에 작은 연못을 형성한 곳에 평탄한 반석 하나 연못 속에 솟아나서 한 사람이 꿇어앉아 기도하기에 하늘이 낸 성전이다.
이 반석 위에서 혹은 가늘게 혹은 크게 기구祈求하며 또

한 찬송하고 보면 전후 좌우로 엉금엉금 기어오는 것은 연못 속에서 바위 색에 적응하여 보호색을 이룬 개구리들이다. 산중에 대변사나 생겼다는 표정으로 신래新來의 객에 접근하는 친구 개구리들. 때로는 5-6마리, 때로는 7-8마리.

늦은 가을도 지나서 연못 위에 엷은 얼음이 불기 시작함에 따라서 개구리들의 기동이 하루하루 완만하여지다가, 나중에 두꺼운 얼음이 투명을 가리운 후로는 기도와 찬송의 음파가 저들의 귀에 닿는지 안 닿는지 알 길이 없었다. 이렇게 격조하기 무릇 수개월여!

봄비 쏟아지던 날 새벽, 이 바위틈의 얼음 덩어리도 드디어 풀리는 날이 왔다. 오래간만에 친구 개구리들의 안부를 살피고자 연못 속을 구부려 찾았더니 오호라, 개구리의 시체 두세 마리 담 꼬리에 부유하고 있지 않은가!

짐작건대 지난겨울의 비상한 혹한에 작은 담수의 밑바닥까지 얼어서 이 참사가 생긴 모양이다. 예년에는 얼지 않았던 데까지 얼어붙은 까닭인 듯. 동사한 개구리 시체를 모아 매장하여 주고 보니, 연못 밑에 아직 두어 마리 기어 다닌다. 아, 전멸은 면했나 보다! (「조와」, <성서조선> 1942. 3.)

이 짧은 글은 문학적으로도 대단히 뛰어납니다. 마지

막 문장인 "아, 전멸은 면했나 보다!"는 김교신의 수많은 문장 중에서도 많은 이들이 기억하는 문장입니다. 이 글을 일제 말기의 역사적 상황과 겹쳐 읽으면 그 시대의 어둠, 절망과 죽음을 초극하려는 의지를 느낄 수 있습니다. 성서의 예언서와 겹쳐 읽을 수도 있습니다. 이 글 마지막 대목을 성서 예언서의 '남은 자' 사상과 겹쳐 읽으면 이 글에서 예언자적 목소리를 읽을 수 있습니다. 또 저자가 구도를 통해 생명 세계에 다가가는 깊이가 대단히 깊습니다. 거기에서 죽음 너머의 생명에 대한 전망을 길어 올리고 있습니다.

절망 너머, 죽음 너머의 생명 세계에 대한 희망은 「부활의 봄」에서도 다음과 같이 울려 퍼지고 있습니다.

:: 춥지 않은 겨울이 없었건마는 최근 두 해 겨울은 각별히도 추운 것 같았다. 시간에 따라 감각의 기억이 무디어졌음인가. 먼저 겨울보다 지난겨울이 더 춥고 더 길었던 것 같다. 강과 산과 땅과 하늘까지 언 것 같던 때는 다시 봄이 올 것 같지 않았었다. 입춘을 지난 후로 추위가 심해졌을 때는 영구한 겨울만 남은 것 같기도 했다. [중략]

모진 동결凍結은 고통과 절망을 심각게 하나 다시 춘양春陽의 기쁨을 절대絕大하게 한다. 지금 우리에게 임하는 모든 동상凍傷은 춘양의 부활을 확연히 하고자 하는 데 없을 수 없는 과정이다. 우리의 소망은 오직 부활에 있

고 부활은 봄과 같이 확실히 임한다. (「부활의 봄」, <성서
조선> 1942. 3.)

　　김교신은 매년 입춘과 부활절을 각별히 기념했습니다.
입춘이 되면 집안의 풍습에 따라 무를 잘라 가족들과 나눠
먹고 쑥국을 끓여 먹었습니다. 어느 "설하雪下의 입춘"에는
"봄을 찾아 들에 나갔으나 봄을 찾지 못하고 돌아와 나의 영
혼 속에 입춘을 맞다"[1]라고 썼습니다. 1934년 2월호에 발표
한 「입춘을 맞음」에서 김교신은 입춘의 감격을 다음과 같
이 쓰고 있습니다. "아! 그리스도인의 입춘, 이는 죄인만 맛
볼 수 있는 명절이다. 헐벗고 차디찬 겨울을 보낸 자에게
는 입춘날 광선의 한 줄기 한 줄기가 축복이로다. 농부의 입
춘, 빈자의 입춘, 죄인의 입춘, 입춘은 우리의 가절佳節이로
다. 크게 기뻐하라. 2월 4일 입춘일을!" 1942년 3월 「부활
의 봄」에서 그가 기다린 '부활의 봄'은 조선 민족이 당한 모
진 겨울을 이기고 맞이할 역사의 봄이기도 했습니다.

　　검열관도 「조와」와 「부활의 봄」의 불온성을 읽어 냈습
니다. 이 글이 빌미가 되어 김교신은 1942년 3월 30일 출근
을 하던 중 경찰에 체포되었습니다. 그 전날 모친의 회갑연
을 마치고 개성으로 오던 길이었습니다. 그 후 함석헌, 류달
영, 송두용 등 <성서조선>의 주요 필진이 검거되어 옥고를
치렀습니다. <성서조선> 구독자 중에서도 수색을 당하거나
조사를 받은 이들이 있었고 그중 어떤 이는 유치장 신세를

지기까지 했습니다. 잡지는 전부 소각 처분되었습니다.

　김교신을 비롯하여 <성서조선> 사건으로 수감되어 있던 이들이 서대문형무소에서 풀려난 것은 1943년 3월 29일 밤이었습니다. 김교신이 개성에서 연행된 지 꼭 1년 만이었습니다. 김교신의 수감 생활에 대해서는 전언으로만 알 수 있습니다. 박석현의 전언이 가장 풍부합니다. 박석현은 호남에서 경찰관으로 근무했는데 1938년 <성서조선> 독자가 되어, 야나이하라 다다오의 집회 때는 상경하여 김교신의 집에 며칠 머물기도 했던 열성 독자였습니다. 박석현도 <성서조선> 사건 때 조사를 받아야 했고, 이 일로 경찰직을 사직하게 됩니다. 김교신이 석방된 지 몇 주 후 박석현은 김교신의 집을 방문하여 수감 생활 중 있었던 일을 듣고 이를 「선생을 추억함」이라는 글에 기록했습니다. 박석현이 옮긴 수감 생활 일화는 지사적 그리스도인 김교신의 면모를 잘 보여 줍니다. 예컨대 취조하던 형사가 '민족 의사意思가 있느냐?'고 묻는 물음에 민족 의사라는 말이 정치적인 의미의 민족 의사라면 그것은 없으나, 조선 사람임을 의식하느냐는 뜻이라면 그것은 물론 있다고 답했다고 합니다. 신앙과 관련된 것에 대해서는 일보도 양보할 생각이 없었고 만사를 당하기로 결심하고 나니까 마음이 평안하여 얼굴 하나 야위지 않았다고 합니다.[2]

　이후부터 김교신의 생애 마지막 2년 동안은 기록이 많지 않습니다. 류달영 등 지인들에게 보낸 편지가 몇 편 남아 있을 뿐입니다. 이 마지막 2년 동안의 김교신의 행적은 전언으로 구성할 수밖에 없습니다. 김교신은 1943년 여름 몇 달 동안 만주 도문으로 가서 목장 경영에 참여했고, 그해 말에는 독자가 경영하던 경남 진영의 신에이 소다 공장에서 일했습니다. 1944년 7월 흥남 일본질소비료공장 용흥공장 근로과 조선인노무자주택 서본궁 관리계장으로 들어가 근무하던 중 1945년 4월 25일 발진티푸스 발병으로 서거했습니다.

◆ 흥남 일본질소비료공장

김교신은 생의 마지막 열 달을 흥남의 일본질소비료공장에서 보냈습니다. 김교신이 여기에 들어가게 된 계기에 대해서는 몇몇 증언이 있습니다. 교토제대 출신의 교육자로 1939년 이후 김교신과 이웃으로 살았던 김종흡의 증언에 따르면, 일본질소의 공장장이 무교회 신도여서 그의 권고로 조선인 노동자들을 지도하기 위해 입사했다고 합니다. 유족의 증언도 있습니다. 석방 후 요시찰 인물이 된 김교신이 징용을 피하기 위해 함흥에서 과수원을 하려고 땅을 알아보고 있었는데, 과수원 주인이 일본질소 공장장이어서 그 인연으로 입사하게 되었다고 합니다.

흥남 일본질소비료공장은 어떤 곳이었을까요? 원래 일

• **1937년경의 일본질소비료주식회사 흥남공장** (사진 출처: 차승기, 《식민지/제국의 그라운드 제로, 흥남》, 푸른역사, 2022, 24쪽)

• **흥남공장 사택 일부** (사진 출처: 위의 책, 152쪽)

• 일제 말기 국민복 차림의 김교신. 흥남 일본질소비료공장에 근무할 때 모습으로 추정된다.

본질소는 도쿄제대 전기공학과 출신의 기술자 노구치 시타가우野口遵가 세운 회사로, 처음에는 카바이드 제조와 수력발전을 했습니다. 1차 세계대전을 거치면서 전기화학공업 분야 기업으로 본격 진출하여 비약적으로 성장했으며, 1920년대 들어 암모니아 합성법을 도입한 비료를 생산하게 됨으로써 신흥재벌이 됩니다. 1920년대 중반 이후 노구치는 식민지 개발에 적극적으로 뛰어듭니다. 1926년 함흥 부전강 발전소를 건설했고, 1927년부터 시작한 흥남 비료공장 제1기 공사가 1929년 10월 완공되어 1930년 1월 첫 제품을 생산했습니다. 이후 1930년 12월 제2기 공사를, 1931년 11월에는 제3기 공사를 차례로 마무리했습니다. 해방될 무렵 흥남은 공장부지 600만 평, 부대시설부지 300만 평의 대규모 공업지대가 되어 있었습니다.[3]

흥남은 원래 200호 남짓한 작은 마을이었는데 총독부와 노구치의 국가-자본이 결합하여 이곳에 거주하던 선주민들을 이주시키고 거대 공업단지를 건설했습니다. 흥남은 일본질소가 세운 학교, 병원, 경찰서, 읍사무소 등으로 이루어진 기업도시가 되었고, 이 기업도시의 행정수장을 노구치가 맡았습니다. 1928년을 전후로 흥남에서 일어난 변화는 상전벽해라는 말로도 부족할 정도의 엄청난 일이었습니다. 흥남 인구는 1930년 2만 5천 명에서 1942년에는 16만 3천 명으로, 함흥 인구도 1930년 4만 명에서 1942년에는 11만 9천 명으로 늘어나 있었습니다. 함흥과 흥남은 식민지기 조선에서 가장 큰 변화를 겪고 있던 지역이었습니다. 김교신이 일본질소에 갈 무렵 흥남은 부府로 승격해 있었습니다.

이 변화를 잘 표현한 작품으로 한설야의 소설 「과도기」(1929)를 들 수 있습니다. 한설야는 함흥 출신의 소설가로 카프(KAPF), 즉 사회주의 문학운동 단체에 소속된 작가였습니다. 이 작품의 주인공은 창선으로, 온 가족이 간도로 이주했다가 거기서도 도저히 살길을 못 찾아서 몇 년 만에 다시 고향으로 돌아오고 있습니다. 고향이라고 돌아와 봤자 송곳 꽂을 땅 한 뙈기 없으니 돌아오는 마음이 편치 않습니다. 그래도 그리움이 없지 않았겠지요. 이제 고개만 넘으면 고향 마을이 보이는 곳까지 왔습니다. 기대에 차서 고갯마루를 올랐는데, 눈을 의심할 만한 광경이 펼쳐진 것입니다. 정다운 고향은 어디로 가고 없고 눈앞에 거대한 괴물이 서 있습니다. 우중충한 벽돌집이 줄지어 늘어서 있고 굴뚝으로 검은 연기를 뿜고 있습니다. 거리에는 중국말 하는 사람, 일본말 하는 사람, 낯선 노동자들이 오가고 있습니다. 사람들에게 물어물어 옆 마을로 옮겨 간 형님 집을 찾아갑니다. 형님네 살림도 말이 아닙니다. 일제 당국의 회유에 넘어가 주민들은 보상을 받고 동의서에 도장을 찍어 줬는데, 옮겨 온 곳은 어항으로 적절치 않은 곳이었습니다. 공장폐수 등으로 바닷물 오염이 심해 고기잡이도 할 수 없었고 변변한 농지가 없어 농사도 지을 수 없는 처지가 되고 말았습니다. 노동을 할 수 있는 이들은 공장에 들어가고 그것도 안 되는 이들은 이도저도 할 수 없게 됐습니다. 흥남은 식민지 국가체제와 자본이 만들어 낸 아주 낯선 공간이었습니다. 「과도기」의 결말부는 창선이 공장노동자가 되어 "부삽 들고 콘크리트 반죽하는 생소한 사람이 되었다"는 문장으로 끝이 납니다.[4]

당시 흥남의 조선인 노동자들의 노동 조건과 위생 상태, 아이들의 교육 여건은 형편없었습니다. 노동자들은 산업재해에 무방비로 노출되어 있었습니다. 병을 얻거나 부상을 입으면 공장에서 해고되었습니다. 흥남 일본질소의 노동 현실은 이북명의 소설에 잘 드러나 있습니다. 이북명은 함흥 출신으로 일본질소비료공장의 노동자로 일했고 그 후 카프 작가가 되어 「질소비료공장」, 「암모니아 탱크」, 「민보의 생활표」 등 일본질소의 노동 환경을 그린 소설을 여러 편 발표했습니다. 「질소비료공장」이 묘사하는 공장의 모습은 다음과 같습니다.

∷ 유안 직장은 회전하는 기계의 소음과 벨트의 날개 치는 소리로 으르렁 으르렁 신음을 했다. 아스팔트 지면과 콘크리트 벽이 지진 났을 때처럼 진동했다. 암모니아 탱크에서 새어 나오는 기체 암모니아는 눈, 목, 콧구멍을 극심히 파고들었다. 포화기飽和器에서 발산하는 유황 증기와 철이 산화하는 냄새와 기계오일이 타는 악취가 그리 넓지도 않은 직장 내에서 화합하여, 일종의

이상한 독취를 직장 내에서 떠다니게 하고 있었다. 유안 직장에서는 목이 아프고 콧물이 흐르고 눈에서 눈물이 나와도 어찌할 수 없었다. 직공들은 거즈로 마스크를 만들어 했지만, 그 따위는, 억수같이 비가 쏟아지는 날의 찢어진 우산과도 같은 것이었다. (이북명, 「질소비료공장」, 차승기, 《식민지/제국의 그라운드 제로, 흥남》, 푸른역사, 2022, 66-67쪽에서 재인용)

이 소설에서 노동자 문길은 이런 환경에서 육체노동에 시달리다 결국 폐병을 얻게 되고 공장의 신체검사에서 부적격 판정을 받아 해고당합니다. 또 다른 소설에서 노동자들은 친목회를 조직했다는 이유로 해고되고, 암모니아 탱크에 청소하러 들어갔다가 질식해 죽습니다. 탱크가 폭발하여 노동자들이 죽는 사고가 발생하기도 합니다. 매달 잔업을 해서 야간수당을 받아도 남는 것이 없는 살림을 견디지 못해 다시 농촌으로 돌아가야 하는 처지에 있습니다.

한설야와 이북명이 소설을 쓴 시기는 1920년대 말과 1930년대 초, 흥남 일본질소가 막 설립되던 때였습니다. 이 시기는 사회주의 운동이 거세게 일어나고 노동조합 결성 운동이 시작되고 있었습니다. 한설야와 이북명은 계급주의의 눈으로 흥남 일본질소의 현실을 그려 냈습니다. 그러나 김교신이 흥남 일본질소에 들어가 있었던 1944-45년은 한설야와 이북명이 보고 쓴 시기와 상황이 크게 달라져 있었습니다. 전쟁기의 군수공장이었던 만큼 헌병대가 관리하고 있었고, 노동자로 지원해 온 이들은 연성소에서 신체훈련과 정신교육을 받아야 했습니다. 조선인 노동자들과 그 가족들은 열악한 조건에서 하루하루를 살아가야 했습니다.

1945년 3월 말 김교신을 찾아와 연성소 훈련을 받았던 박춘서의 기록에 따르면, 함흥역에서 본궁역, 흥남역에 이르는 열차로 25분 걸리는 거리에 일본질소의 화약, 금속, 카바이드 등 여러 공장이 줄지어 서 있었다고 합니다. 이 공장에 조선 전 지역에서 노동자들이 몰려 들어왔고 8시간 3교대로 일하고 있었으며, 생존경쟁이 심했다고 합니다. 일본인과 조선인 사이의 차별이 극심했습니다. 각 공장에서 내뿜는 연기가 언제나 하늘을 뿌옇게 뒤덮고 있었습니다.

◆ 일본질소비료공장의 김교신

김교신이 일본질소비료 용흥공장의 조선인노무자주택 관리계장으로 들어가게 된 것은 1944년 7월, 태평양 전쟁이 마지막으로 치닫던 때였습니다. 이곳은 일제 군국주의 전쟁을 뒷받침하는 군수공장이었기에 상대적으로 물자가 풍부했습니다. 김교신은 관리계장이었으니 노동자들과 분리된 구역에 사택이 있었고 월급도 꽤 많았습니다. 당시 일본질소에서 조선인이 간부로 채용되는 일은 드문 일이었습니다.

김교신이 맡은 일은 조선인 노동자 사택 지구 관리였습니다. 당시 일본은 오랜 전쟁을 치르느라 노동력이 부족해서, 일본질소가 생산을 시작할 무렵인 1928년에는 일본인 직공이 60퍼센트, 조선인 직공이 40퍼센트였지만, 1944년 1월에 이르면 조선인이 75퍼센트를 차지하고, 1945년 1월에는 80퍼센트를 넘길 정도로 조선인 노동자의 비율이 증가했습니다.[5] 김교신이 류달영에게 보낸 편지에 따르면, 이 무렵 서본궁 지구에만 노동자와 그 가족 4, 5천 명이 거주하고 있었지만 이들에 대한 후생은 극히 열악했습니다. 조선인 노동자가 급증함에 따라 노무자주택지구를 관리 감독하는 인력이 필요했는데, 도쿄고등사범학교 출신으로 십수 년의 교육경력이 있었던 김교신이 맡을 만했습니다. 김교신은 필요한 노동력을 충당하기 위해 송도중학교 졸업생 등을 노동자로 모집하는 일을 주선하기도 했습니다.

이 무렵 김교신의 내면을 따라가기에는 남아 있는 텍스트가 너무 적습니다. 류달영에게 보낸 편지, 그 외 지인에게 보낸 몇 통의 편지를 통해 짐작할 수 있을 뿐입니다. 흥남에 도착한 김교신은 얼마간 그곳을 살피던 중 열악한 조건에서 희망도 없이 하루하루 일하고 있는 조선인 노동자들과 그 가족들을 보았습니다. 그리고 1944년 말 이 일에 자신을 던지기로 마음을 정했습니다. 조선인 노동자들의 삶을 개선하기 위해 해야 할 일이 너무나도 많았습니다. 그는 흩어져 있던 옛 동지들을 불러모았습니다. 그중 한 사람이 양정 시절 제자 류달영이었습니다. 류달영에게 보낸 몇 편의 편지에 관리계장 김교신의 내면이 잘 드러나 있습니다. 1944년 10월 2일에 보낸 엽서입니다.

> :: 류달영 군. 내가 어리석은 의견을 제출하나이다. 여기 와서 공장 직공들이 사는 사택 800여 호, 인구 3천여 명의 복리 시설과 훈육 지도의 일을 맡아 함께 해 보면 어떠한가. 군 가정 사정만 아니라면 명령으로라도 군을 초치하고 싶으리만큼 여기 오늘 할 일이 태산 같나이다. (《김교신 전집 7》, 371쪽)

이 무렵만 해도 김교신의 결심이 확고한 것은 아니었습니다. 류달영이 왔으면 좋겠다는 의견을 말하면서도 여지를 남겨 두고 있습니다. 두 달 후 보낸 편지에서 김교신의 목소리는 확연히 달라져 있습니다. 1944년 12월 16일에 보낸 편지는 다음과 같습니다.

> :: 류달영 군. 다음 날의 일도 알 수 없는 형편의 나인 까닭에, 군을 위해서 이것이 과연 좋은 일이 될는지 어떨는지는 단언할 수 없으나, 어떤 일이 있든지 군을 이 공장으로 데려오기로 나의 마음을 결정했네. 조용한 곳에 숨어서 독서를 하려는 군을 다망한 공장으로 끌어들이는 것에 대해서 매우 주저했으나 마침내 뜻을 정하고

홍패의 운명을 걸고 목적한 일에 돌진하기로 했네. 함석헌 선생에게도 초청장을 냈어요. 김종흡, 박희병 두 선생에게도. 만사 제쳐 놓고 달려오게. 이창호 군도 벌써 와 있네. (《김교신 전집 7》, 372-373쪽)

이 편지에 나타난 김교신의 목소리는 매우 결연합니다. 그는 이 일에 자신을 던지겠다고 결심했습니다. 그는 무언가에 사로잡힌 것처럼, 그 시대의 마지막을 향해, 그리고 자신의 운명을 만나기 위해 맹렬하게 달려가고 있었습니다. 김교신은 류달영에게 재차 편지를 보내 3월로 늦어지면 안 되니 1월에 꼭 오라고 하면서, 자신이 서본궁 사택 지구에서 어떤 일을 하고 있는지 자세히 쓰고 있습니다.

:: 서본궁 사택은 조선 공원工員의 거주지구이며, 우리는 여기서 의식주에 관한 복리 증진의 일로부터 아동과 성인의 교육, 위생 등 약 4, 5천 명의 사람들을 위해 많은 일을 할 책무가 지워지는 것일세. 군은 생활 물자의 공평하고도 신속한 배급의 책임도 져야겠고, 한편으로 약 5만 평의 농원을 관리하여 주로 채소를 생산해서 이것을 종업원들에게 배급하는 일도 맡아야겠네. 3월로 늦어지면 올해의 계획에 큰 지장이 있게 되니 신년 초에 일찍 오도록 하게. [중략] 교육이라는 이름이 붙은 교육보다는 서본궁의 일이 훨씬 교육적이고 생생한 일

로 나에게는 느껴지는 것일세. 그리고 공장장이나 근로과장 등 이곳 사람들은 교육가들과 관리들보다 월등히 순진한 인간들이며 피가 통하는 사람들일세. 나는 이곳 공장에 들어와서 신세계를 발견한 것일세. 교육계에서 밀려 나온 것이 웅덩이에서 태평양으로 옮겨진 것 같은 느낌일세. 빨리 이리로 와서 직접 보게. (《김교신 전집 7》, 374쪽)

김교신은 양정학교에서 학생들을 교육하던 일과 서본궁에서의 일을 연속적인 것으로 여기고 있었습니다. 그러면서도 서본궁은 학교보다 더 많은 일을 할 수 있는 곳이라고 했습니다. 교실이라는 제한된 공간에서 지리, 박물 등 학과를 가르치는 것이 아니라, 4, 5천 명 되는 노동자들의 삶을 전적으로 책임지는 일이었으니까요. 그들에게 조선인으로서의 의식을 불어넣는 일, 그들의 생활 조건을 향상시키는 일, 아이들과 부인들을 교육하는 일, 의료적 지원을 통해 노동자들과 그 가족들의 건강을 돌보는 일 등 김교신에게는 할 일이 너무나 많았습니다. 그는 거기에서 도움이 필요한 '조선인'들을 보았던 것입니다.

이 편지를 받은 류달영이 일본질소비료공장으로 온 것은 1945년 1월입니다. 김교신은 류달영에게 조선인 노동자들에게 필요한 식자재를 보급하는 일, 식자재를 생산하는 농장을 운영하는 일 등을 맡겼습니다. 류달영의 흥남 생활은 짧았습니다. 그해 3월 말 개성으로 출장을 갔다가 갑작스러운 병으로 수술을 받았고, 그 후 흥남으로 돌아오지 않았습니다. 류달영의 사직과 관련해서 김교신과 박태석 사이에 오간 편지가 있습니다. 김교신이 박태석에게 마지막 편지를 보낸 것은 1945년 4월 20일이었습니다. 이 편지를 보낸 지 닷새 후에 김교신이 하늘의 부름을 받았으니 이 편지가 김교신의 마지막 글이 되었습니다. 이 글에서 김교신이 서본궁에서 했던 일이 성과를 내고 있었음을 확인할 수 있습니다.

∷ 그저께[4월 10일]는 우리 공장의 중요 간부 몇 명이 불시에 서본궁 사택 지구를 시찰한 결과,
1. 불결하고 추잡하던 사택 지구가 일제히 정결해지고 정돈된 것,
2. 사택 주민의 생활에 안정감이 현저한 것,
3. 관리계 사무실, 강습소 등 변변치 못한 건물인데, 깨끗하고 알뜰하게 수리하여 정성을 다한 흔적이 역력한 것,
4. 합숙소, 특히 그 식당, 취사장 등이 대리석으로 장식한 큰 식당보다 더 아담하고 깨끗한 것,
이러한 점에 주목하고 어제 11일에 흥남에 있는 일본 질소 계통의 모든 공장장 회의에 공포하고, 이번 달 말에는 각 공장 중요 인물들이 우리 서본궁으로 견학 오

기로 되었다고 합니다. 서본궁에 사람이 존재한다는 것을 비로소 알게 된 모양이지요. (《김교신 전집 7》, 379쪽)

◆ 김교신의 마지막 외침

김교신의 마지막 행적은 가까이에서 지켜본 이들의 증언을 참고하여 재구성할 수밖에 없습니다. 안경득과 박춘서의 증언이 풍부합니다.

안경득은 함흥에서 병원을 하던 '우리의 누가' 안상철의 아들로 국민학교 교사로 있다가 김교신이 흥남에 와 있다는 소식을 듣고 일본질소로 온 이였습니다. 그가 연성소에서 고된 훈련을 받던 중 김교신에게 와서 훈련을 면제받을 수 있게 해 달라고 부탁하자 김교신은 안경득의 뺨을 치며 호통을 했다고 합니다. "비겁한 놈! 네가 지금 일본인에게 쫓겨왔느냐. 무엇 때문에 영원한 패배자가 되려고 하느냐. 원수가 던진 비수를 받아 유익하게 쓸 줄 아는 용기와 지혜가 있어야 한다. 조국의 내일을 위하여 몸과 마음을 연단하고자 이곳에 온 것 아니냐. 그게 아니라면 집으로 가고, 그게 맞는다면 훈련소로 가라." 안경득이 본 김교신 계장의 모습은 다음과 같습니다. 매일 조회 시간 20분 전에 와서 기도와 묵상, 성서 읽기로 하루를 시작했습니다. 조회가 끝나면 노동자들과 함께 성천강둑을 달렸고, 잠깐 쉬려고 나무 아래 앉으면 민족과 역사, 종교와 윤리, 보건과 위생 등에 대해 강의했습니다. 틈만 있으면 노무자주택을 찾아 청소하고 연탄을 나르고 함께 땀 흘리며 대화하기를 즐겼습니다. 조선인 노동자뿐만 아니라 고다마 과장 등 일본인 간부들도 모두 김교신을 존경했습니다.[6]

 박춘서는 평양기독병원 장기려의 소개로 흥남으로 온 의사였습니다.[7] 장기려는 경성의전 후배이자 김교신의 양정학교 제자인 손정균의 소개로 1940년 동계성서강습회에 참석한 후 김교신과 교류를 이어 오고 있었습니다. 1940년 8월 야나이하라 다다오의 평양 집회를 주선하기도 했으며, 1942년 3월 <성서조선> 사건 때 독자라는 이유로 유치장 신세를 지기도 했습니다. 박춘서가 흥남에 도착한 것은 1945년 3월 28일입니다. 그의 기록 중 김교신의 면모를 가장 잘 보여 주는 대목은 그가 이창호와 함께 김교신의 사택을 찾았던 경험입니다. 1945년 3월 30일의 일입니다. 김교신은 간부였기에 일본인 사택 지구에 살고 있었습니다. 이창호의 뒤를 따라 골목을 찾아 들어가니 김교신의 집 문밖 외등 불빛에 '김교신'이라고 조선식 이름을 써 놓은 명패가 보였습니다. 박춘서가 받은 감명은 대단히 컸습니다.[8] 아마도 김교신은 질소비료공장에서 창씨개명을 하지 않은 유일한 조선인이었을 것입니다. 창씨개명을 하지 않는 데는 대단한 용기가 필요했습니다. 창씨개명을 하지 않았다는 것 때문에 처벌받지 않더라도 작은 일로도 다른 문제가 생기면 그게 빌미가 되어 큰 곤경에 처할 수 있었습니다. 작은 일 하나에도 소홀함이 없이 옳은 길을 가고, 혹 문제가 생기더라도 그것을 감수하겠다는 결단이 필요했습니다. 고난을 감수하면서도 옳은 일을 행하고자 했던 이, 조선인으로 나서 조선인으로 살고자 했던 참 조선인, 김교신이었습니다.

> :: 우리는 사업의 귀천을 가리지 않고, 지위의 고하를 개의치 않고, 오직 놓인 자리에서 누구보다도 못지않게, 단지 일본 본토인들보다 못하지 않을 뿐 아니라 영, 미, 독, 불의 어느 인간보다도 못하지 않게 맡은 소임을 충실하게 고귀하게 현명하게 다하고자 밤낮 몽매에 노력하고자 지智와 역力과 신信으로써 주님께 기구하나니, 이것이 또한 우리의 유일한 야심이외다.
> 일기당천一騎當千, 한 알 한 알이 당하는 일에야 왜 우리가 남보다 못하랴. 더욱 빈한궁천貧寒窮賤한 자를 핍약乏弱한 시설 중에서 일으켜 교도하는 일, 하수도 청소하는 일은 우리에게 지워진 책무요, 사명인지라 가장 큰 정과 성을 경주해야겠나이다. (《김교신 전집 7》 379쪽)

김교신이 서거 전 박태석에게 보낸 마지막 편지에서 강조하여 말한 것도 약하고 가난한 조선인을 일으켜 세우는 일이었습니다. 이를 위해 그는 하수도 청소를 사명으로 받아들였습니다. 이 일을 위해 밤낮 노력하고자 지혜와 힘과 믿음을 다해 기도한다고 했습니다. 김교신에게 발진티푸스 증상이 나타나기 시작한 것이 1945년 4월 18일이었으니 이 편지는 그가 병상에서 쓴 마지막 글이 되었습니다. 1945년 4월 25일, 김교신은 그토록 고대하던 조선의 해방을 넉 달 앞두고 44년간의 짧은 생을 마감했습니다.

봄비 쏟아지던 날 새벽,
이 바위틈의 얼음 덩어리도
드디어 풀리는 날이 왔다.

오래간만에 친구 개구리들의 안부를 살피고자
연못 속을 구부려 찾았더니
오호라, 개구리의 시체 두세 마리
담 꼬리에 부유하고 있지 않은가!

짐작건대 지난겨울의 비상한 혹한에
작은 담수의 밑바닥까지 얼어서
이 참사가 생긴 모양이다.
예년에는 얼지 않았던 데까지
얼어붙은 까닭인 듯.

동사한 개구리 시체를 모아 매장하여 주고 보니,
연못 밑에 아직 두어 마리 기어 다닌다.
아, 전멸은 면했나 보다!

나가는 글

◆ **성도의 릴레이**

다시 1938년 말과 1939년 초의 김교신으로 돌아가 보겠습니다. 김교신은 1938년 12월 21일 총독부로부터 호출을 받았습니다. <성서조선> 1939년 신년호를 간행하려면 황국신민서사를 게재해야 한다는 지침이 내려와 있었습니다. 김교신은 침착했습니다. 작년에 일어날 수도 있던 일이고, 이번이 아니더라도 곧 닥쳐올 일이었습니다. 십수 년간 120호 넘게 <성서조선>을 발행해 왔으니 할 바를 다 했다는 심정이었습니다. 장래 일을 하나님께 맡기고 나니 두려울 것도 분낼 것도 없었습니다. 12월 24일 밤, 독자들에게는 휴간 통지서를 보내 놓고 도쿄행 기차에 몸을 실었습니다. 도쿄에서 한 주간 머물면서 믿을 만한 이들을 찾아가 의견을 구했습니다. 하지만 일을 맺고 끊는 것은 결국 그 자신의 손에 맡겨져 있었습니다.

도쿄에서 돌아온 김교신은 계획되어 있던 조천朝天 기도회를 열었습니다. 매년 개최하던 동계성서강습회를 대신한 모임이었습니다. 새벽에는 기도회, 오전에는 함석헌의 히브리서 강의가 있었습니다. 함석헌은 지금껏 히브리서를 이해하기 어려운 책으로 생각해 온 이유는 "읽는 사람이 자기를 적당한 자리에 두지 않았기 때문"이라고 했습니다. 히브리서는 평화의 글이 아니라 티끌과 연기가 자욱한 제일선에서 적군의 고함을 들으며 읽을 책이라고 했습니다.[1] 조선 무교회는 전투의 제일선에 서 있었습니다.

김교신은 히브리서를 읽으면서 마지막 승부를 다투는 릴레이 경주를 떠올렸습니다. "이러므로 우리에게 구름같이 둘러싼 허다한 증인들이 있으니 모든 무거운 것과 얽매이기 쉬운 죄를 벗어 버리고 인내로써 우리 앞에 당한 경주를 하며 믿음의 주요 또 온전하게 하시는 이인 예수를 바라보자. 그는 그 앞에 있는 기쁨을 위하여 십자가를 참으사 부끄러움을 개의치 아니하시더니 하나님 보좌 우편에 앉으셨느니라"(히 12:1-2). 신앙은 릴레이 경주와 같은 것입니다. 출발을 맡았던 아벨이 에녹에게 배턴을 주고, 에녹은 노아에게, 노아는 아브라함에게, 야곱에게, 모세에게……. 이렇게 각자가 맡은 구간을 힘껏 뛰고 배턴을 다음 주자에게 넘깁니다. 그리고 드디어 조선의 무교회자 김교신이 배턴을 받아 뛰어야 할 차례가 되었습니다. 수많은 증인들이 경주장을 둘러싸고 응원을 보내고 있습니다. 온전하게 하시는 이인 예수만 바라보고 달리라고 말입니다. 김교신의 경주는 <성서조선>을 간행하는 것이었습니다. 그는 사람의 힘으로 할 수 있는 마지막 순간까지 <성서조선>을 간행하는 것이 이 믿음의 경주를 달리는 것이라 여겼습니다.

> :: 나의 뒤에도 뛸 선수가 남았을는지 모르나 혹은 내가 '라스트'를 뛰는 것인지도 알 수 없다. 릴레이의 승부는 나중 뛰는 사람일수록 그 책임이 더한 법이다. 과연 우리가 이 중책을 다 해낼까. 오직 허다한 간증자들이 구름같이 둘러서서 동정과 응원의 진陣을 굳세게 벌렸으니 우리는 힘껏 뛸 수 있으리라. (「성도의 릴레이」, <성서조선> 1939. 2.)

조천 기도회 기간에도 김교신은 <성서조선> 속간을 위해 총독부와 인쇄소를 분주히 오갔습니다. 1939년 신년호를 그달 하순에야 발행할 수 있었고 그 후로도 3년 넘게 <성서조선> 간행을 이어 갔습니다. '성서를 조선에, 조선을 성서 위에' 세우려 했던 그 믿음의 경주를 위해 그는 달리고 또 달렸습니다.

◆ 열매 맺는 삶을 위하여

김교신이 성서연구회에서 골로새서 강의를 시작한 것은 1939년 1월의 일입니다. 첫 강의에서 김교신은 '실實한 인생'에 대해 말했습니다. 골로새서의 발신자 바울은 자신을 '하나님의 뜻으로 말미암아 그리스도 예수의 사도 된 자'라고 밝혔는데, 이 구절에서 김교신은 바울의 '진실함'을 보았습니다. 만약 바울이 어느 교파의 권위에 의해, 또는 상황의 필요에 따라 스스로 나서서 사도가 되었다면 그는 '헛虛된 인간'임을 면치 못했을 것이지만, 하나님의 힘에 자아가 굴복하여 사도가 되었기에 '실實된 인간'이 될 수 있었다는 것입니다. 골로새서의 수신자는 '성도들 곧 그리스도 안에서 신실한 형제들'이었습니다. 김교신은 이 구절을 풀이하면서 성도의 자격은 '신실함'에 있다고 했습니다. '신실의 덕'이야말로 이 세상에서 저 나라까지 변함없는 가치를 가지는 것으로 평범한 사람이라도 가질 수 있는 덕이었습니다.² '실한 삶'과 '헛된 삶'의 대비는 조선 무교회가 빚어낸 신앙적 삶의 태도를 압축한 것으로, 이 무렵 김교신에게 종말론적 물음과 함께 던져져 있었습니다.

삶의 끝자락에서 자신의 삶이 열매를 맺지 못했음을 알게 될까 두려워하면서 '교회교Churchanity'의 함정을 말한 이가 또 있습니다. 정교회의 주교인 안토니 블룸입니다. 안토니 블룸에 따르면 '교회교'라는 말은 C. S. 루이스가 처음 말했다고 하는데, 이 용어는 지금 우리가 속한 이 역사적 교회를 상대화하고 그 이면을 성찰하는 데 도움을 줍니다. 안토니 블룸은 《교회교인가 그리스도교인가》(비아, 2024)에서 '교회교'의 위험을 다음과 같이 경고하고 있습니다.

∷   교회교와 그리스도교를 분리하는 일, 우리 안에, 우리 가운데 이런 교회교가 얼마나 많이 스며들어 있는지 깨닫는 일, 그리고 우리가 얼마나 불완전한 그리스도인인지 이해하려고 애쓰는 일은 참으로, 참으로 중요한 과제입니다. 둘의 차이를 숙고하기 시작한 지도 벌써 수년이 흘렀습니다. 그 기간 저는 이에 관한 이론을 살피기보다는 저의 삶, 저의 내면과 외면을 돌아보았습니다. 그리고 분명한 사실을 깨달았지요. 여러 해 동안 교회 생활을 하는 중에, 체계적이고 깊이 있는 예배 가운데, 영적 스승들의 글을 묵상하며 저는 참으로 큰 영감을 얻고 기쁨을 경험하고 찬사를 보내기도, 누리기도 했으나 그것이 전부였다는 사실을 알게 되었습니다. 저는 열매를 맺지 못했습니다. 그러한 깨달음을 얻으니 '내 삶의 끝자락에 이르렀을 때, 끝자락을 향해 달려갈 때, 또다시 그런 결론에 이른다면 어떨까? 나 말고도 같은 고민을 하는 분이 적잖이 있지 않을까?' 하는 생각이 들더군요. 문득 크레타의 성인 안드레아가 남긴 대카논 성가의 구절이 뇌리를 스쳤습니다.

> 헛되어라 예언자의 외침이여
> 덧없어라 손에 든 복음이여
> 열매 없는 계시의 말씀이여
> 메마른 빈껍데기, 여기 선 나로다.

(안토니 블룸, 《교회교인가 그리스도교인가》, 비아, 2024, 17-18쪽)

안토니 블룸의 성찰을 따라 지금 한국 기독교의 종교적 삶의 형태를 '교회교'라고 생각해 봅시다. 그가 말한 고뇌, 즉 생의 마지막에 이르렀을 때 열매 맺지 못함을 깨닫게 되지 않을까 염려하지 않을 사람은 없을 것입니다. 교회교의 함정에 빠지는 것이 그저 습관적으로 교회를 오가는 사람만의 문제는 아닙니다. 복음을 진심으로 믿는 삶, 심지어 그리스도를 간절히 바라보는 삶도 교회교의 함정에 빠지는 것은 매한가지라는 것이 안토니 블룸의 결론입니다. 안토니 블룸의 성찰을 따라 교회 생활을 살펴보면 같은 결론을 내릴 수밖에 없습니다. 우리는 교회 활동에서 목회자에 관해 말하거나 교회 제도를 유지하는 일에 골몰할 뿐 예수를 어떻게 따라 살 것인지, 진리를 따르는 길에서 무엇을 깨달았는지 말하지 않습니다. 어쩌면 이런 언어를 잃어버린 것인지도 모르겠습니다. 이런 열매 없는 빈껍데기는 '교회교'의 증상입니다.

◆ **물 위에 빵을 던지다**

이 자리에서 다시 김교신의 무교회를 생각하게 됩니다. 김교신은 '실實한 인생'의 본입니다. 그는 '헛虛된 삶'에 떨어지지 않기 위해 교회주의를 경계했습니다. 교회주의의 위험은 제도와 교리 뒤에 숨어 하나님 앞에 서는 삶, 그리스도를 따라가는 삶을 회피하게 만든다는 데 있습니다. 김교신은 교회 제도 뒤에 숨지 않고 하나님 앞에 서고자 했던 기독교인이었습니다. 김교신의 무교회는 하나님의 창조 세계 속에서 크게 호흡하고 터놓고 대화하는 활달한 기독교였습니다. 신실의 덕을 공동체의 윤리로 삼은 기독교, 조선의 구원과 자신의 운명을 일치시키고자 한 기독교였습니다. 김교신의 무교회는 전적 기독교였습니다.

김교신의 무교회는 한국 기독교의 낯선 전통이며, 기각되어 온 가능성입니다. 이 가능성을 기각하면서 이루어 온 지금의 한국 기독교에 만족하는 이들은 얼마나 될까요? 진지한 그리스도인이라면, 또 한국 사회에서 지속 가능한 삶의 방식을 고민하는 이라면, 현재의 한국 기독교에 불만을 제기할 것입니다. 이런 상황에서 김교신과 무교회는 한국 기독교를 근본에서 성찰하는 자리를 마련해 줍니다. 김교신의 무교회에서 기독교에 대한 더 나은 생각을 얻을 수 있습니다.

김교신은 <성서조선>을 간행하는 일이 '물 위에 빵을 던지는 일'이라고 했습니다. 당장 눈에 보이는 결과가 없더라도 후에 돌아올 결과를 기대하면서 하는 일이라고 여겼던 것입니다. 그가 공생애 동안 보여 주었던 실천에 대해 말하려면 그 일 자체로서가 아니라 그것이 담고 있던 가능성, 잠재성으로 말해야 합니다. 예수가 이 땅에 가져왔던 천국도 가능성이고 잠재성이었습니다. 겨자씨는 아주 작고 거기에 생명이 있는지 보이지도 않지만 그걸 땅에 심었을 때 크게 자라서 새가 날아와 깃든다고 했듯이 말이지요.

:: 그대의 빵을 물 위에 띄워 보내세요. 세월이 흐르고 나서 되찾을 테니까요(전 11:1, 새한글성경).

나의 뒤에도 뛸 선수가 남았을는지 모르나
혹은 내가 '라스트'를 뛰는 것인지도 알 수 없다.
릴레이의 승부는 나중 뛰는 사람일수록
그 책임이 더한 법이다.
과연 우리가 이 중책을 다 해낼까.

오직 허다한 간증자들이 구름같이 둘러서서
동정과 응원의 진陣을 굳세게 벌렸으니
우리는 힘껏 뛸 수 있으리라.

주

1장 · 식민지 무교회자의 탄생

1 함석헌, 「김교신과 나」, <나라사랑> 17, 1974, 93쪽.
2 우치무라 간조, 《구안록》, 양현혜 옮김, 포이에마, 2016, 172쪽.
3 「입신의 동기」, <성서조선> 1929. 9., 22쪽.
4 양현혜, 《우치무라 간조, 신 뒤에 숨지 않은 기독교인》, 이화여자대학교출판문화원, 2017, 3장 참고.
5 <동아일보> 1922년 8월 1일 자 기사는 「일본에서 조선인 대학살」이라는 제목으로 "보라! 이 잔인 악독한 참극을, 하루 열일곱 시간의 고역을 강제하고도 도망을 한다고 총살을 하고 강물에 던져"라고 쓰고 있다. 참살을 당한 이가 100명이 넘었다고 한다. 한국사데이터베이스 한국근대사료DB <동아일보> 기사 https://db.history.go.kr/common/imageViewer.do?levelId=npda_1922_08_01_v0003_0450

2장 · 단독으로 서다

1 함석헌, 「김교신과 나」, <나라사랑> 17, 1974, 93-94쪽.
2 김이희, 「집안에서 들은 이야기」, 《김교신을 말한다》, 부키, 2001, 398쪽.
3 함석헌은 이 일을 회고하면서 일본인 여교사와의 '사랑 문제'와 학내 분쟁 사이의 선후 관계를 모호하게 말하고 있어 사건의 실상을 알기 어렵다. 이와 관련하여 당시 함흥 영생여학교 학생이었던 임옥인이 전하는 바에 따르면, 김교신이 「내 주여 뜻대로 행하시옵소서」라는 찬송가를 불렀고 그 옆에 일본인 여교사가 피아노 반주를 했다고 한다. 함석헌, 위의 글; 임옥인, 「완벽한 생애, 단 하나의 삽화」, <나라사랑> 17, 1974, 101쪽.

4   우치무라 간조, 《우치무라 간조 전집 2》, 설우사, 1975, 271-284쪽.
5   토머스 칼라일, 《영웅숭배론》, 박상익 옮김, 한길사, 2023, 15쪽.
6   「위인의 의의」, <성서조선> 1930. 5., 8-11쪽.
7   1937년 2월 16일 일기, 《김교신 전집 6》, 181쪽.
8   「최대 중요 사업」, <성서조선> 1937. 3.
9   「직인의 근성」, <성서조선> 1936. 6., 1쪽.
10 1938년 10월 2일 일기, 《김교신 전집 6》, 449쪽.
11 하워드 서먼, 《예수의 가난한 사람들》, 홍종락 옮김, 복있는사람, 2025, 58쪽.
12 「예수와 성인」, <성서조선> 1930. 2., 3-4쪽.
13 김상봉, 《서로주체성의 이념》, 도서출판 길, 2007, 제2부 참고. 이 책에서 저자는 서로주체성의 가능성을 모색하면서 자유와 수동성의 양립가능성과 공속성을 논의했다.

3장·우치무라 간조 논쟁

1   김인서, 「무교회주의자 우치무라 간조 씨에 대하여」, <신학지남> 1930. 7., 42쪽.
2   윤영휘, 《혁명의 시대와 그리스도교》, 홍성사, 2018, 31-32쪽.
3   최종원, 《거꾸로 읽는 교회사》, 복있는사람, 2025, 249쪽.
4   양현혜, 《우치무라 간조, 신 뒤에 숨지 않은 기독교인》, 이화여자대학교출판문화원, 2017, 3장 참고.
5   장도원은 1934년 8월부터 1935년 4월 사이 김교신에게 몇 차례 편지를 보내, <성서조선>을 서생의 유희로 하지 말고 일생의 대사업으로 하자, '성서조선'이라는 명칭 대신 '신앙 혁명'이라고 하고 교회 내에서 사업을 하자, 자신은 성서조선사의 전속 목사가 되고 이를 위해 김교신은 전적으로 희생하여 자신을 위해 매달 40-50원의 재정 지원을 해 달라는 등 무리한 제안과 요구를 해 왔다. 《김교신 전집 5》, 204쪽, 296-299쪽 참고.

4장·복스럽도다, 가난한 사람들!

1   조나단 T. 페닝턴, 《산상수훈 그리고 인간번영 신학적 주석서》, 이충재 옮김, 도서출판 에스라, 2020, 77쪽.
2   박찬승, 《한국근대정치사상사연구》(3판), 역사비평사, 1995, 제3장 참고.
3   《김교신 전집 4》, 43-44쪽.
4   조나단 T. 페닝턴, 위의 책, 131-132쪽.
5   전성민은 산상수훈의 '의(dikaiosune)'에 사회적 차원이 포함되어 있어 '정의'로 번역하는 것이 더 적절하다고 보았다. 전성민, 《팔복》, 성서유니온, 2023, 108-119쪽.
6   김동춘 책임편집, 《칭의와 정의》, 새물결플러스, 2017, 16쪽.
7   지성근, 《새로운 교회, 너머의 교회가 온다》, 비전북, 2024, 76-77쪽.
8   옥성득, 《다시 쓰는 초대 한국교회사》, 새물결플러스, 2016, 499-513쪽 참고.
9   《김교신 전집 4》, 223-224쪽.

5장·조선반도의 사명

1   <성서조선> 1939년 4월호 뒤표지에 실은 글에서 김교신은 「조선지리소고」와 함석헌의 「지리적으로 결정된 조선사의 성질」이 매우 상위(相違)하다며 독자에게 일독을 권했다.
2   1934년 1월 1일 일기, 《김교신 전집 5》, 150쪽.
3   <성서조선> 1939. 4., 뒤표지 참고.
4   신주백, 「'조선학운동'에 관한 연구동향과 새로운 시론적 탐색」, 《한국민족운동사연구》 67, 2011.

6장·포플러의 사상

1   1932년 1월 1일 일기, 《김교신 일보》, 홍성사, 2016, 13쪽.
2   「우리 조선반도」, <어린이> 1933. 7., 48-49쪽.

3 김교신, 「교사 심경의 변화」, <성서조선> 1939. 3., 2쪽.
4 김윤식, 《한국근대문학사상비판》, 일지사, 1978, 275쪽. 「포플러의 사상」 이라는 이 장의 제목은 이 책에서 빌려 온 것이다.
5 김교신, 「식목의 심리」, <성서조선> 1935. 3., 1쪽.
6 1934년 12월 11일 일기, 《김교신 전집 5》, 243쪽.
7 「병상단편」, <성서조선> 1938. 8.
8 손기정, 《나의 조국 나의 마라톤》, 휴머니스트, 2022.
9 김교신, 「손기정 군의 세계 마라톤 제패」, <성서조선> 1936. 9.
10 1937년 2월 7일 일기, 《김교신 전집 6》
11 손기정, 「비범하셨던 선생님」, <나라사랑> 17, 1974, 107쪽.

7장·소록도에서 온 편지

1 수전 손택, 《은유로서의 질병》, 이후, 2002, 88쪽.
2 오타베 타네아끼, 《다미안 신부》, 성바오로출판사, 1968.
3 문신활, 「무교회지의 폭언을 읽고」, <성서조선> 1936. 5.
4 <성서조선> 맨 뒤에 실은 공적 일기는 1935년까지는 「성서통신(城西通信)」이었다가, 1936년 김교신이 활인동에서 정릉으로 옮기면서부터 「성조통신(聖朝通信)」으로 바뀌었다.
5 「동소문 안의 감격」, <성서조선> 1937. 1., 10쪽.
6 이지형, 「우생학, 한센병 그리고 한일 한센인 소설」, <비교일본학> 39, 2017.
7 최종원, 《거꾸로 읽는 교회사》, 복있는사람, 2025, 9장 참고.
8 윤일심, 「요양의 하루하루」, <성서조선> 1939. 12., 18-19쪽.
9 《김교신 전집 7》, 191-194쪽.

8장·북한 산록의 자전거꾼

1 「상현」, <성서조선> 1937. 3.
2 「여퇴천」, <성서조선> 1941. 2.

3 1936년 10월 28일 일기,《김교신 전집 6》, 121-122쪽.
4 1939년 6월 3일 일기,《김교신 전집 7》, 88쪽.
5 1938년 10월 17일 일기,《김교신 전집 6》, 456쪽.
6 1937년 10월 5일 일기,《김교신 전집 6》, 291쪽.
7 1937년 6월 11일 일기,《김교신 전집 6》, 240쪽.

9장·무교회, 전적 기독교

1 김승태,「일본 신도의 침투와 1910·1920년대의 신사문제」,《한국기독교와 신사참배문제》, 한국기독교역사연구소, 1991; 한규무,「1924년 강경공립보통학교 신사참배 거부사건에 대한 재검토」, <한국기독교와 역사> 55, 2021.
2 전인수는 이 일기와 그 밖의 몇몇 단서를 근거로 김교신이 신사참배를 수용했다고 추론했다. 전인수,「김교신의 신사참배 인식」, <신학논단> 101, 2021.
3 박상익,「김교신의 동선」,《김교신의 삶과 사상》, 제10회 김교신선생기념 학술대회 발표자료집, 71-77쪽.
4 구미정,《십자가의 역사학》, 한가람역사문화연구소, 2021, 5장 참고.

10장·심히 강대한 괴물 앞에서

1 1937년 7월 17일 일기,《김교신 전집 6》, 257쪽.
2 「무교회 간판 철거의 제의」, <성서조선> 1937. 5.
3 1937년 10월 6일 일기,《김교신 전집 6》, 291쪽.
4 「사고(社告)」, <성서조선> 1937. 10., 25쪽.
5 김동인,「지난 시절의 출판물 검열」,《김동인 전집 6》, 삼중당, 1976; 검열연구회 편,《식민지 검열, 제도·텍스트·실천》, 소명출판, 2011, 제1부 참고.
6 디트리히 본회퍼,《나를 따르라》, 김순현 옮김, 복있는사람, 2016, 153쪽.

11장 · 정진 또 정진

1. 류달영, 《소중한 만남》, 솔, 1998, 77-96쪽.
2. 조남현, 「《상록수》 연구」, <인문논총> 35호, 1994; 류양선, 「심훈의 《상록수》 모델론」, <한국현대문학연구> 13, 2005.
3. 이주형, 《한국근대 소설연구》, 창작과비평사, 1995, 105-110쪽.
4. 한규무, 《일제하 한국기독교 농촌운동 1925-1937》, 한국기독교역사연구소, 1997, 69쪽.

12장 · 부활의 봄을 노래하다

1. 1934년 2월 4일 일기, 《김교신 전집 5》, 164쪽.
2. 박석현, 「선생을 추억함」, 《김교신 전집 별권: 김교신을 말한다》, 부키, 2001, 33-36쪽.
3. 차승기, 《식민지/제국의 그라운드 제로, 흥남》, 푸른역사, 2022, 2장 참고.
4. 김외곤 편, 《한설야단편선집 1》, 태학사, 1989, 126-141쪽.
5. 양지혜, 「일제하 일본질소비료(주)의 흥남 건설과 지역사회」, 한양대 박사학위 논문, 2020, Ⅵ장 참고.
6. 안경득, 「김교신 선생에 대한 증언」, <성서연구> 1977. 10., 22-26쪽.
7. 지강유철, 《장기려 평전》, 꽃자리, 2023, 166-177쪽.
8. 박춘서, 「김교신 선생 시병기(상)」, <성서연구> 1983. 9., 8쪽.

나가는 글

1. 함석헌, 「히브리서 강의」, <성서조선> 1939. 3.
2. 「골로새서 강의」, <성서소선> 1939. 2.

김교신, 백년의 외침

류동규 지음

2025년 12월 9일 초판 1쇄 발행

펴낸이 김도완 **펴낸곳** 비아토르
등록 제2021-000048호 **주소** 서울시 종로구 삼일대로 428, 500-26호
    (2017년 2월 1일)   (우편번호 03140)
전화 02-929-1732 **팩스** 02-928-4229
전자우편 viator@homoviator.co.kr

편집 이현주 **디자인** 채승
제작 제이오 **인쇄** (주)민언프린팅   **제본** 다온바인텍

ISBN 979-11-94216-33-9 03230   **저작권자** ⓒ 류동규, 2025